Der Klang meines Herzens 2

Kemeko Tokoro

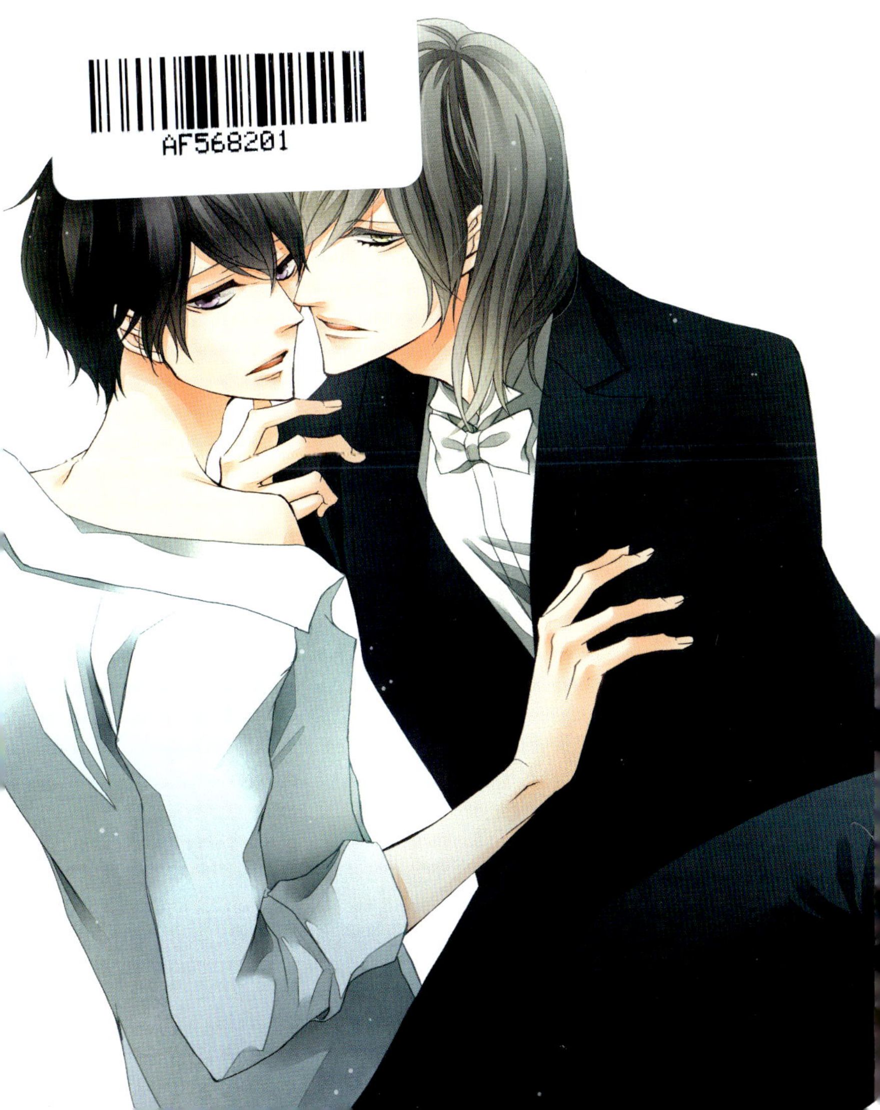

Inhalt

Der Klang
meines Herzens
von
Kemeko Tokoro

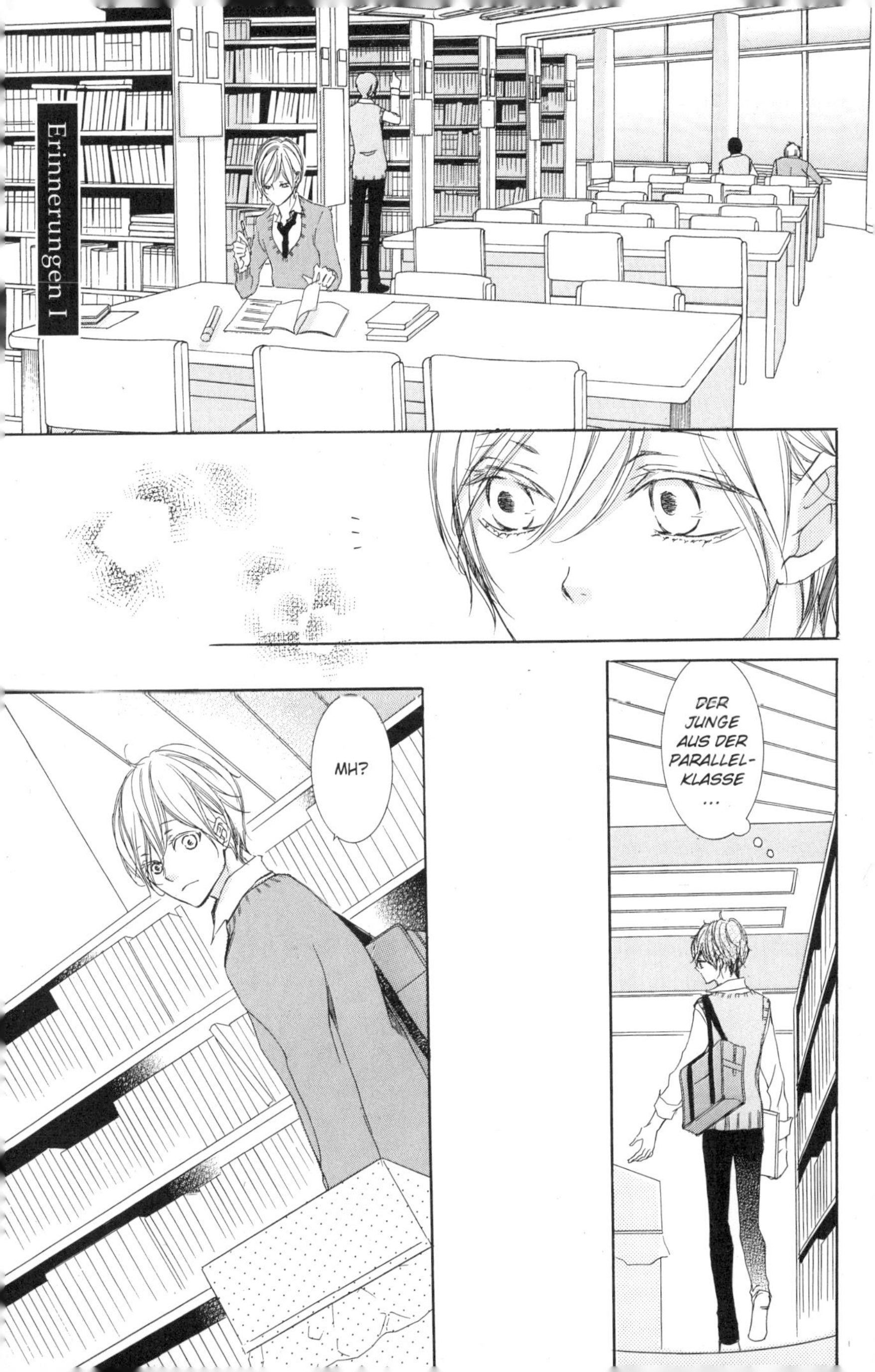
Erinnerungen I
DER JUNGE AUS DER PARALLEL-KLASSE …
MH?

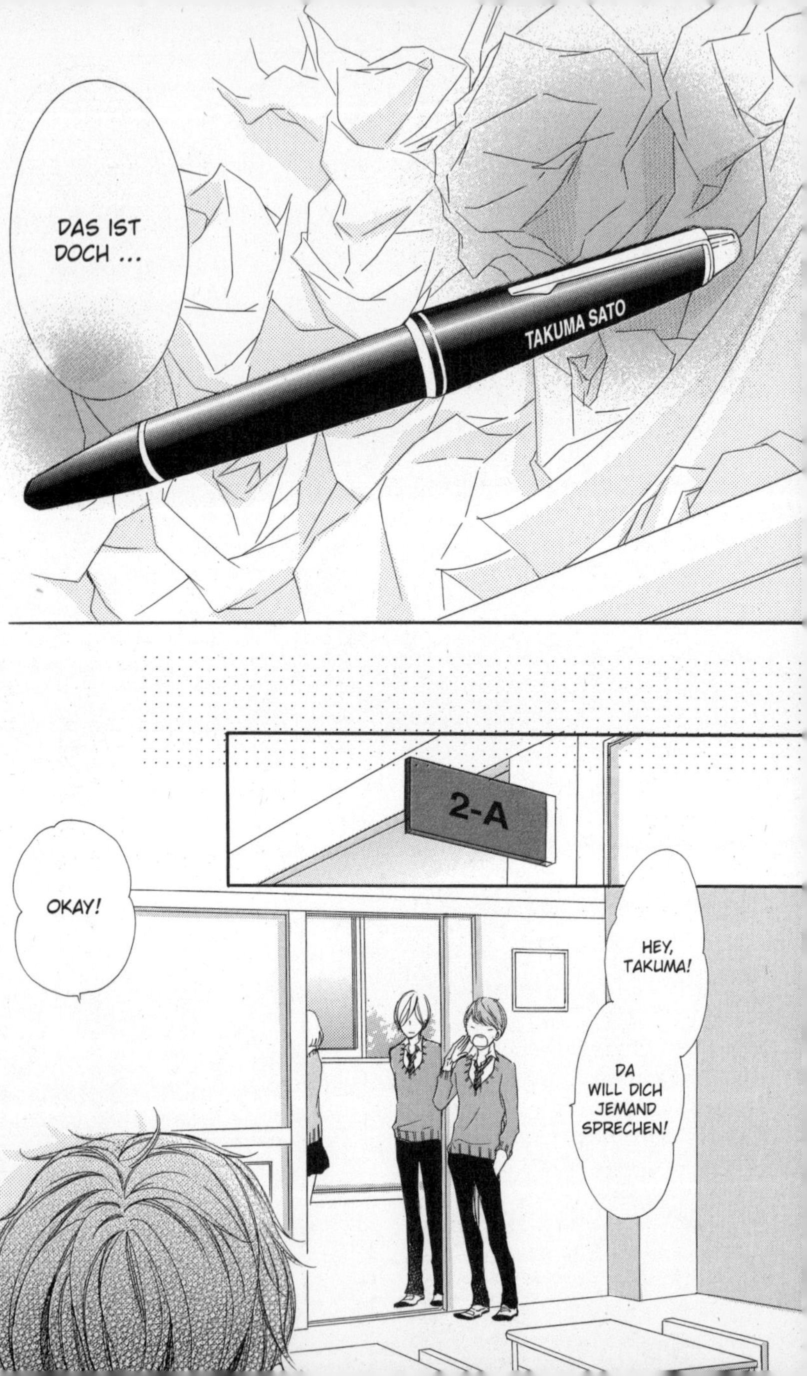

DAS IST DOCH ...

TAKUMA SATO

2-A

HEY, TAKUMA!

DA WILL DICH JEMAND SPRECHEN!

OKAY!

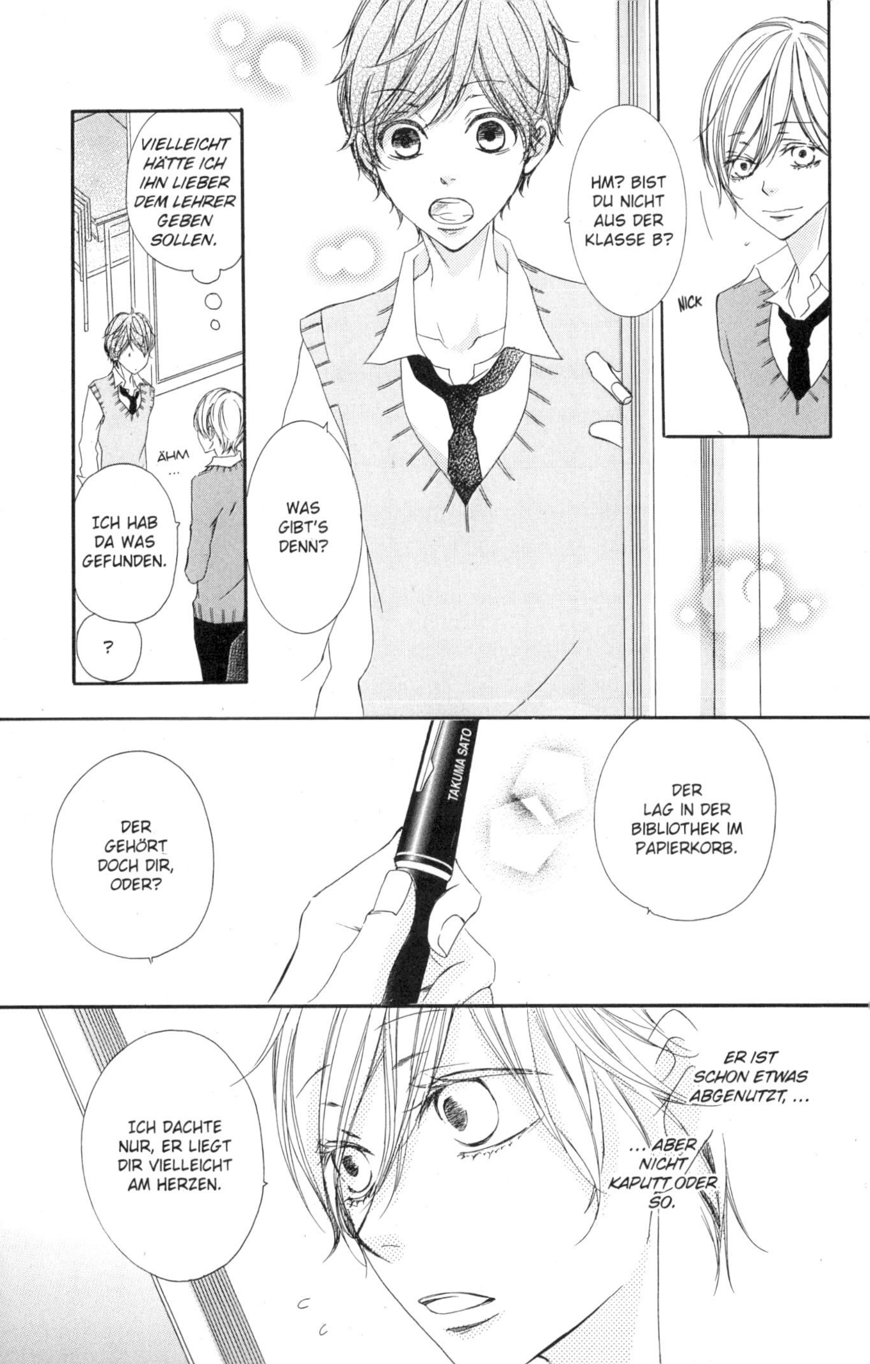
HM? BIST DU NICHT AUS DER KLASSE B?
NICK
WAS GIBT'S DENN?
VIELLEICHT HÄTTE ICH IHN LIEBER DEM LEHRER GEBEN SOLLEN.
ÄHM ...
ICH HAB DA WAS GEFUNDEN.
?
TAKUMA SATO
DER LAG IN DER BIBLIOTHEK IM PAPIERKORB.
DER GEHÖRT DOCH DIR, ODER?
ER IST SCHON ETWAS ABGENUTZT, ...
... ABER NICHT KAPUTT ODER SO.
ICH DACHTE NUR, ER LIEGT DIR VIELLEICHT AM HERZEN.

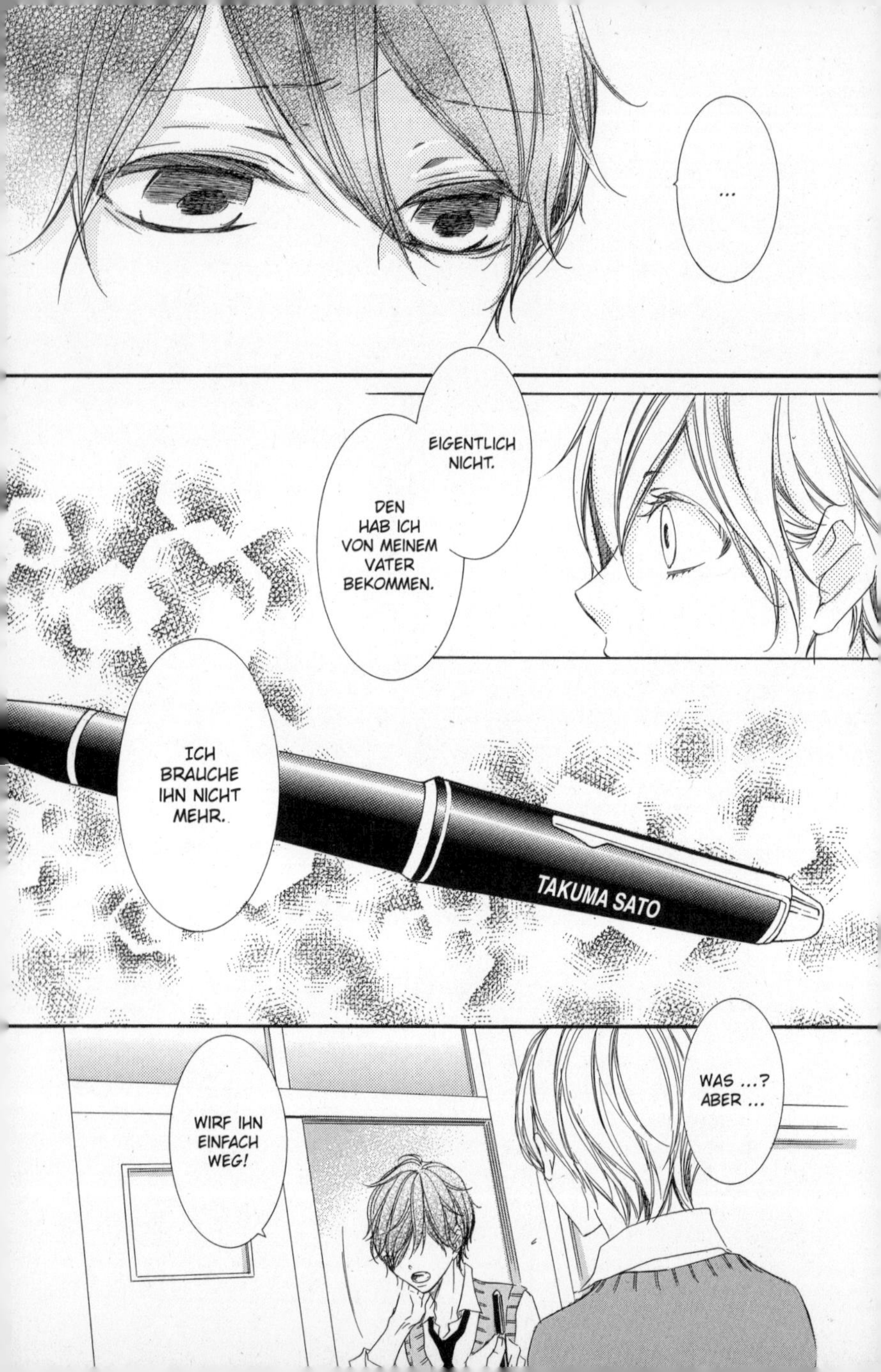
…
EIGENTLICH NICHT.
DEN HAB ICH VON MEINEM VATER BEKOMMEN.
ICH BRAUCHE IHN NICHT MEHR.
TAKUMA SATO
WAS …? ABER …
WIRF IHN EINFACH WEG!

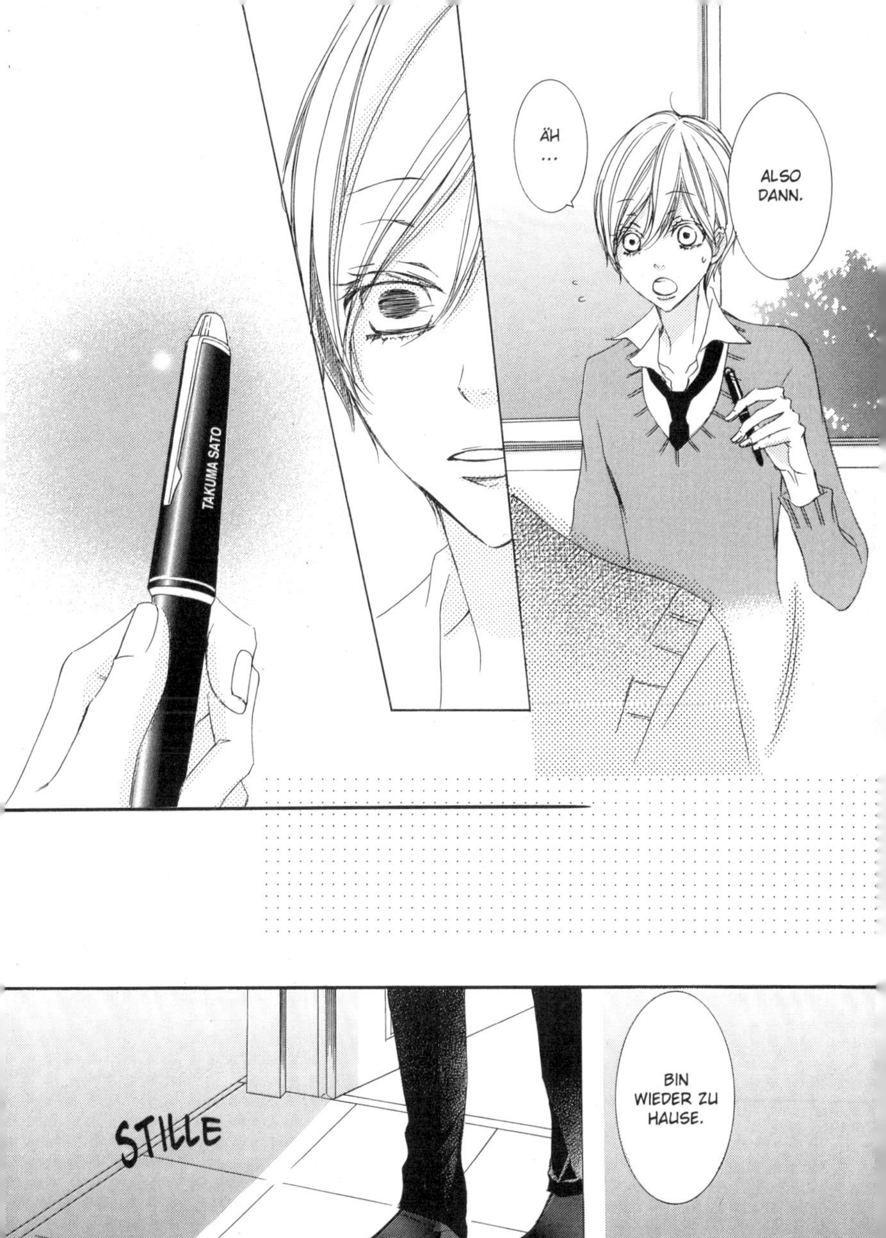
ALSO DANN.
ÄH ...
TAKUMA SATO
BIN WIEDER ZU HAUSE.
STILLE

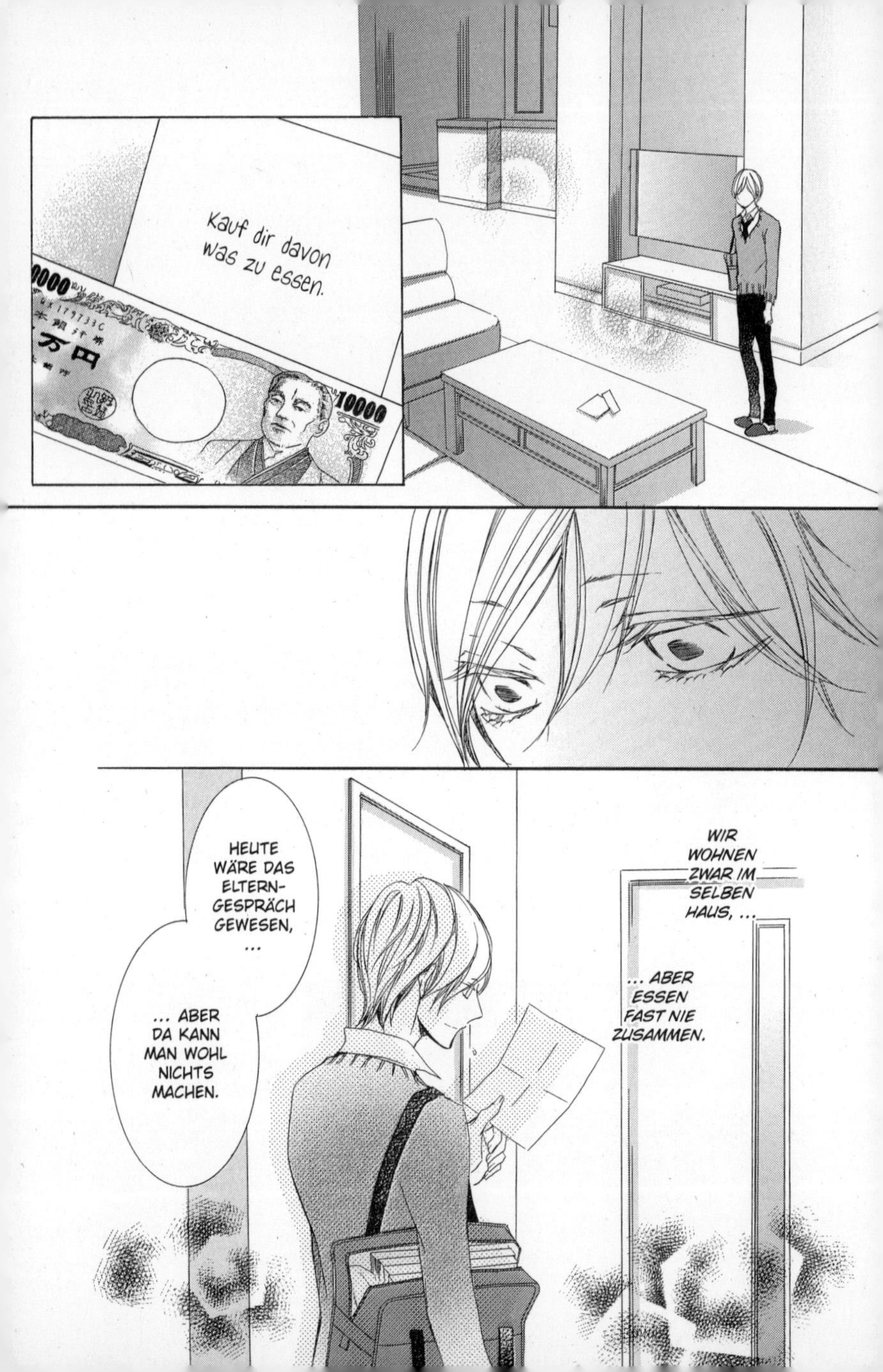
Kauf dir davon was zu essen.
HEUTE WÄRE DAS ELTERN-GESPRÄCH GEWESEN, ...
... ABER DA KANN MAN WOHL NICHTS MACHEN.
WIR WOHNEN ZWAR IM SELBEN HAUS, ...
... ABER ESSEN FAST NIE ZUSAMMEN.

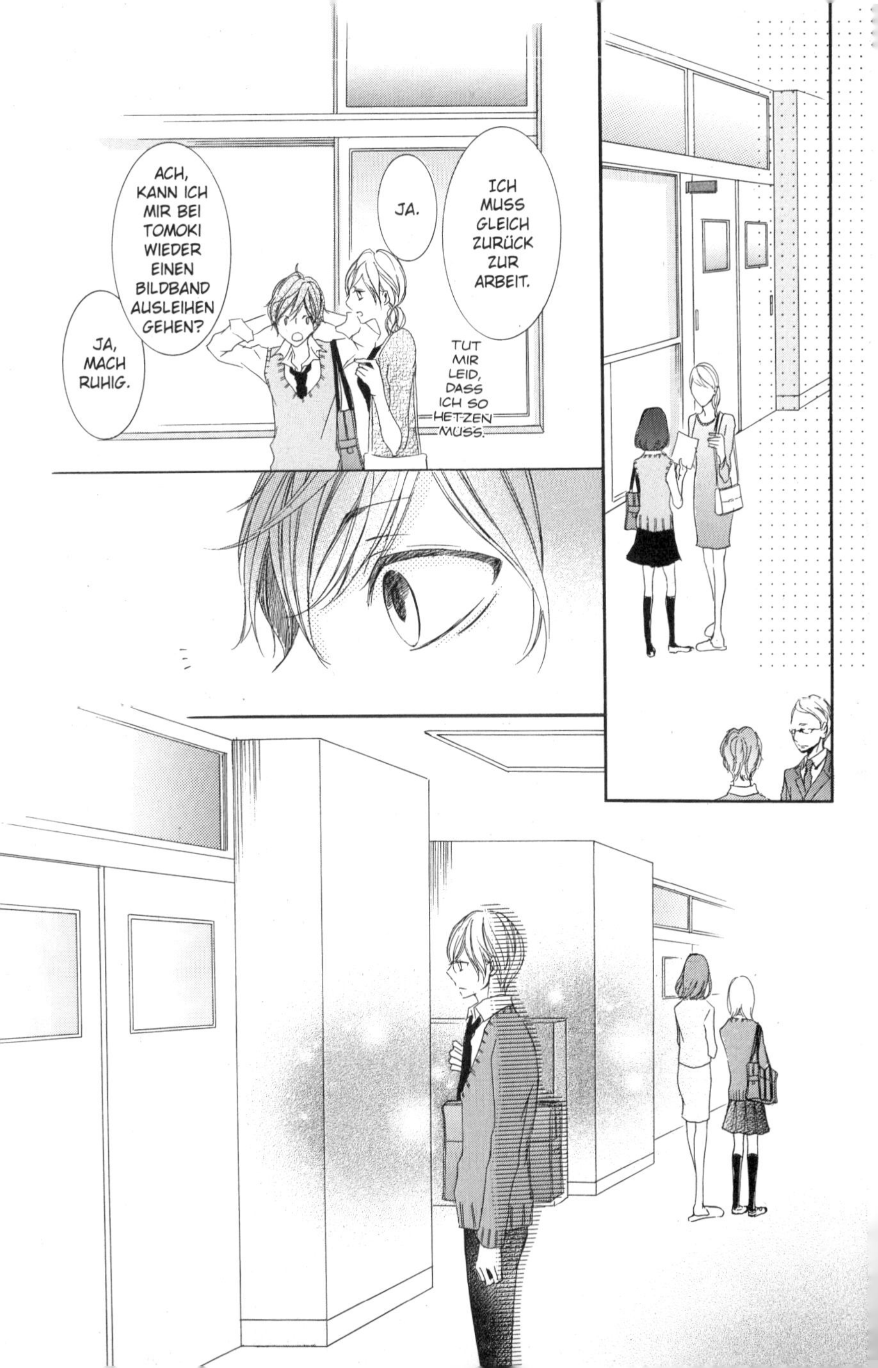
ICH MUSS GLEICH ZURÜCK ZUR ARBEIT.
JA.
TUT MIR LEID, DASS ICH SO HETZEN MUSS.
ACH, KANN ICH MIR BEI TOMOKI WIEDER EINEN BILDBAND AUSLEIHEN GEHEN?
JA, MACH RUHIG.

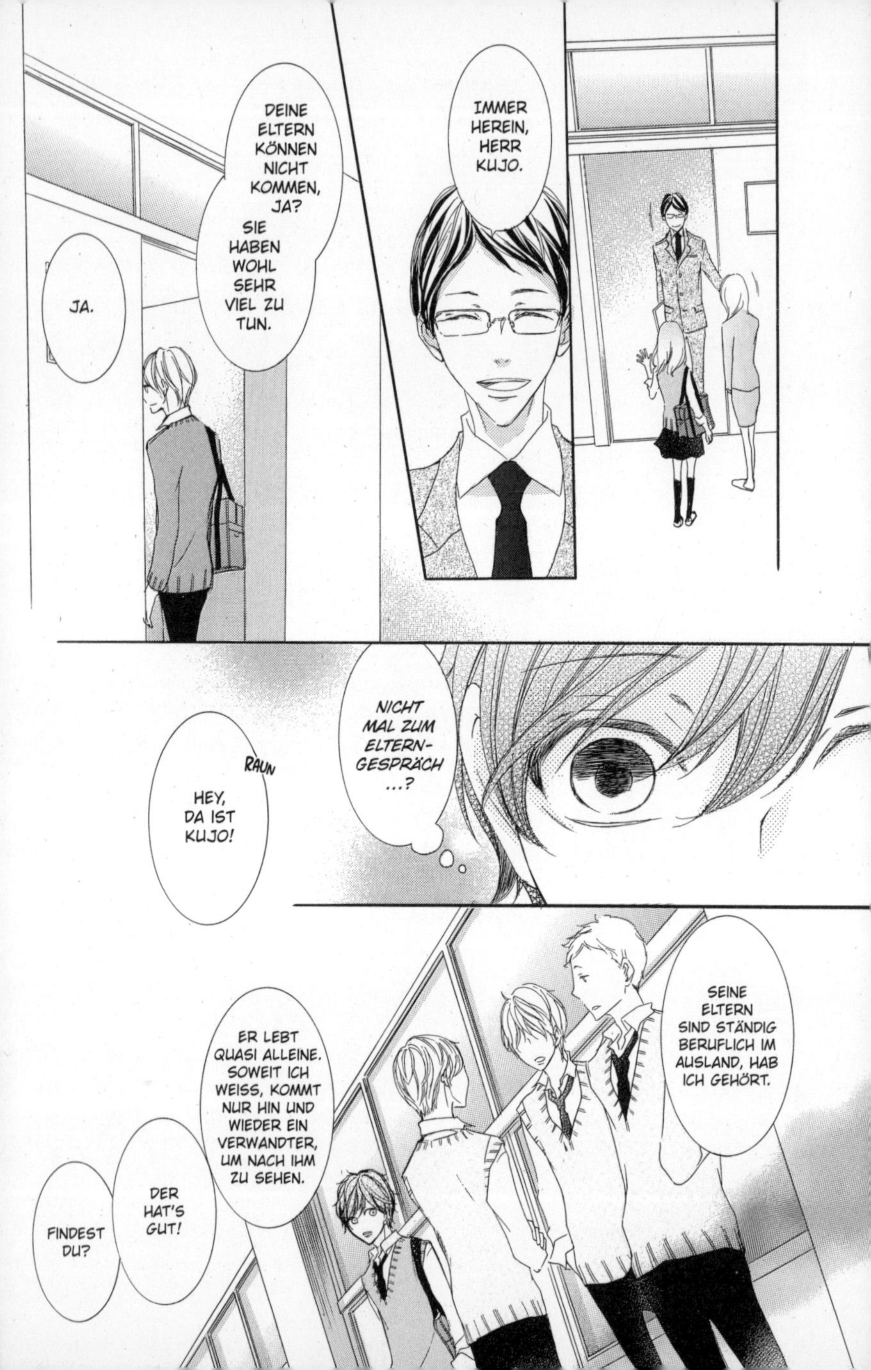
IMMER HEREIN, HERR KUJO.
DEINE ELTERN KÖNNEN NICHT KOMMEN, JA?
SIE HABEN WOHL SEHR VIEL ZU TUN.
JA.
NICHT MAL ZUM ELTERN-GESPRÄCH ...?
RAUN
HEY, DA IST KUJO!
SEINE ELTERN SIND STÄNDIG BERUFLICH IM AUSLAND, HAB ICH GEHÖRT.
ER LEBT QUASI ALLEINE. SOWEIT ICH WEISS, KOMMT NUR HIN UND WIEDER EIN VERWANDTER, UM NACH IHM ZU SEHEN.
DER HAT'S GUT!
FINDEST DU?

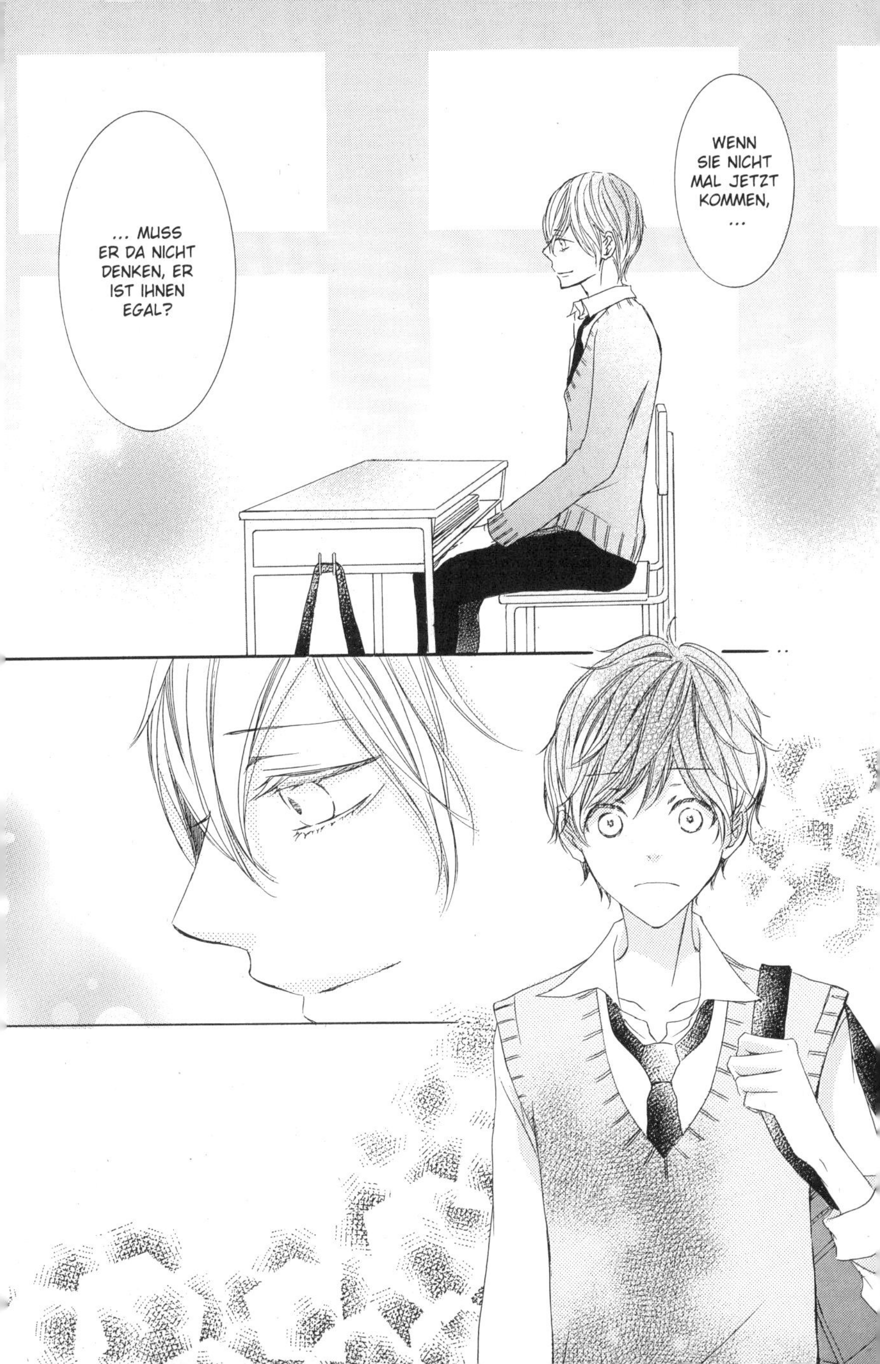
WENN SIE NICHT MAL JETZT KOMMEN, ...
... MUSS ER DA NICHT DENKEN, ER IST IHNEN EGAL?

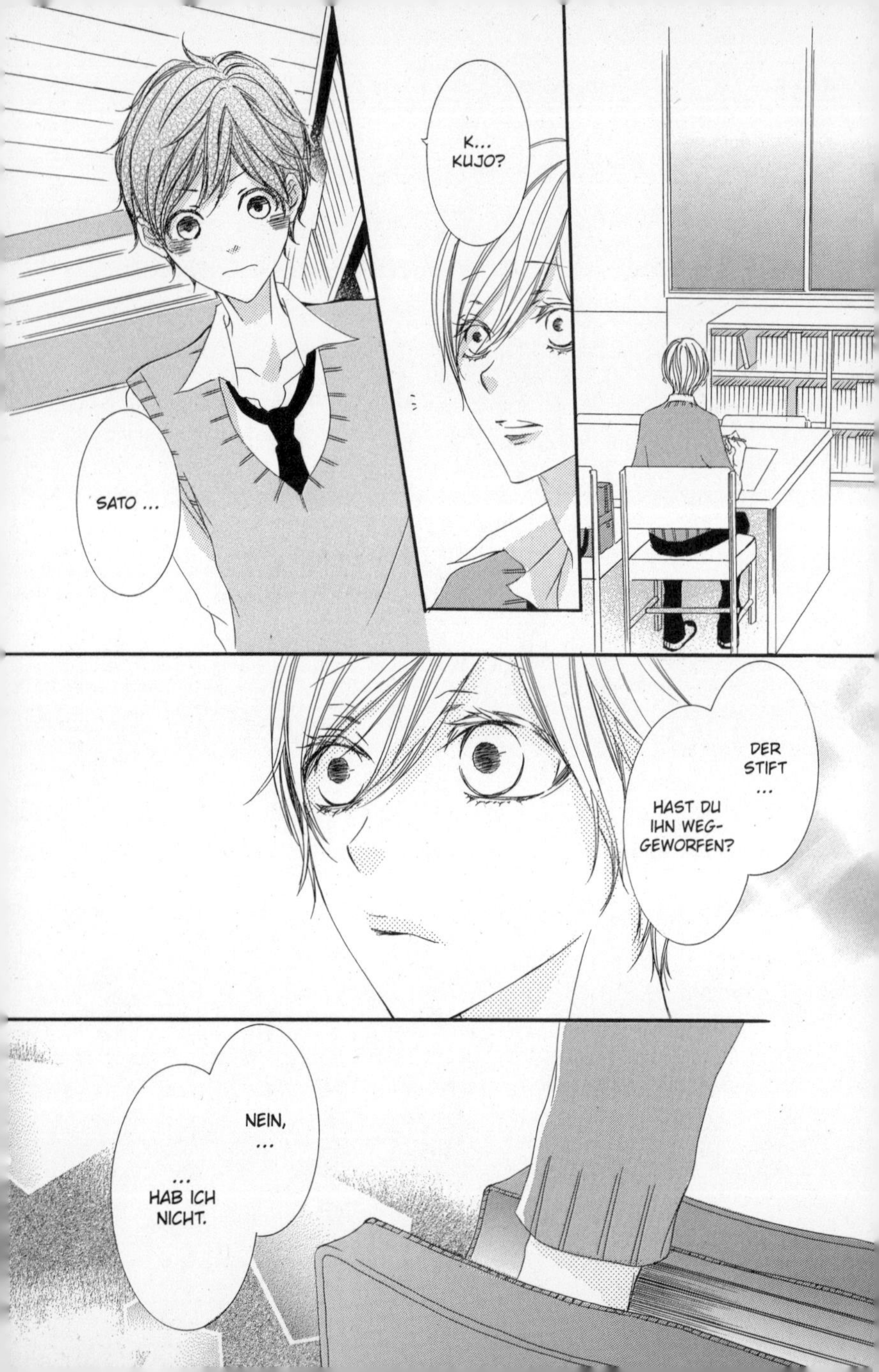
K... KUJO?
SATO ...
DER STIFT ...
HAST DU IHN WEG-GEWORFEN?
NEIN, ...
... HAB ICH NICHT.

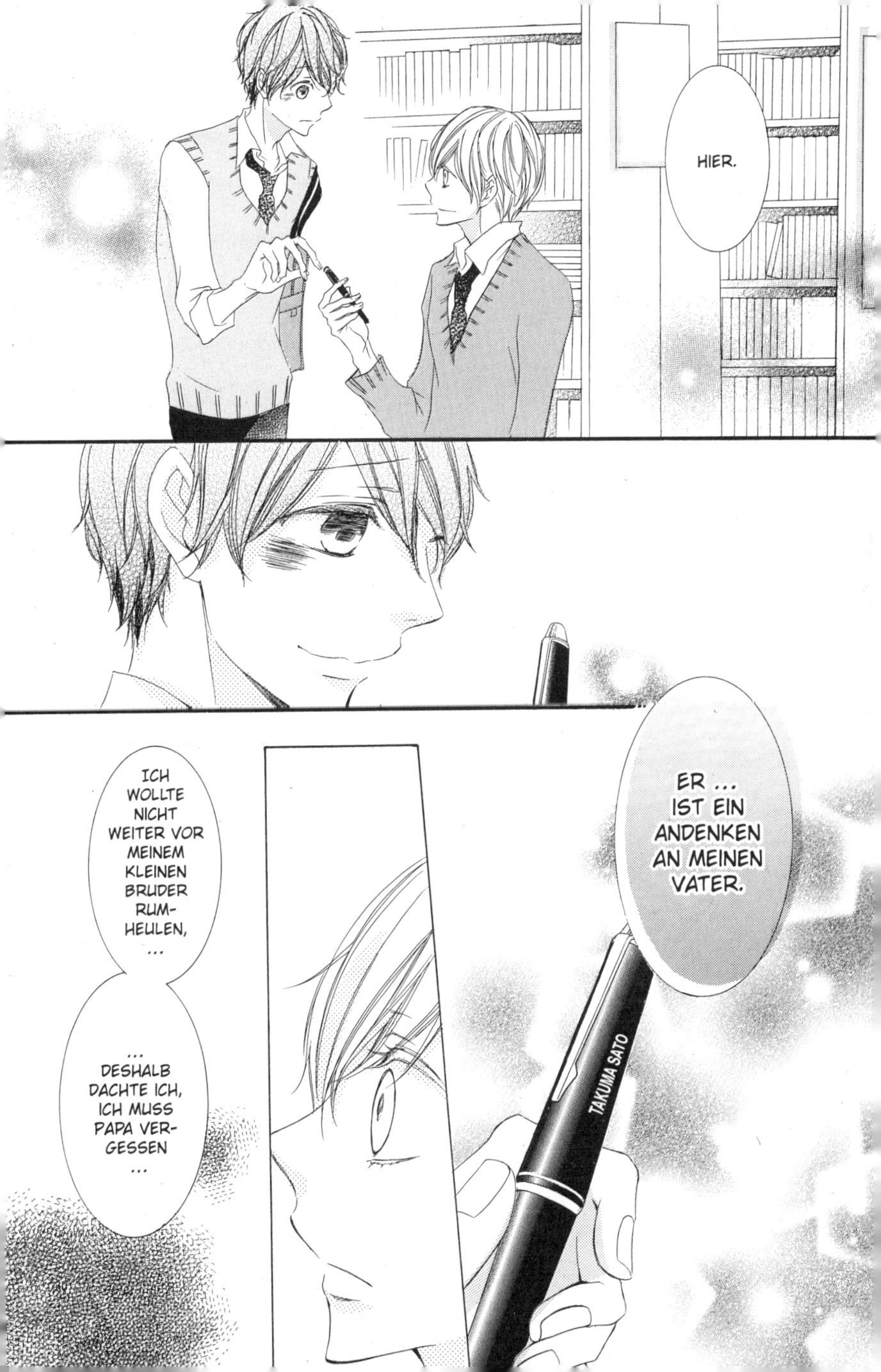
HIER.
ER … IST EIN ANDENKEN AN MEINEN VATER.
TAKUMA SATO
ICH WOLLTE NICHT WEITER VOR MEINEM KLEINEN BRUDER RUM-HEULEN, …
… DESHALB DACHTE ICH, ICH MUSS PAPA VER-GESSEN …

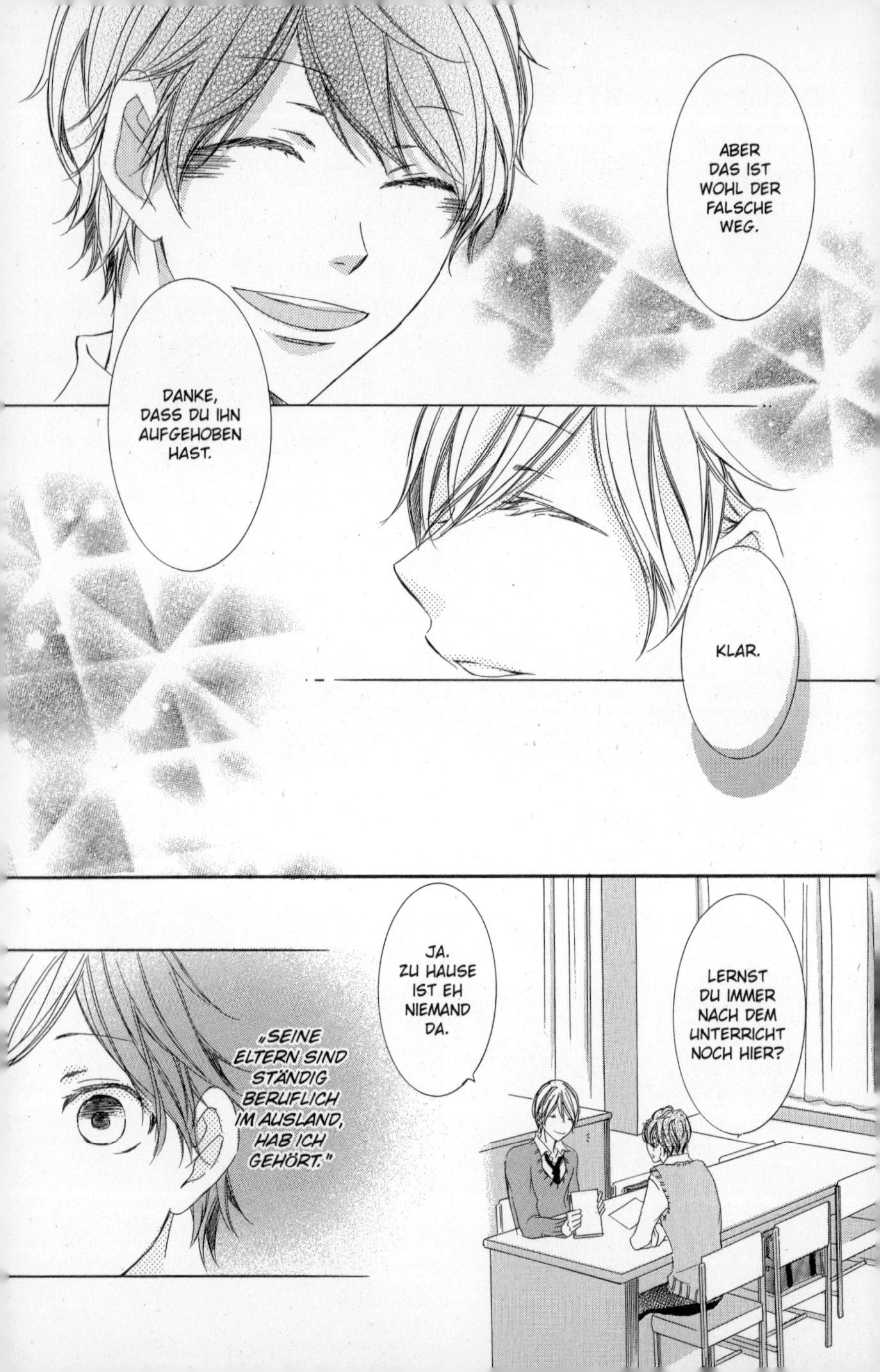
ABER DAS IST WOHL DER FALSCHE WEG.
DANKE, DASS DU IHN AUFGEHOBEN HAST.
KLAR.
LERNST DU IMMER NACH DEM UNTERRICHT NOCH HIER?
JA. ZU HAUSE IST EH NIEMAND DA.
„SEINE ELTERN SIND STÄNDIG BERUFLICH IM AUSLAND, HAB ICH GEHÖRT."

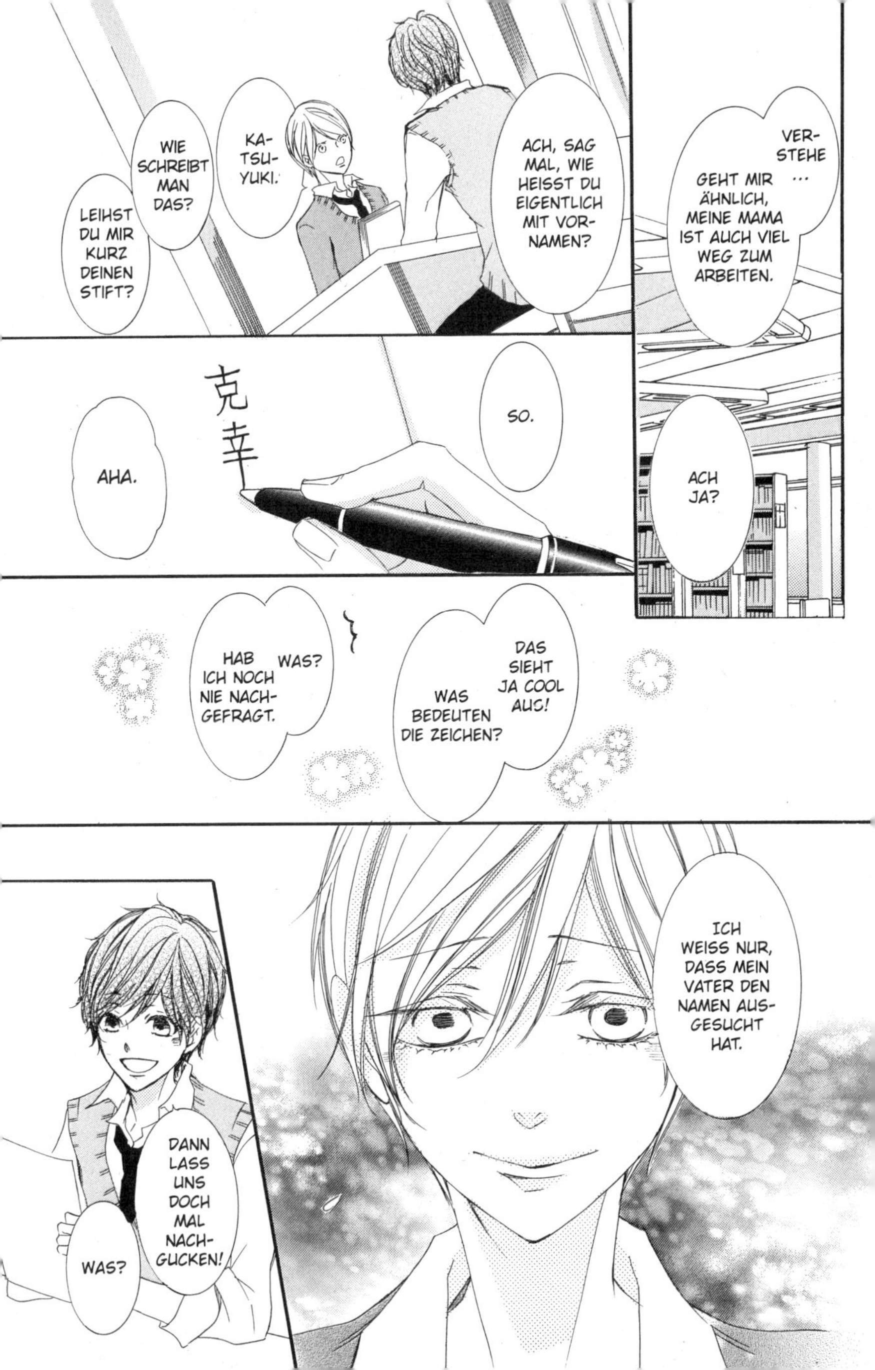
VERSTEHE …
GEHT MIR ÄHNLICH, MEINE MAMA IST AUCH VIEL WEG ZUM ARBEITEN.
ACH, SAG MAL, WIE HEISST DU EIGENTLICH MIT VORNAMEN?
KATSUYUKI.
WIE SCHREIBT MAN DAS?
LEIHST DU MIR KURZ DEINEN STIFT?
ACH JA?
SO.
克幸
AHA.
DAS SIEHT JA COOL AUS!
WAS BEDEUTEN DIE ZEICHEN?
WAS?
HAB ICH NOCH NIE NACHGEFRAGT.
ICH WEISS NUR, DASS MEIN VATER DEN NAMEN AUSGESUCHT HAT.
DANN LASS UNS DOCH MAL NACHGUCKEN!
WAS?

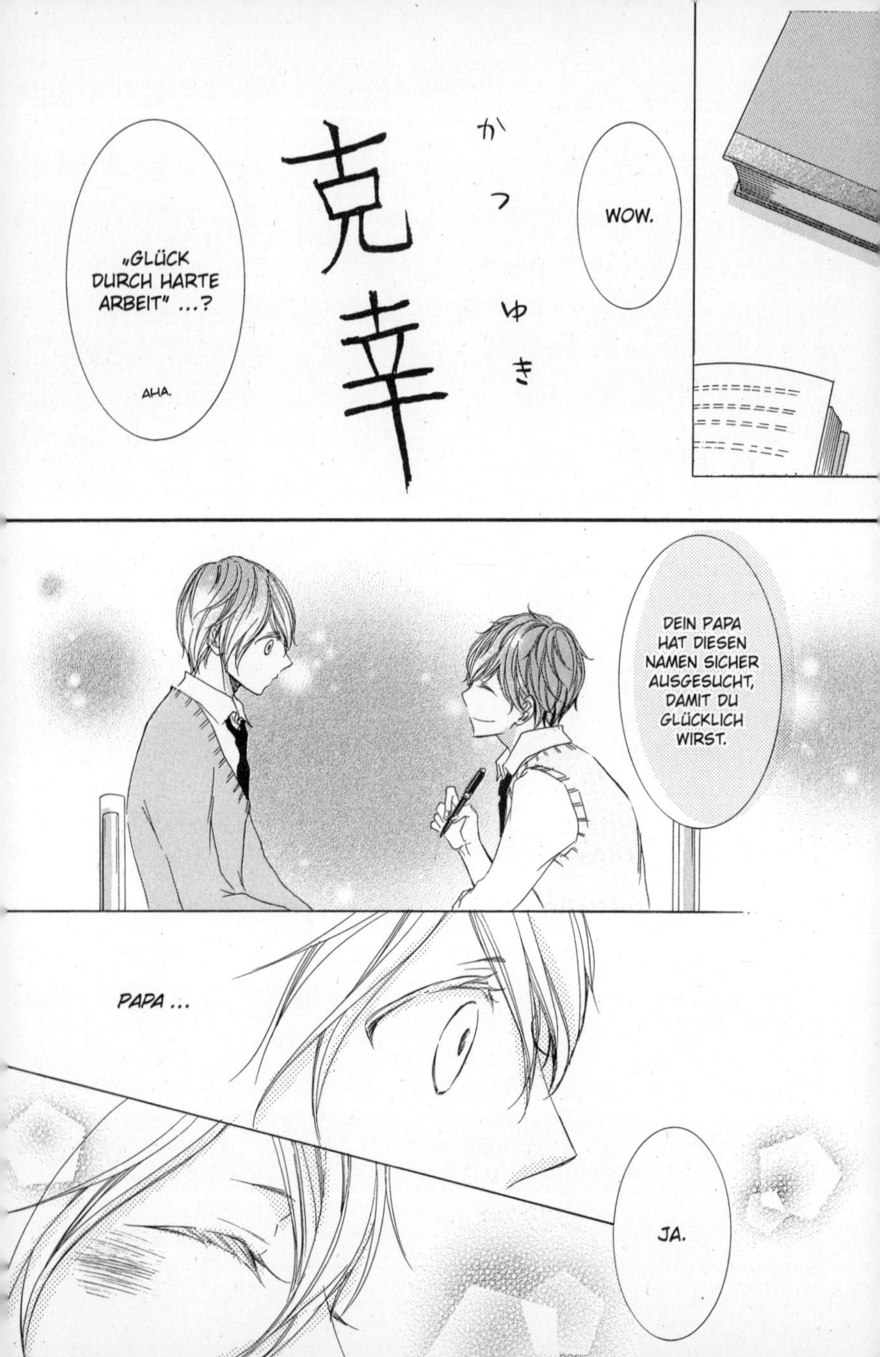
WOW.
かつゆき
克幸
„GLÜCK DURCH HARTE ARBEIT" …?
AHA.
DEIN PAPA HAT DIESEN NAMEN SICHER AUSGESUCHT, DAMIT DU GLÜCKLICH WIRST.
PAPA …
JA.

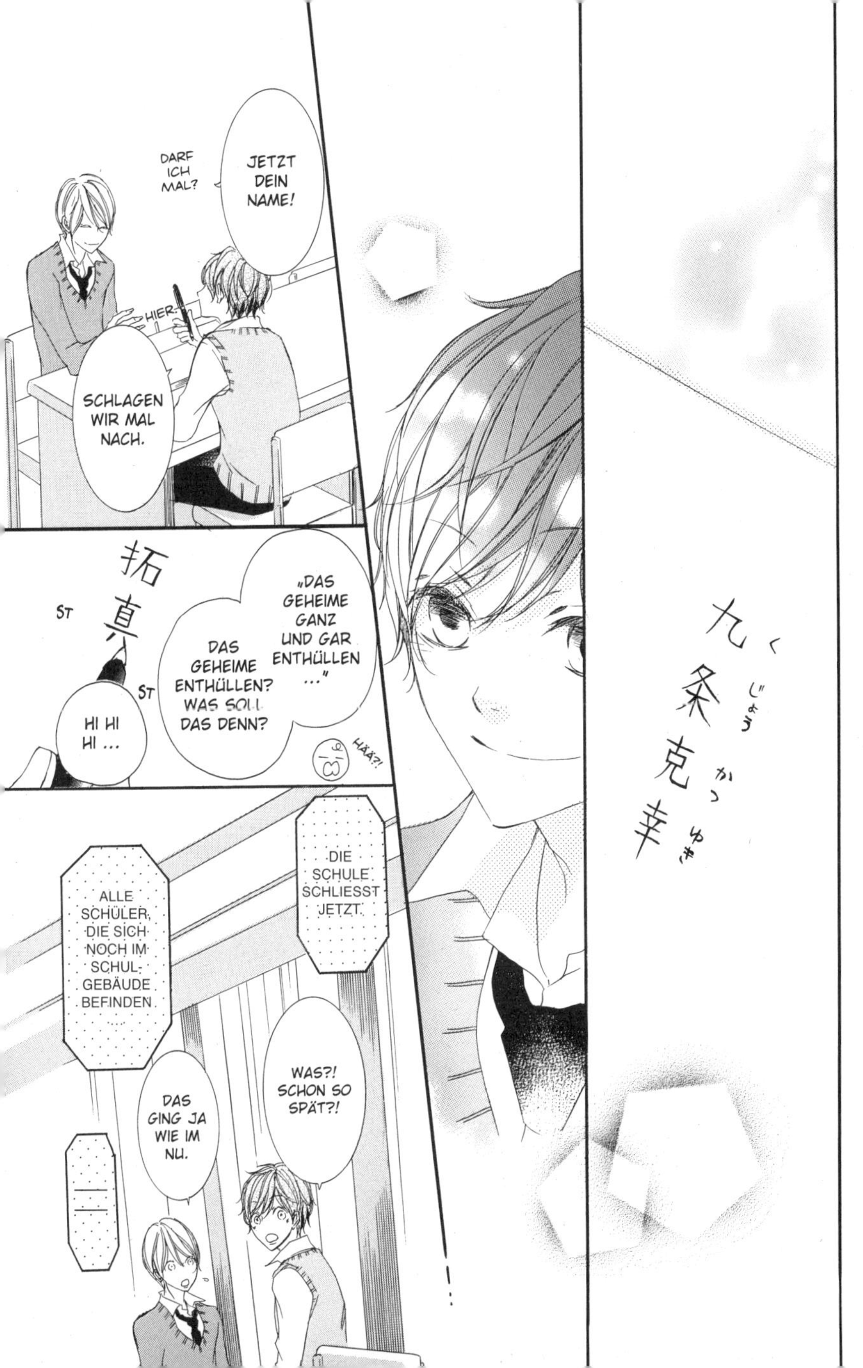
九条克幸
くじょう かつゆき
JETZT DEIN NAME!
DARF ICH MAL?
HIER
SCHLAGEN WIR MAL NACH.
拓真
ST
ST
„DAS GEHEIME GANZ UND GAR ENTHÜLLEN …"
DAS GEHEIME ENTHÜLLEN? WAS SOLL DAS DENN?
HÄÄ?!
HI HI HI …
DIE SCHULE SCHLIESST JETZT.
ALLE SCHÜLER, DIE SICH NOCH IM SCHULGEBÄUDE BEFINDEN …
WAS?! SCHON SO SPÄT?!
DAS GING JA WIE IM NU.
——

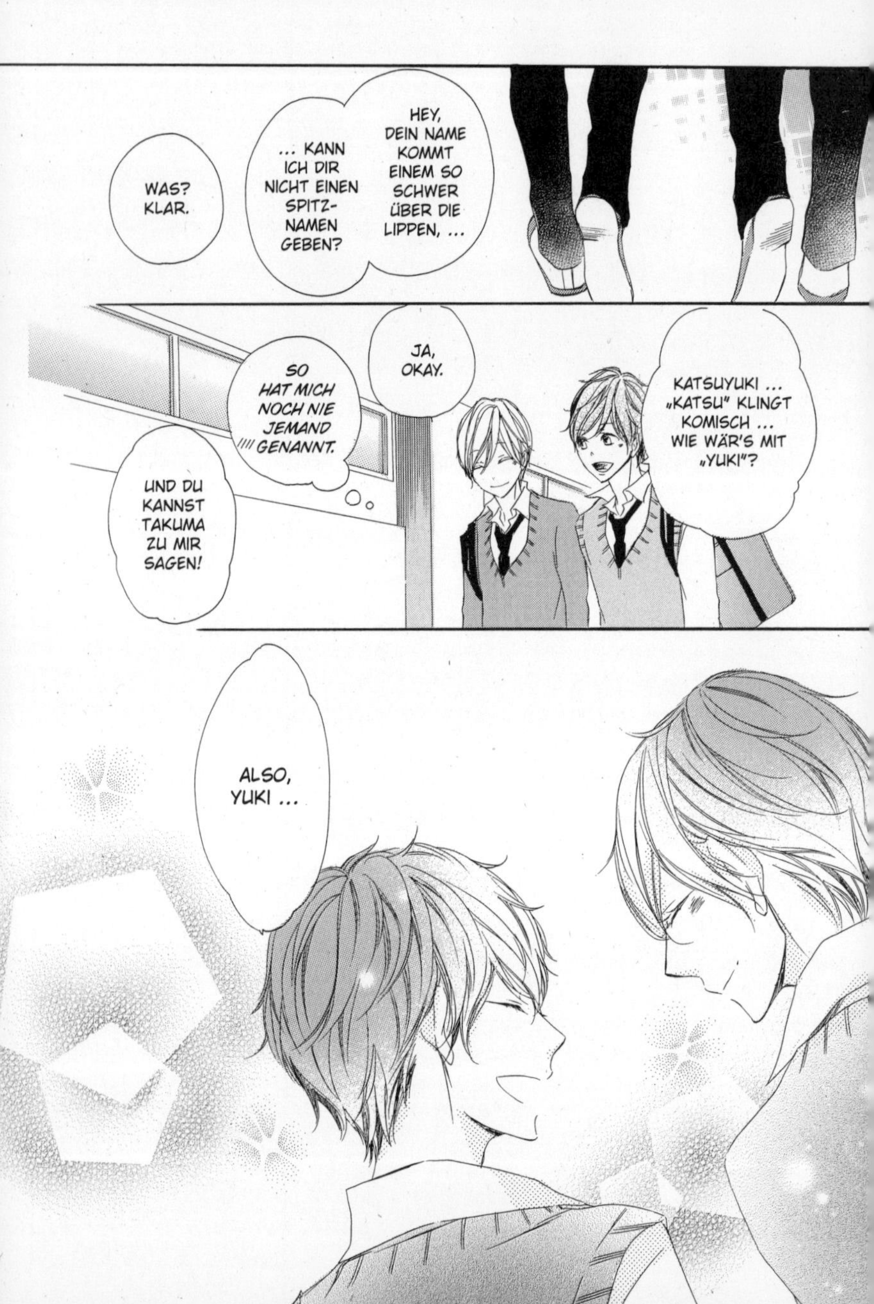
HEY, DEIN NAME KOMMT EINEM SO SCHWER ÜBER DIE LIPPEN, ...
... KANN ICH DIR NICHT EINEN SPITZNAMEN GEBEN?
WAS? KLAR.
KATSUYUKI ... „KATSU" KLINGT KOMISCH ... WIE WÄR'S MIT „YUKI"?
JA, OKAY.
SO HAT MICH NOCH NIE JEMAND GENANNT.
UND DU KANNST TAKUMA ZU MIR SAGEN!
ALSO, YUKI ...

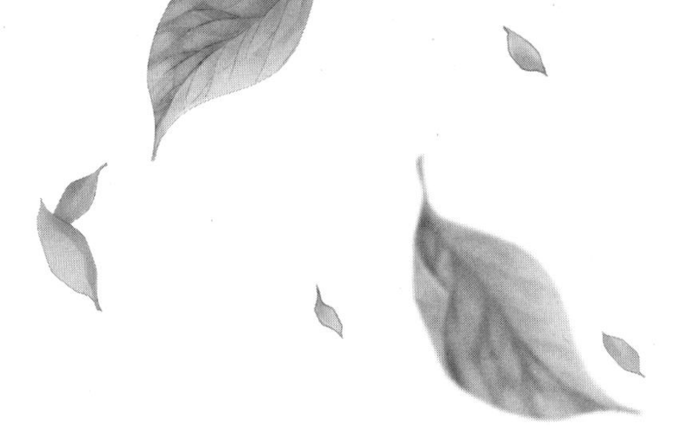

Der Klang meines Herzens

Der Klang meines Herzens

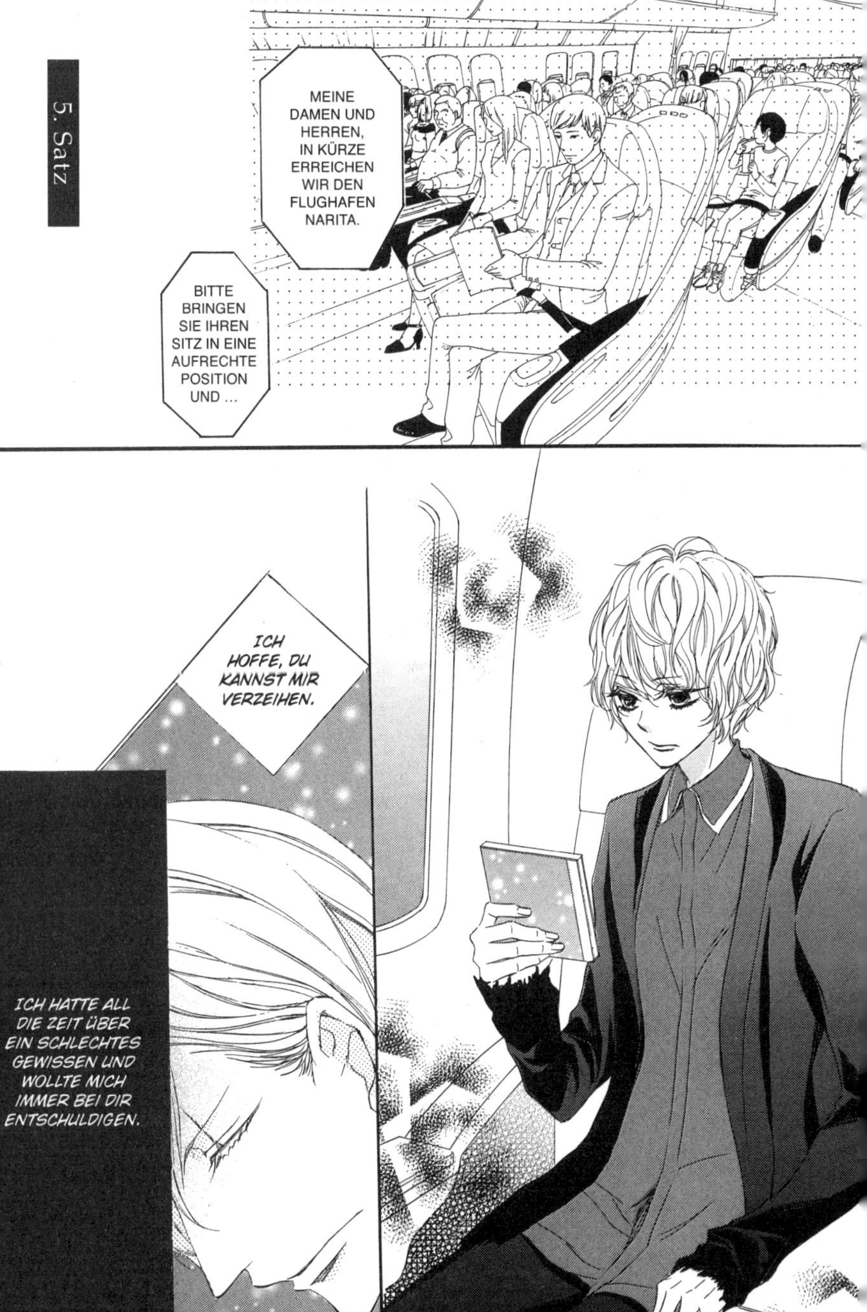
5. Satz
MEINE DAMEN UND HERREN, IN KÜRZE ERREICHEN WIR DEN FLUGHAFEN NARITA.
BITTE BRINGEN SIE IHREN SITZ IN EINE AUFRECHTE POSITION UND …
ICH HOFFE, DU KANNST MIR VERZEIHEN.
ICH HATTE ALL DIE ZEIT ÜBER EIN SCHLECHTES GEWISSEN UND WOLLTE MICH IMMER BEI DIR ENTSCHULDIGEN.

BEI MEINEM FREUND, DER OHNE EIN WORT ZU SAGEN …

… NACH JAPAN ZURÜCKGEGANGEN IST.

KATSUYUKI …

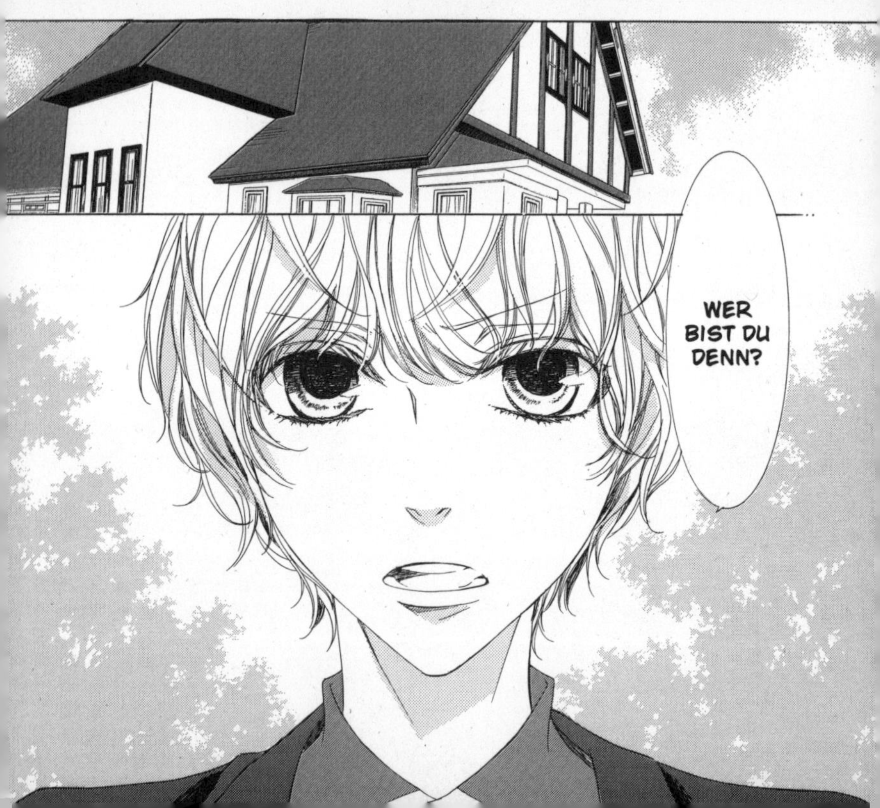

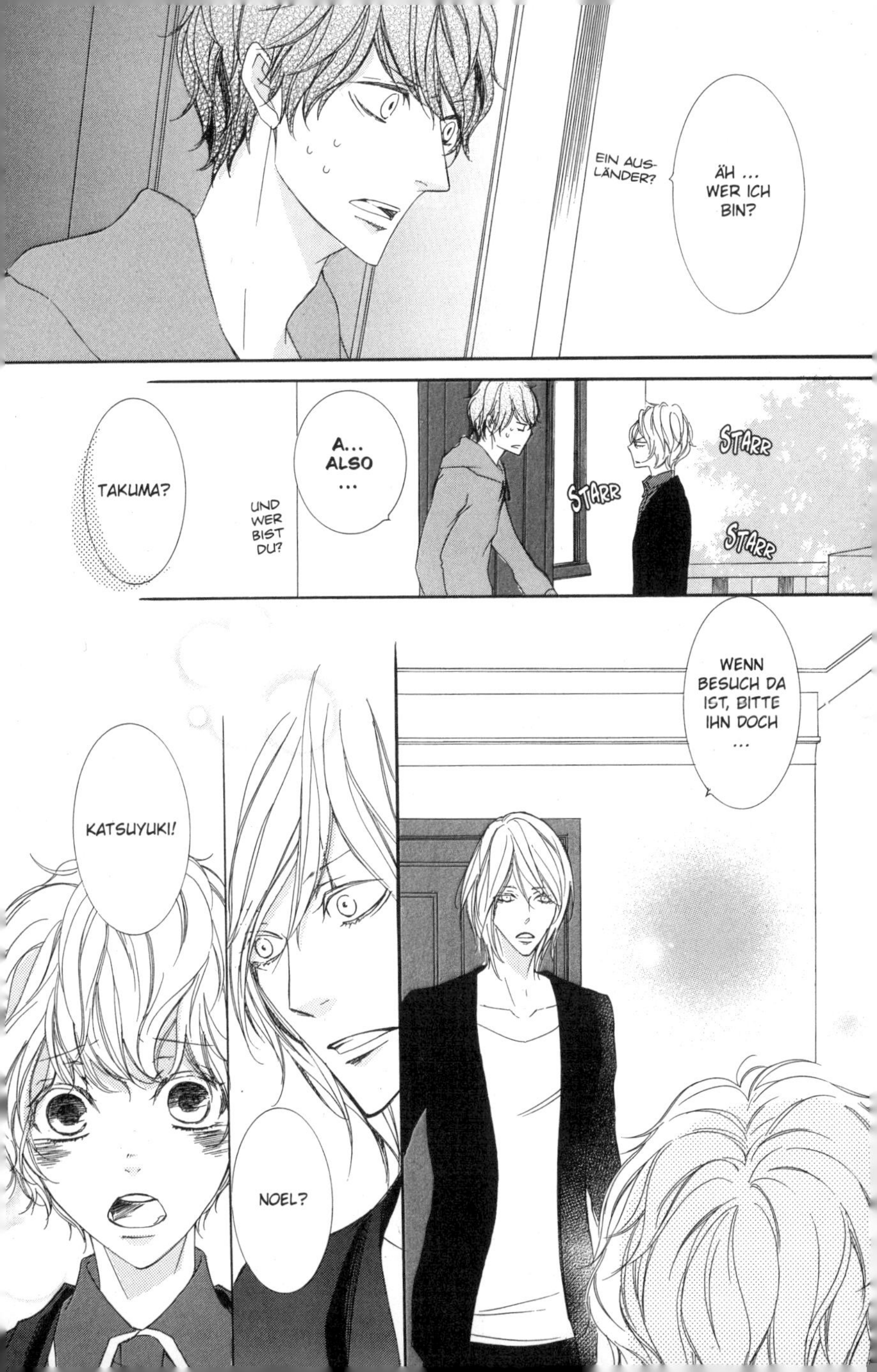
ÄH … WER ICH BIN?
EIN AUSLÄNDER?
STARR
STARR
STARR
A… ALSO …
UND WER BIST DU?
TAKUMA?
WENN BESUCH DA IST, BITTE IHN DOCH …
NOEL?
KATSUYUKI!

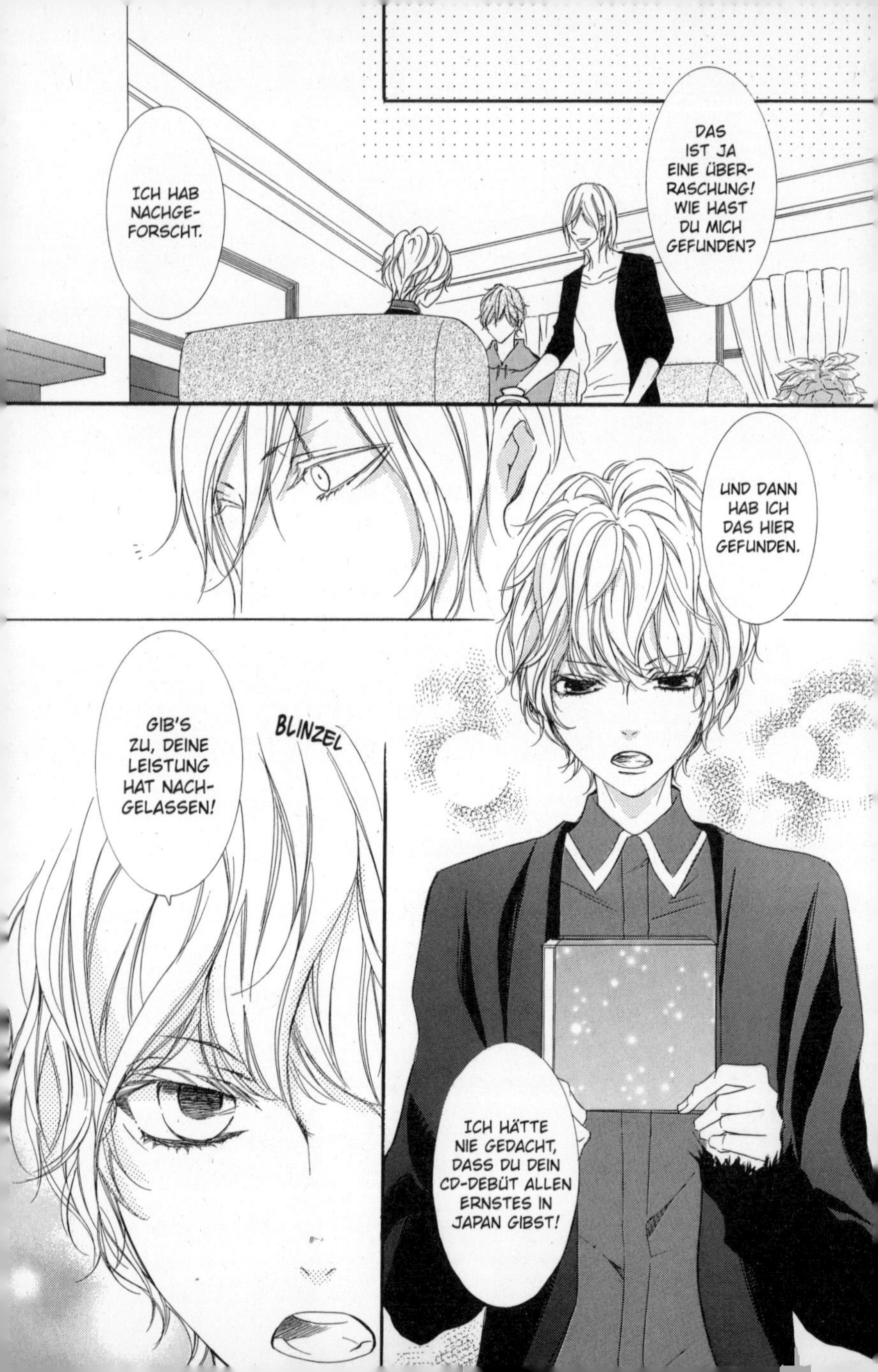
DAS IST JA EINE ÜBER-RASCHUNG! WIE HAST DU MICH GEFUNDEN?
ICH HAB NACHGE-FORSCHT.
UND DANN HAB ICH DAS HIER GEFUNDEN.
ICH HÄTTE NIE GEDACHT, DASS DU DEIN CD-DEBÜT ALLEN ERNSTES IN JAPAN GIBST!
BLINZEL
GIB'S ZU, DEINE LEISTUNG HAT NACH-GELASSEN!

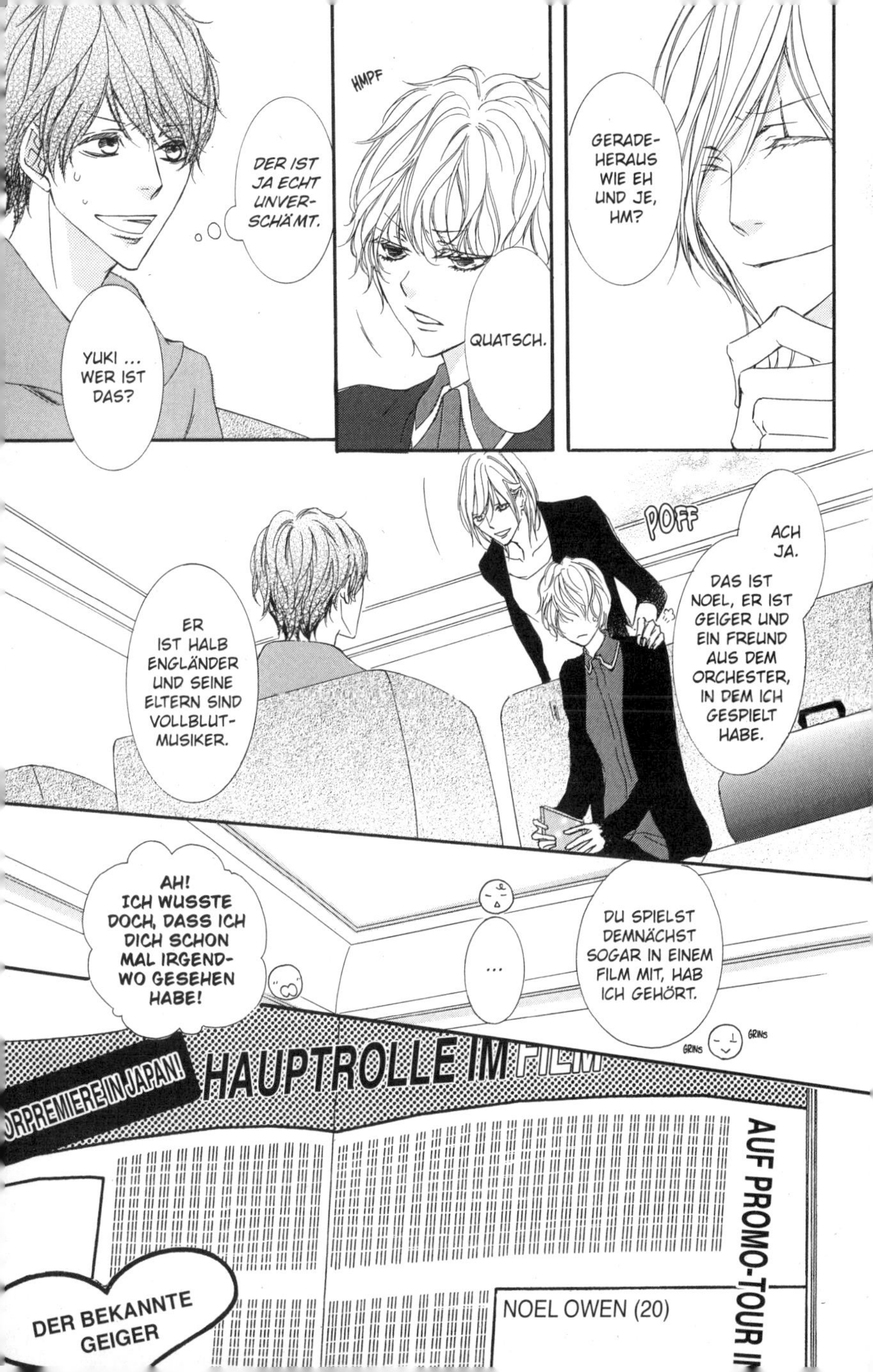
GERADE-HERAUS WIE EH UND JE, HM?
HMPF
QUATSCH.
DER IST JA ECHT UNVER-SCHÄMT.
YUKI ... WER IST DAS?
POFF
ACH JA.
DAS IST NOEL, ER IST GEIGER UND EIN FREUND AUS DEM ORCHESTER, IN DEM ICH GESPIELT HABE.
ER IST HALB ENGLÄNDER UND SEINE ELTERN SIND VOLLBLUT-MUSIKER.
DU SPIELST DEMNÄCHST SOGAR IN EINEM FILM MIT, HAB ICH GEHÖRT.
GRINS GRINS
...
AH! ICH WUSSTE DOCH, DASS ICH DICH SCHON MAL IRGEND-WO GESEHEN HABE!
ORPREMIERE IN JAPAN!
HAUPTROLLE IM FILM
AUF PROMO-TOUR IN
NOEL OWEN (20)
DER BEKANNTE GEIGER

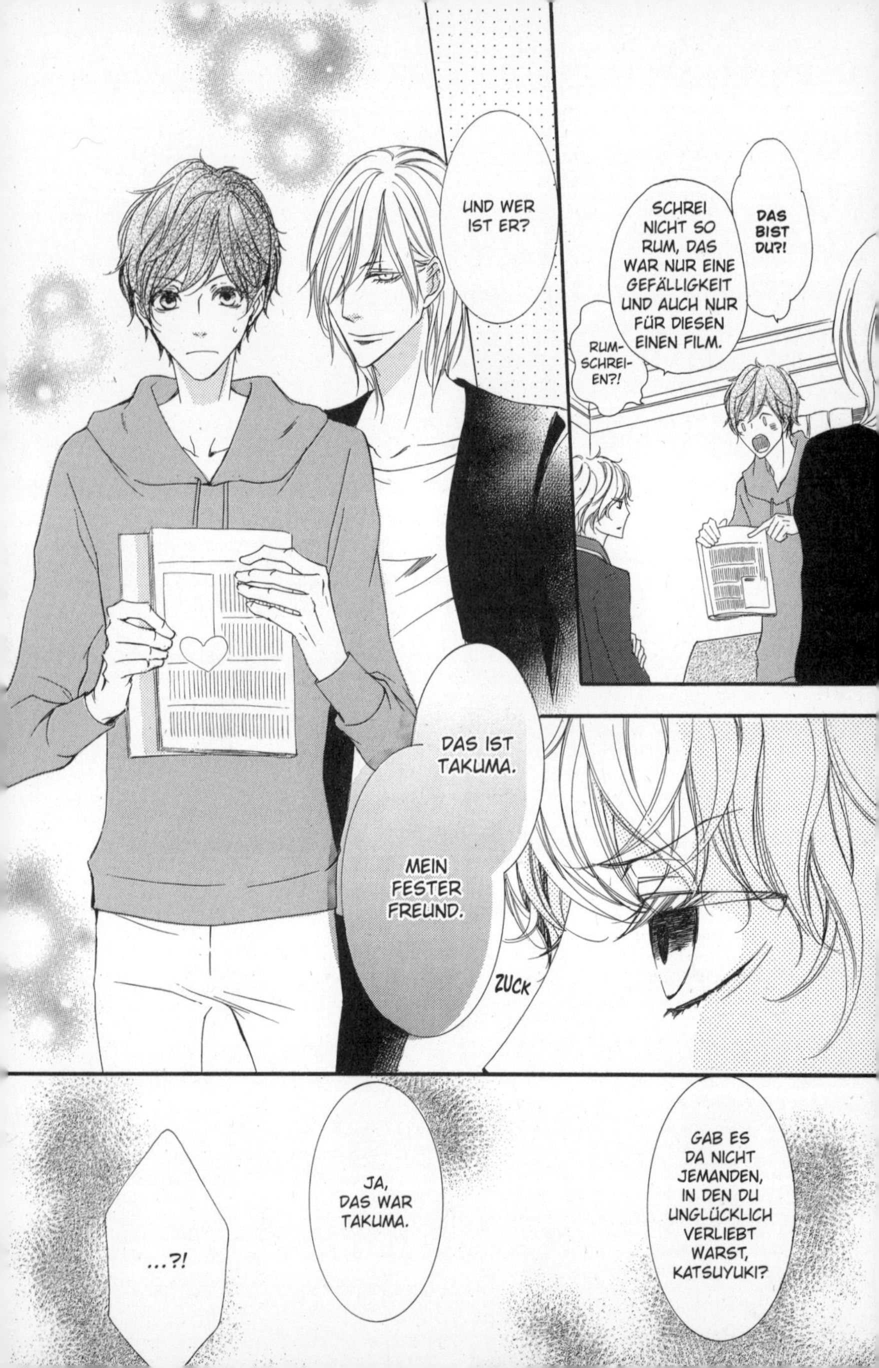
DAS BIST DU?!
SCHREI NICHT SO RUM, DAS WAR NUR EINE GEFÄLLIGKEIT UND AUCH NUR FÜR DIESEN EINEN FILM.
RUM-SCHREI-EN?!
UND WER IST ER?
DAS IST TAKUMA.
MEIN FESTER FREUND.
ZUCK
GAB ES DA NICHT JEMANDEN, IN DEN DU UNGLÜCKLICH VERLIEBT WARST, KATSUYUKI?
JA, DAS WAR TAKUMA.
...?!

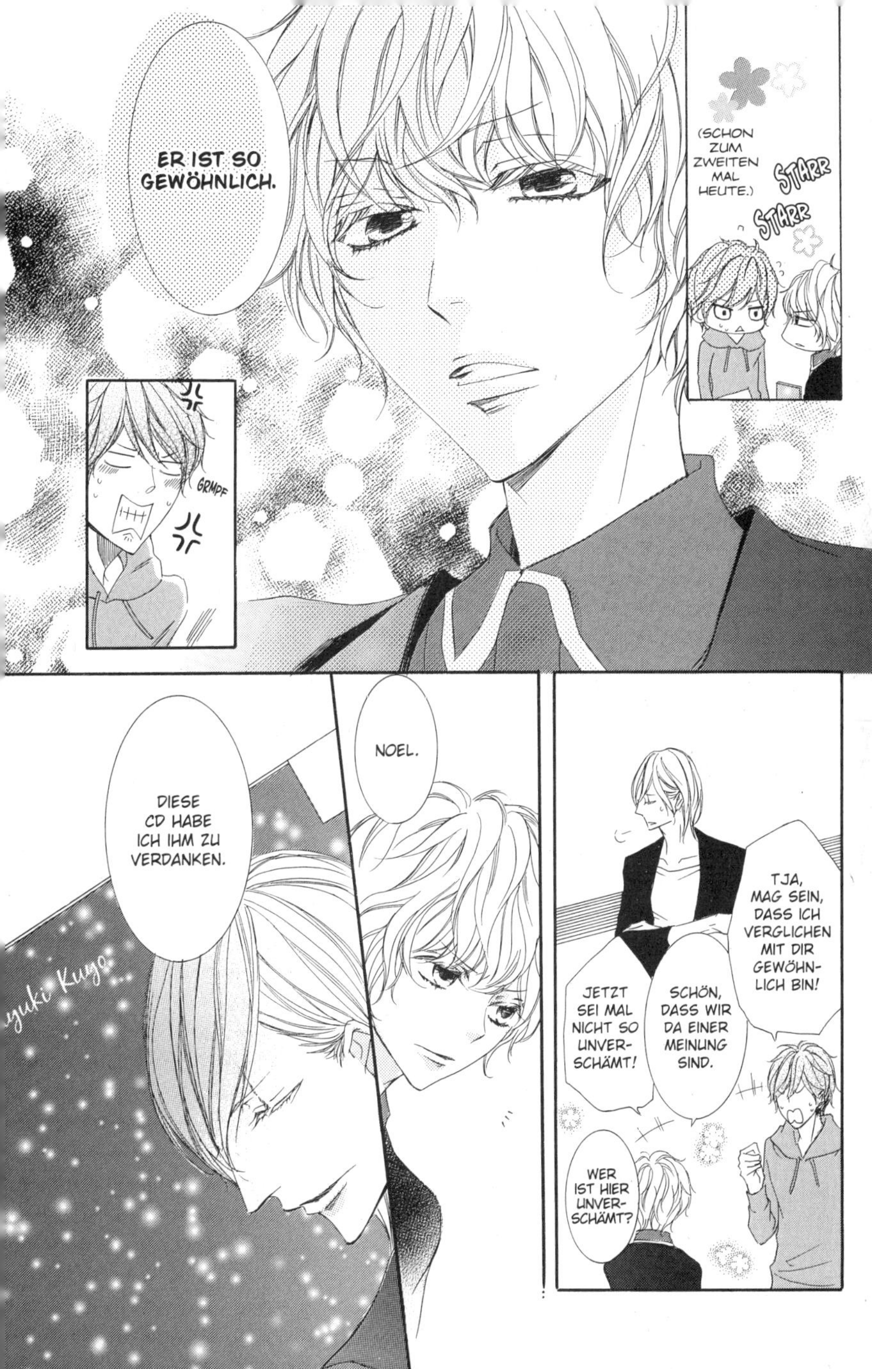
(SCHON ZUM ZWEITEN MAL HEUTE.)
STARR
STARR
ER IST SO GEWÖHNLICH.
GRMPF
TJA, MAG SEIN, DASS ICH VERGLICHEN MIT DIR GEWÖHNLICH BIN!
SCHÖN, DASS WIR DA EINER MEINUNG SIND.
JETZT SEI MAL NICHT SO UNVER-SCHÄMT!
WER IST HIER UNVER-SCHÄMT?
NOEL.
DIESE CD HABE ICH IHM ZU VERDANKEN.

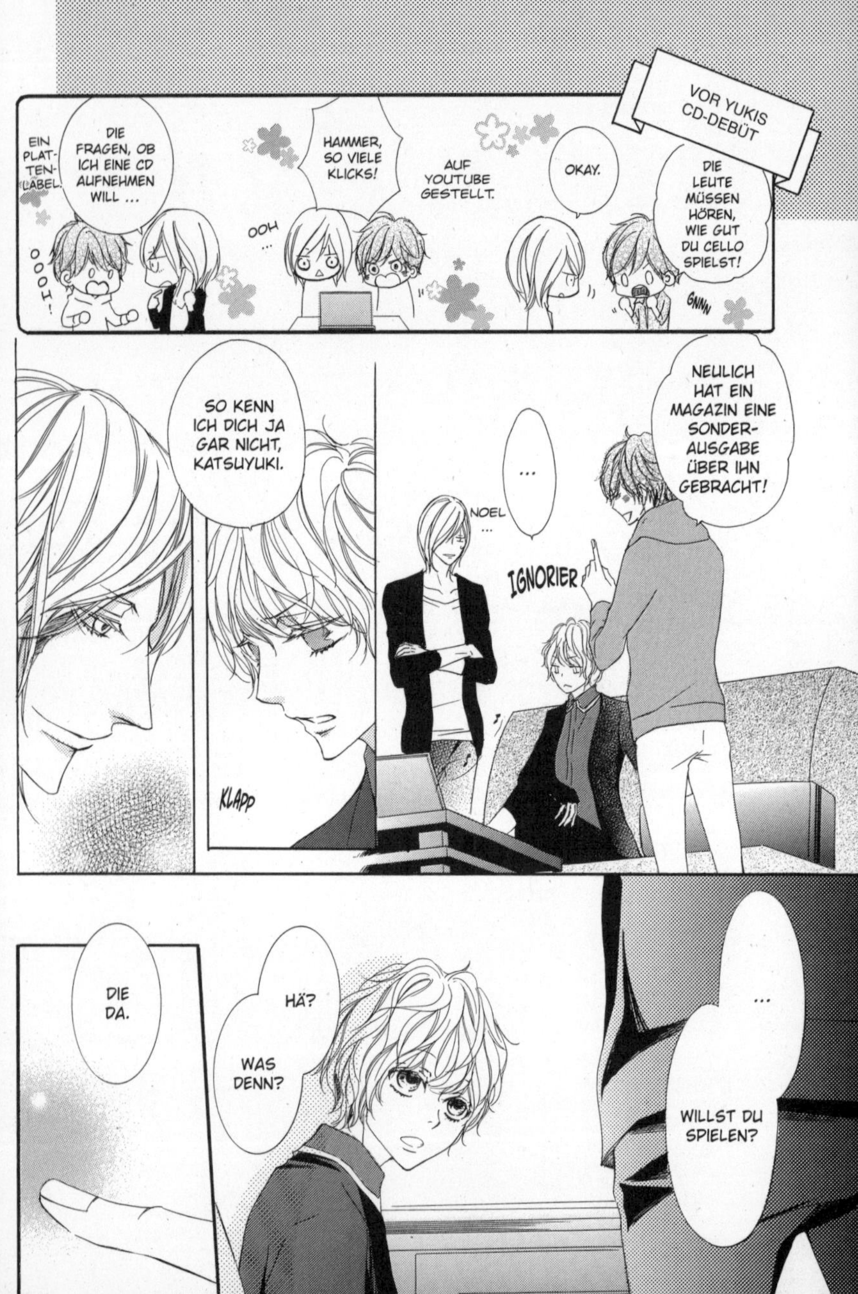
VOR YUKIS CD-DEBÜT
DIE LEUTE MÜSSEN HÖREN, WIE GUT DU CELLO SPIELST!
GNNN
OKAY.
AUF YOUTUBE GESTELLT.
HAMMER, SO VIELE KLICKS!
OOH ...
DIE FRAGEN, OB ICH EINE CD AUFNEHMEN WILL ...
EIN PLATTEN-LABEL!
OOOOH!
NEULICH HAT EIN MAGAZIN EINE SONDER-AUSGABE ÜBER IHN GEBRACHT!
...
NOEL ...
IGNORIER
SO KENN ICH DICH JA GAR NICHT, KATSUYUKI.
KLAPP
...
WILLST DU SPIELEN?
HÄ?
WAS DENN?
DIE DA.

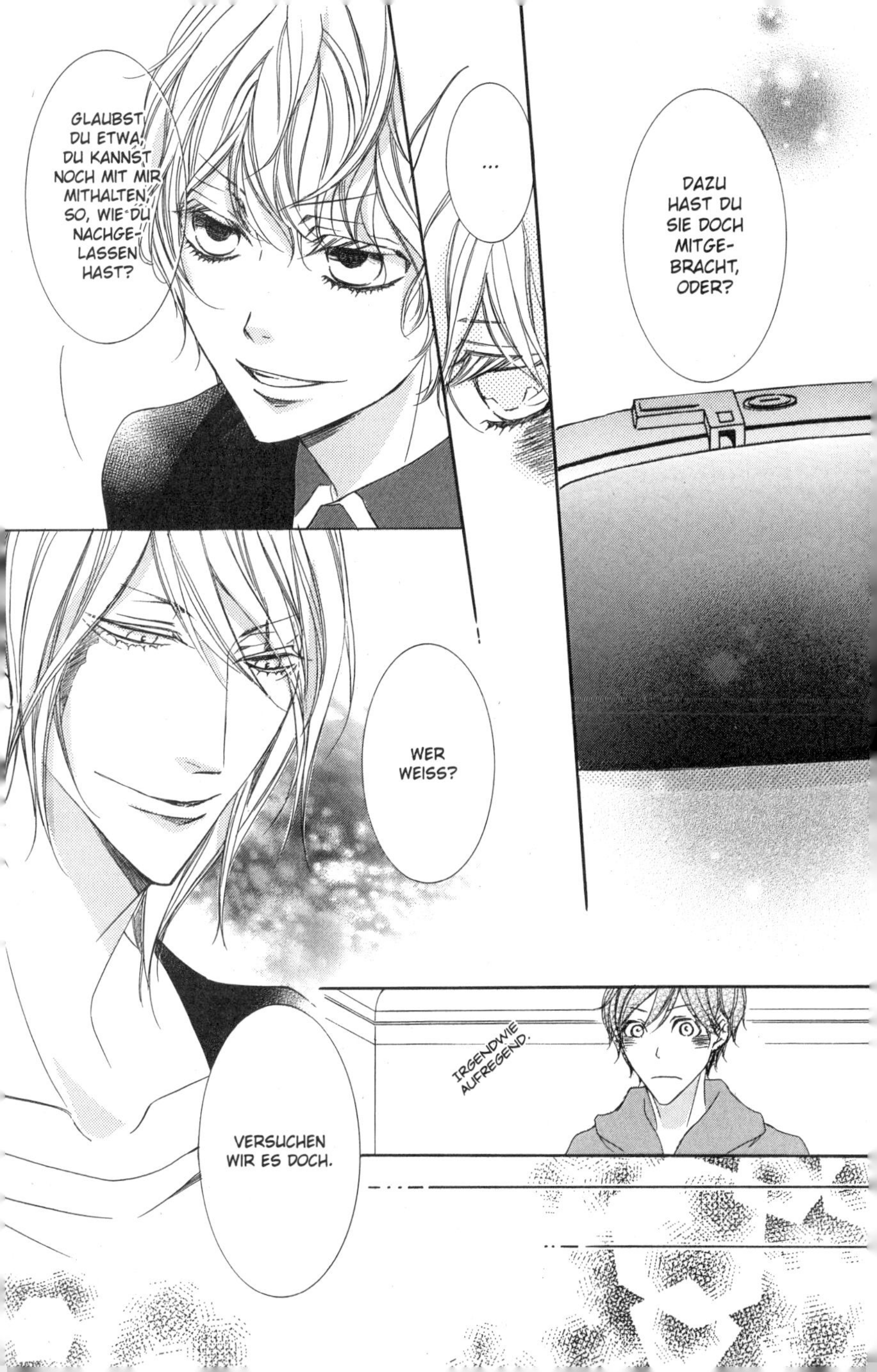
DAZU HAST DU SIE DOCH MITGE-BRACHT, ODER?
...
GLAUBST DU ETWA, DU KANNST NOCH MIT MIR MITHALTEN, SO, WIE DU NACHGE-LASSEN HAST?
!
WER WEISS?
VERSUCHEN WIR ES DOCH.
IRGENDWIE AUFREGEND.

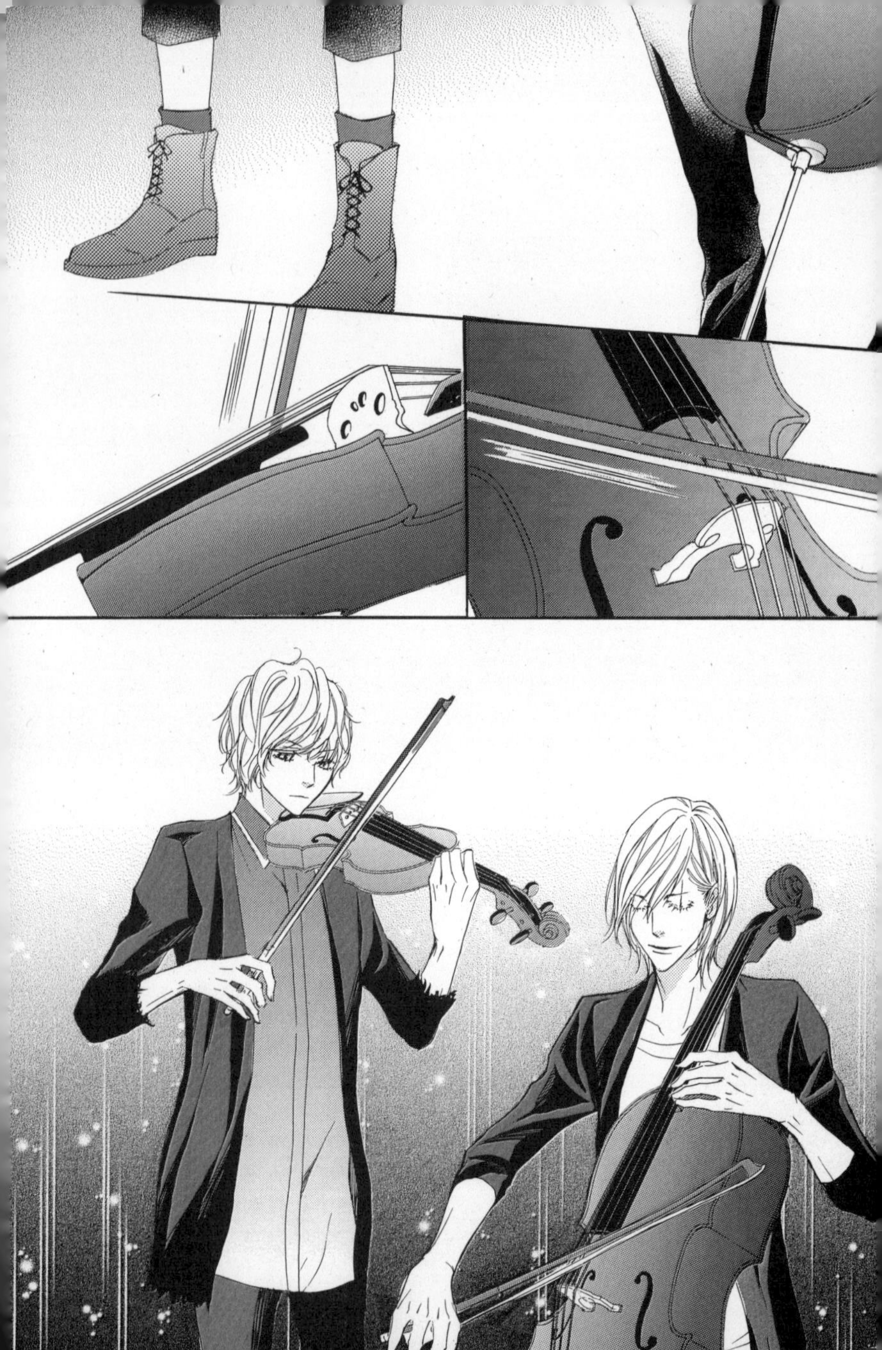

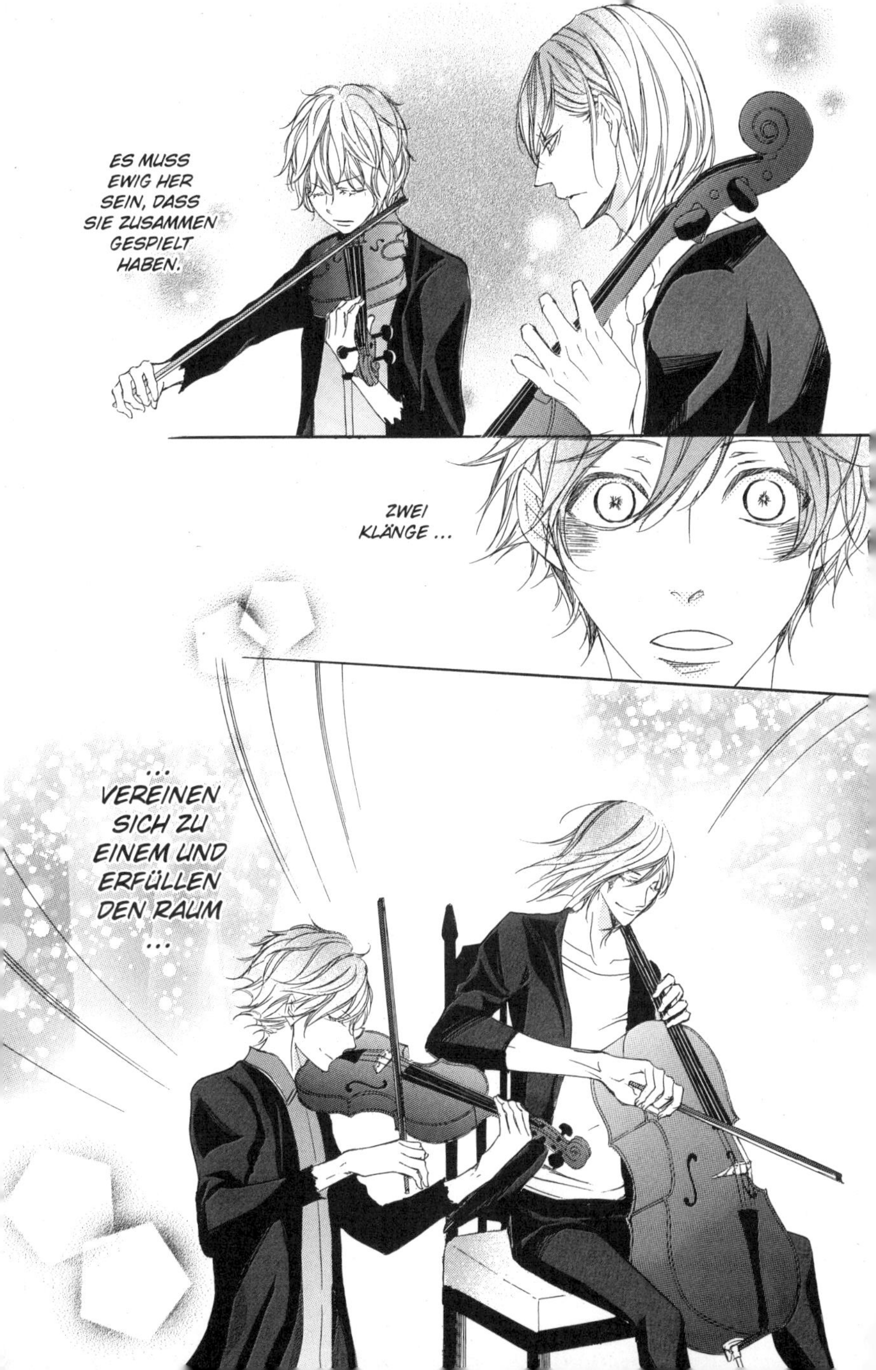
ES MUSS EWIG HER SEIN, DASS SIE ZUSAMMEN GESPIELT HABEN.
ZWEI KLÄNGE ...
... VEREINEN SICH ZU EINEM UND ERFÜLLEN DEN RAUM ...

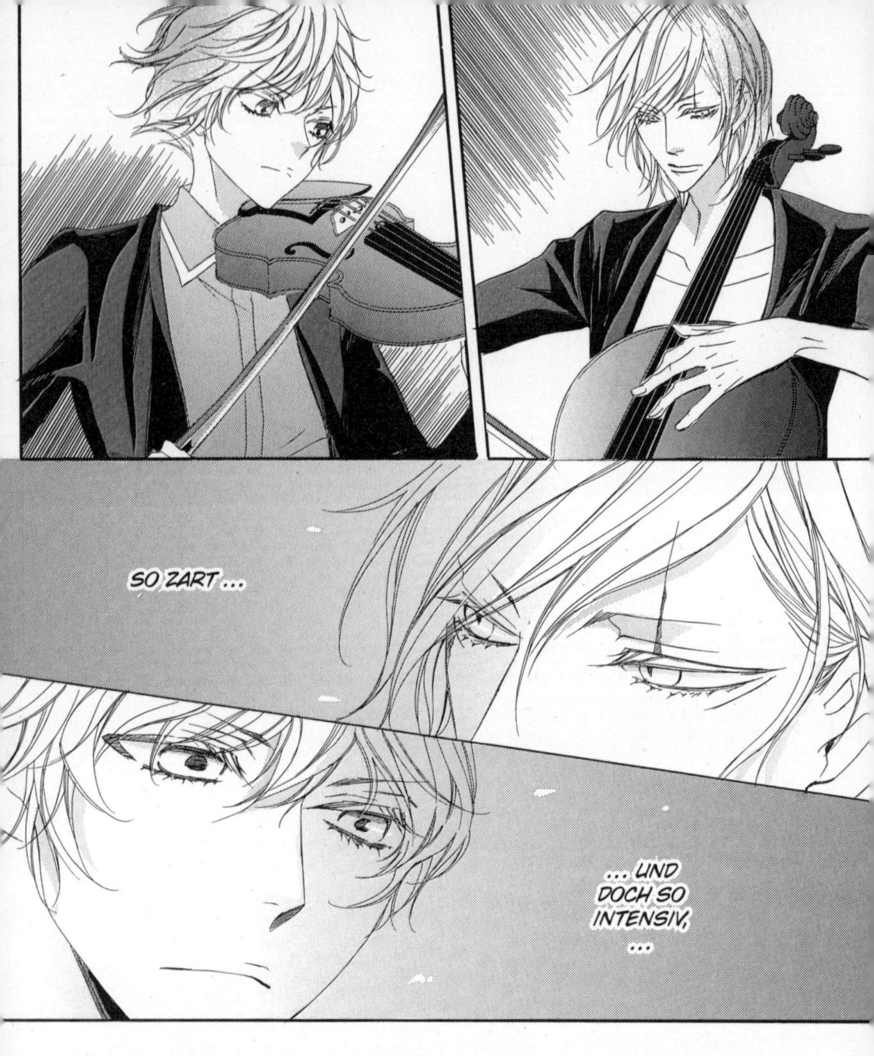
SO ZART ...
... UND DOCH SO INTENSIV, ...
... DASS ES EINEN GANZ UND GAR EINNIMMT ...
... UND DEN KÖRPER GANZ IN DEN KLANG EINTAUCHEN LÄSST.

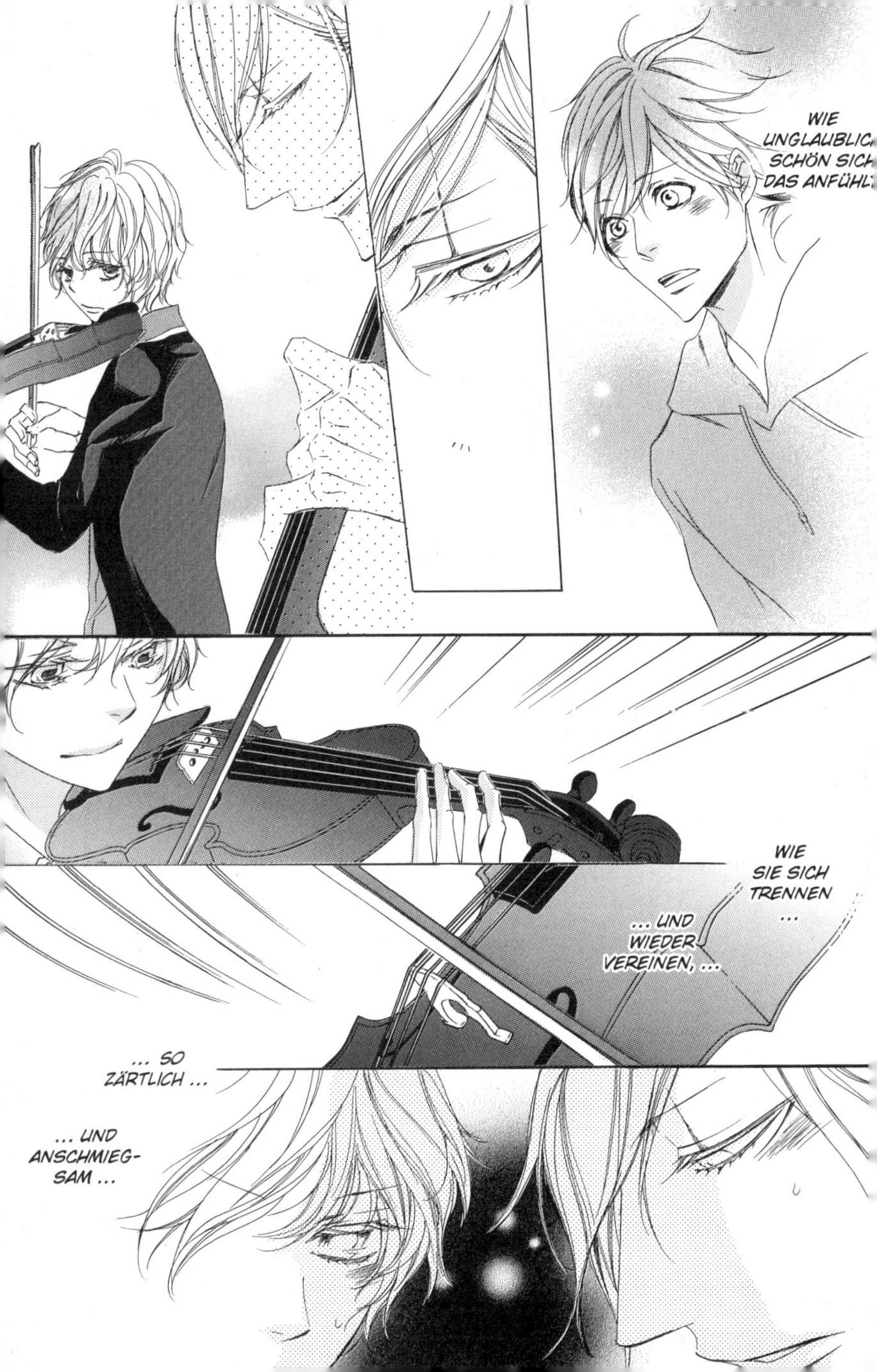
WIE UNGLAUBLIC SCHÖN SIC DAS ANFÜHL
WIE SIE SICH TRENNEN …
… UND WIEDER VEREINEN, …
… SO ZÄRTLICH …
… UND ANSCHMIEG-SAM …

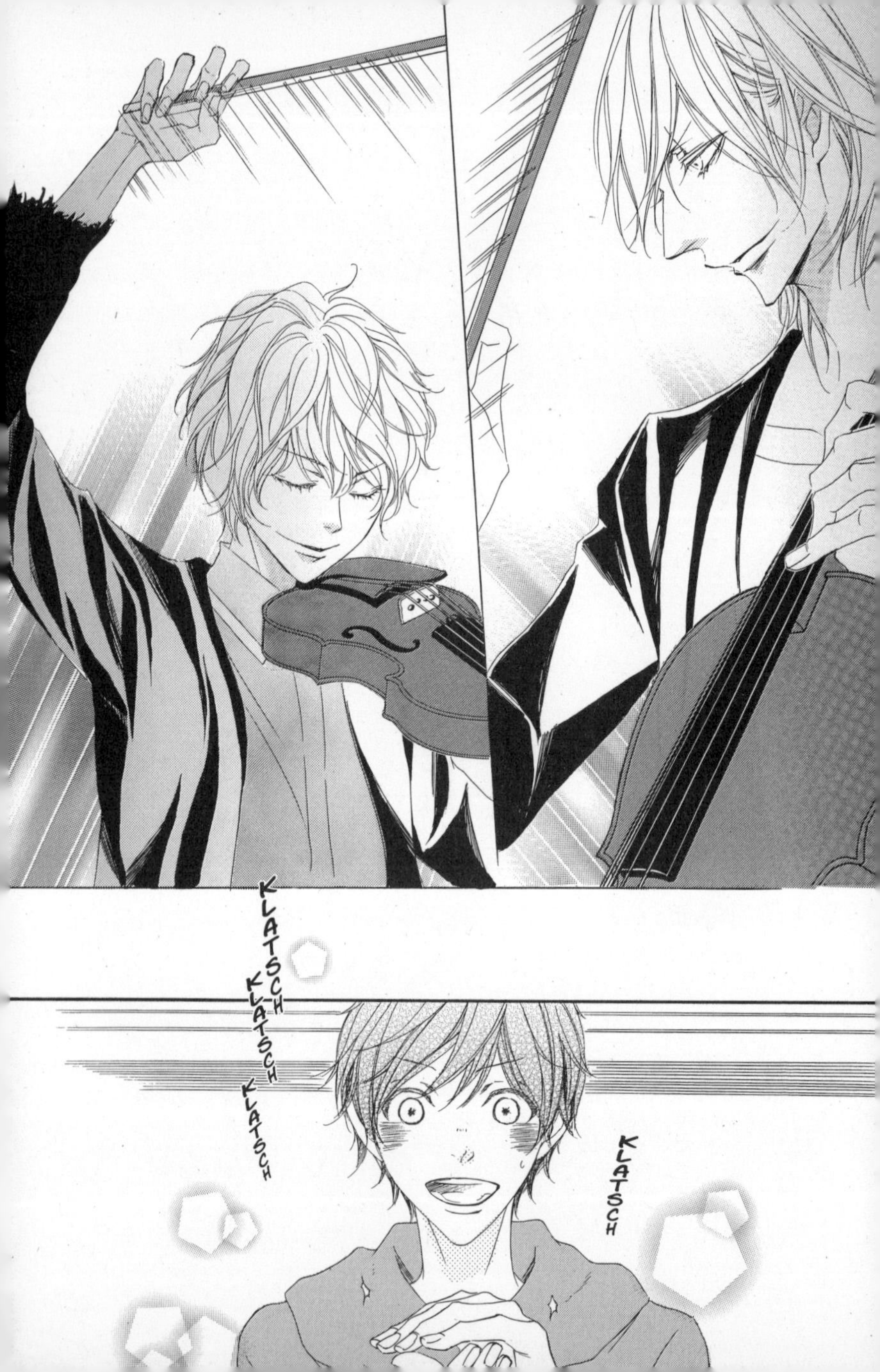

KLATSCH
KLATSCH
KLATSCH
KLATSCH

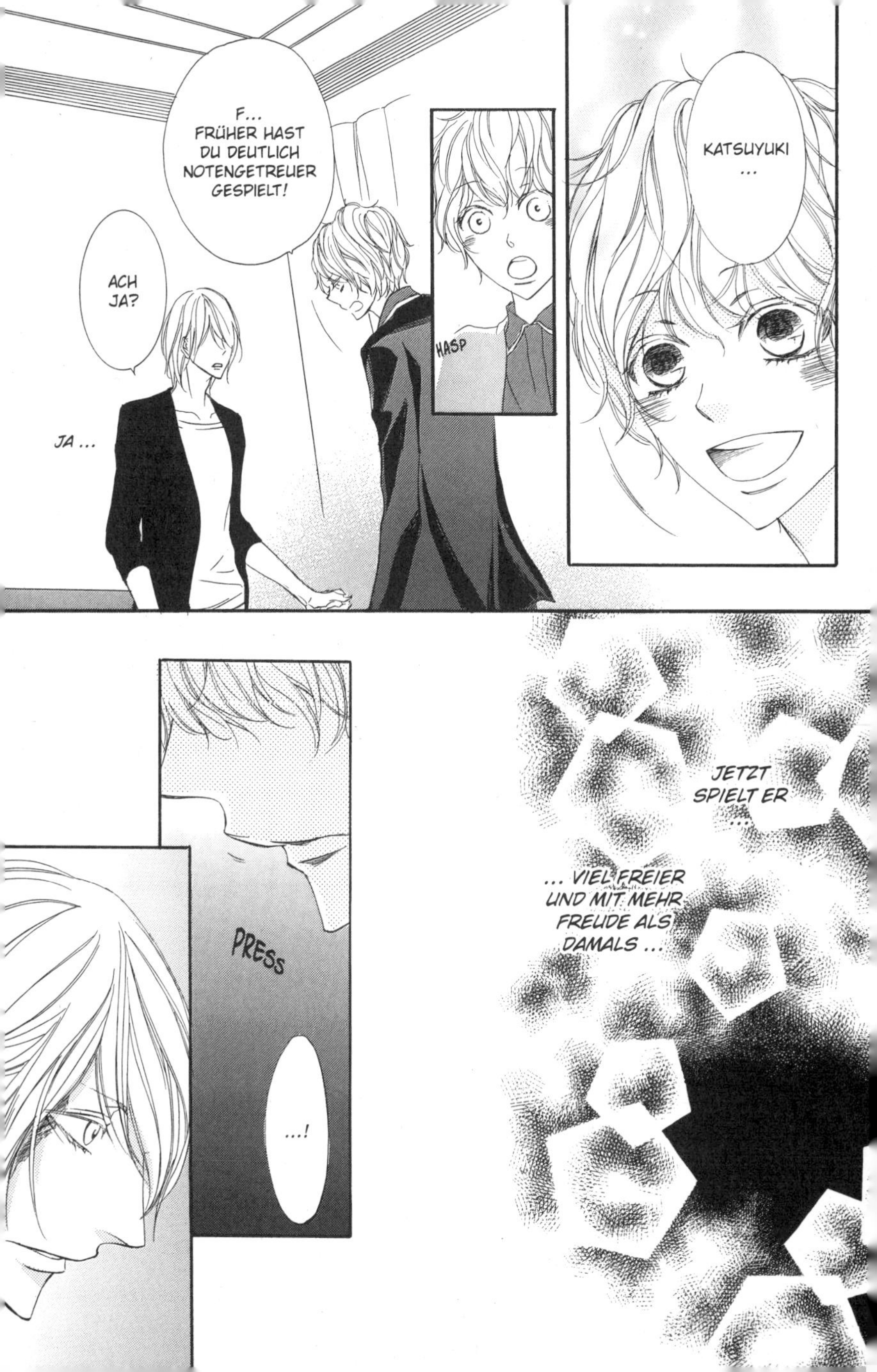

KATSUYUKI ...

HASP

F... FRÜHER HAST DU DEUTLICH NOTENGETREUER GESPIELT!

ACH JA?

JA ...

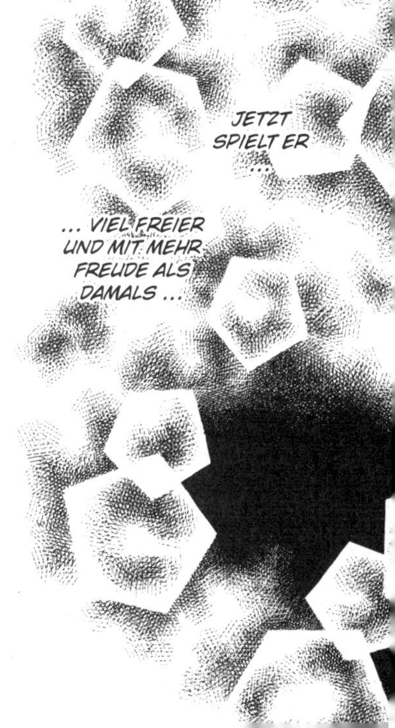

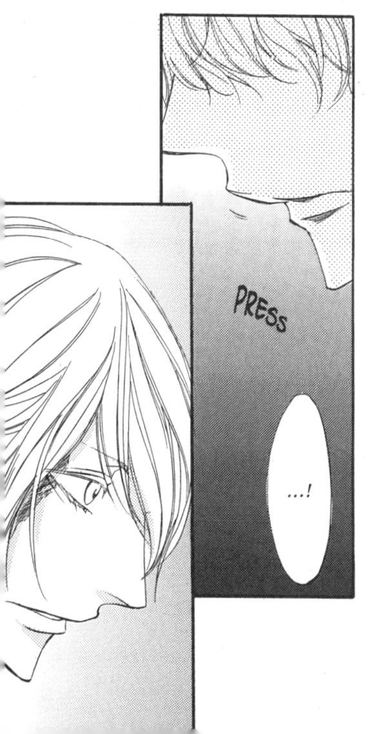

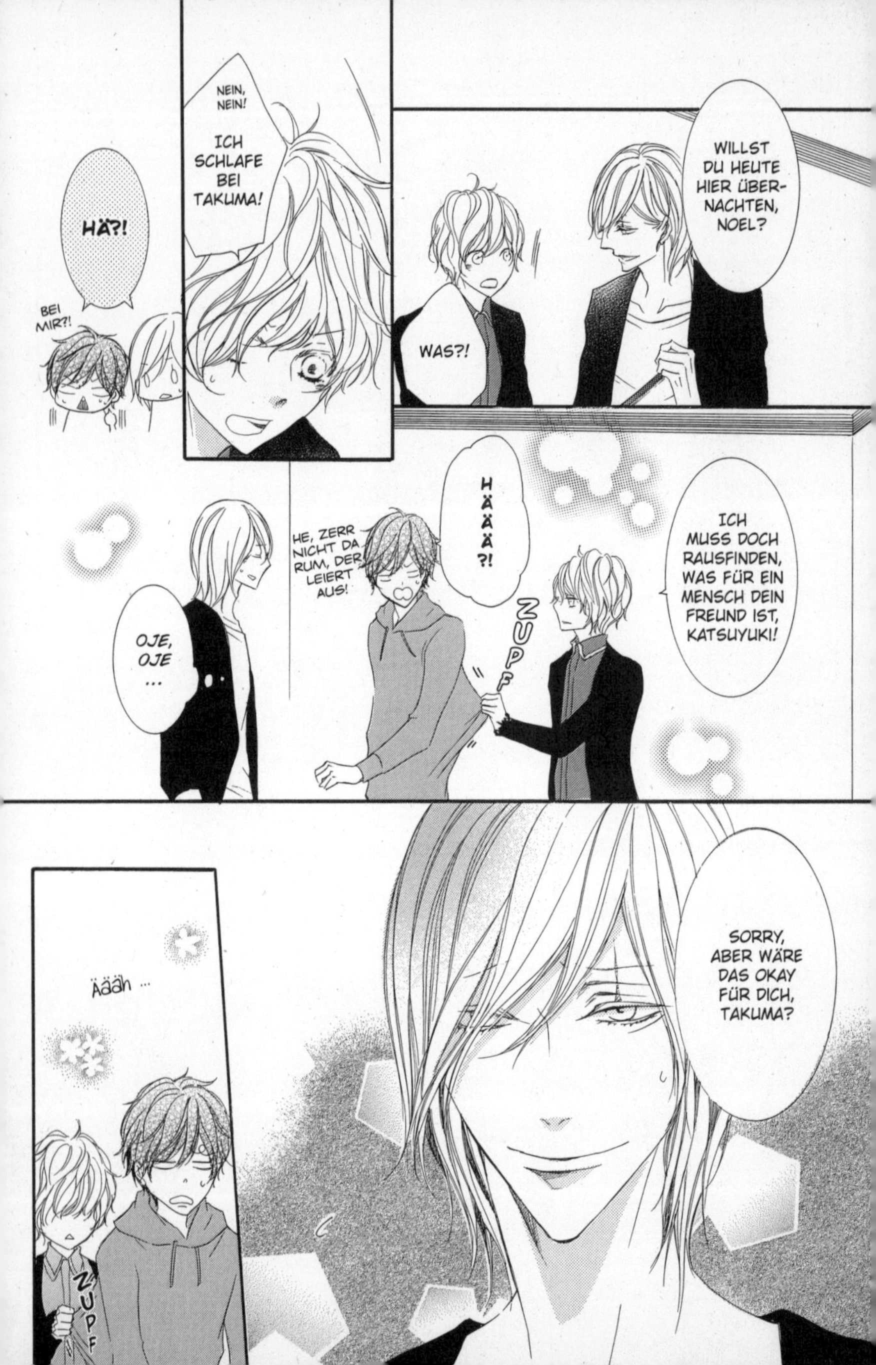
WILLST DU HEUTE HIER ÜBERNACHTEN, NOEL?
WAS?!
NEIN, NEIN!
ICH SCHLAFE BEI TAKUMA!
HÄ?!
BEI MIR?!
ICH MUSS DOCH RAUSFINDEN, WAS FÜR EIN MENSCH DEIN FREUND IST, KATSUYUKI!
ZUPF
HÄÄ?!
HE, ZERR NICHT DA RUM, DER LEIERT AUS!
OJE, OJE …
SORRY, ABER WÄRE DAS OKAY FÜR DICH, TAKUMA?
Äääh …
ZUPF

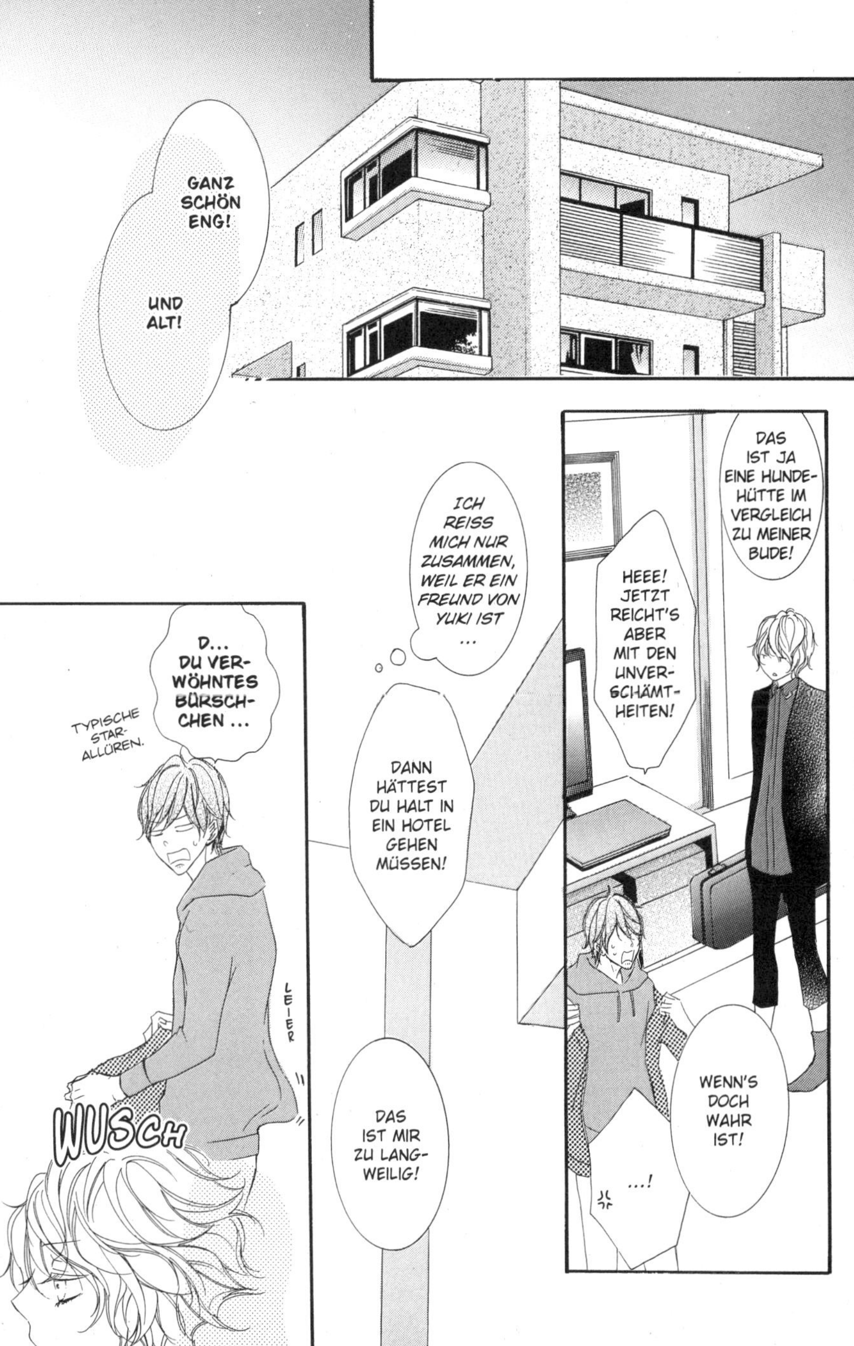
GANZ SCHÖN ENG!
UND ALT!
DAS IST JA EINE HUNDE-HÜTTE IM VERGLEICH ZU MEINER BUDE!
HEEE! JETZT REICHT'S ABER MIT DEN UNVER-SCHÄMT-HEITEN!
ICH REISS MICH NUR ZUSAMMEN, WEIL ER EIN FREUND VON YUKI IST ...
WENN'S DOCH WAHR IST!
...!
DANN HÄTTEST DU HALT IN EIN HOTEL GEHEN MÜSSEN!
DAS IST MIR ZU LANG-WEILIG!
D... DU VER-WÖHNTES BÜRSCH-CHEN ...
TYPISCHE STAR-ALLÜREN.
LEIER
WUSCH

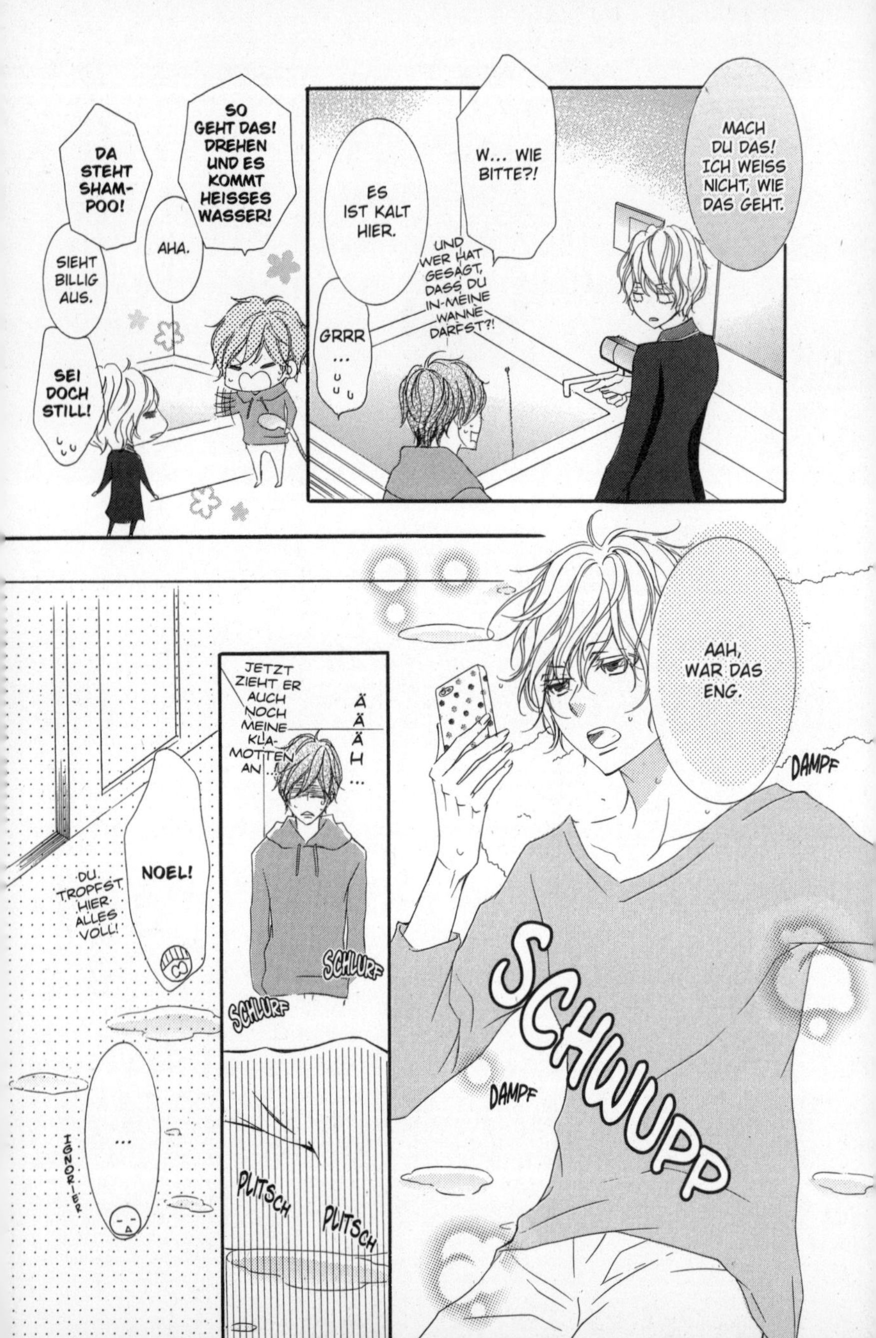
MACH DU DAS! ICH WEISS NICHT, WIE DAS GEHT.
W... WIE BITTE?!
ES IST KALT HIER.
UND WER HAT GESAGT, DASS DU IN MEINE WANNE DARFST?!
GRRR ...
SO GEHT DAS! DREHEN UND ES KOMMT HEISSES WASSER!
DA STEHT SHAM-POO!
AHA.
SIEHT BILLIG AUS.
SEI DOCH STILL!
AAH, WAR DAS ENG.
DAMPF
JETZT ZIEHT ER AUCH NOCH MEINE KLA-MOTTEN AN ...
ÄÄÄH ...
NOEL!
DU TROPFST HIER ALLES VOLL!
SCHLURF
SCHLURF
SCHWUPP
DAMPF
...
IGNORIER
PLITSCH
PLITSCH

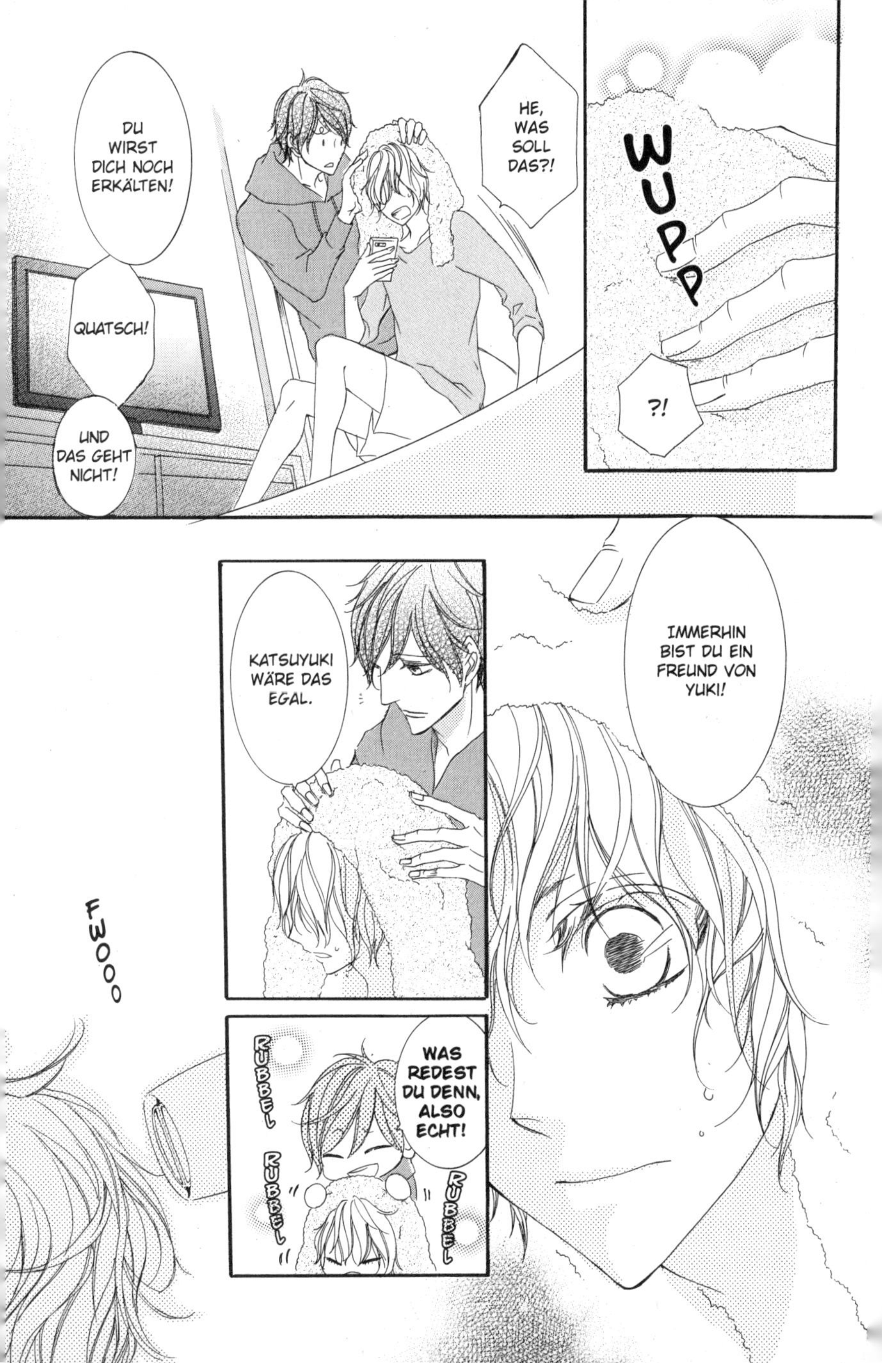
WUPP
?!
HE, WAS SOLL DAS?!
DU WIRST DICH NOCH ERKÄLTEN!
QUATSCH!
UND DAS GEHT NICHT!
IMMERHIN BIST DU EIN FREUND VON YUKI!
KATSUYUKI WÄRE DAS EGAL.
FWOOO
WAS REDEST DU DENN, ALSO ECHT!
RUBBEL
RUBBEL
RUBBEL

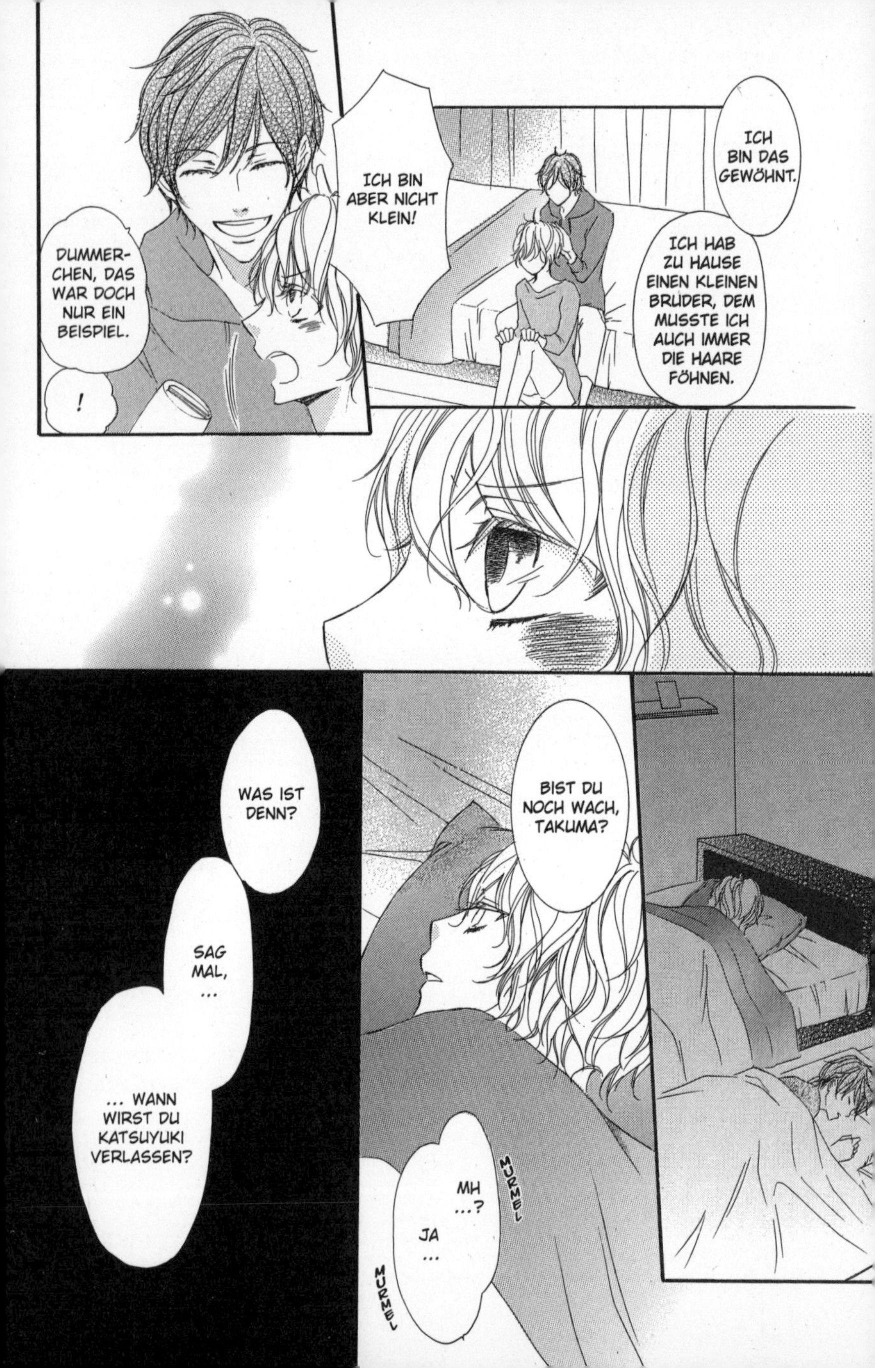
ICH BIN DAS GEWÖHNT.
ICH HAB ZU HAUSE EINEN KLEINEN BRUDER, DEM MUSSTE ICH AUCH IMMER DIE HAARE FÖHNEN.
ICH BIN ABER NICHT KLEIN!
DUMMERCHEN, DAS WAR DOCH NUR EIN BEISPIEL.
!
BIST DU NOCH WACH, TAKUMA?
MH ...?
MURMEL
JA ...
MURMEL
WAS IST DENN?
SAG MAL, ...
... WANN WIRST DU KATSUYUKI VERLASSEN?

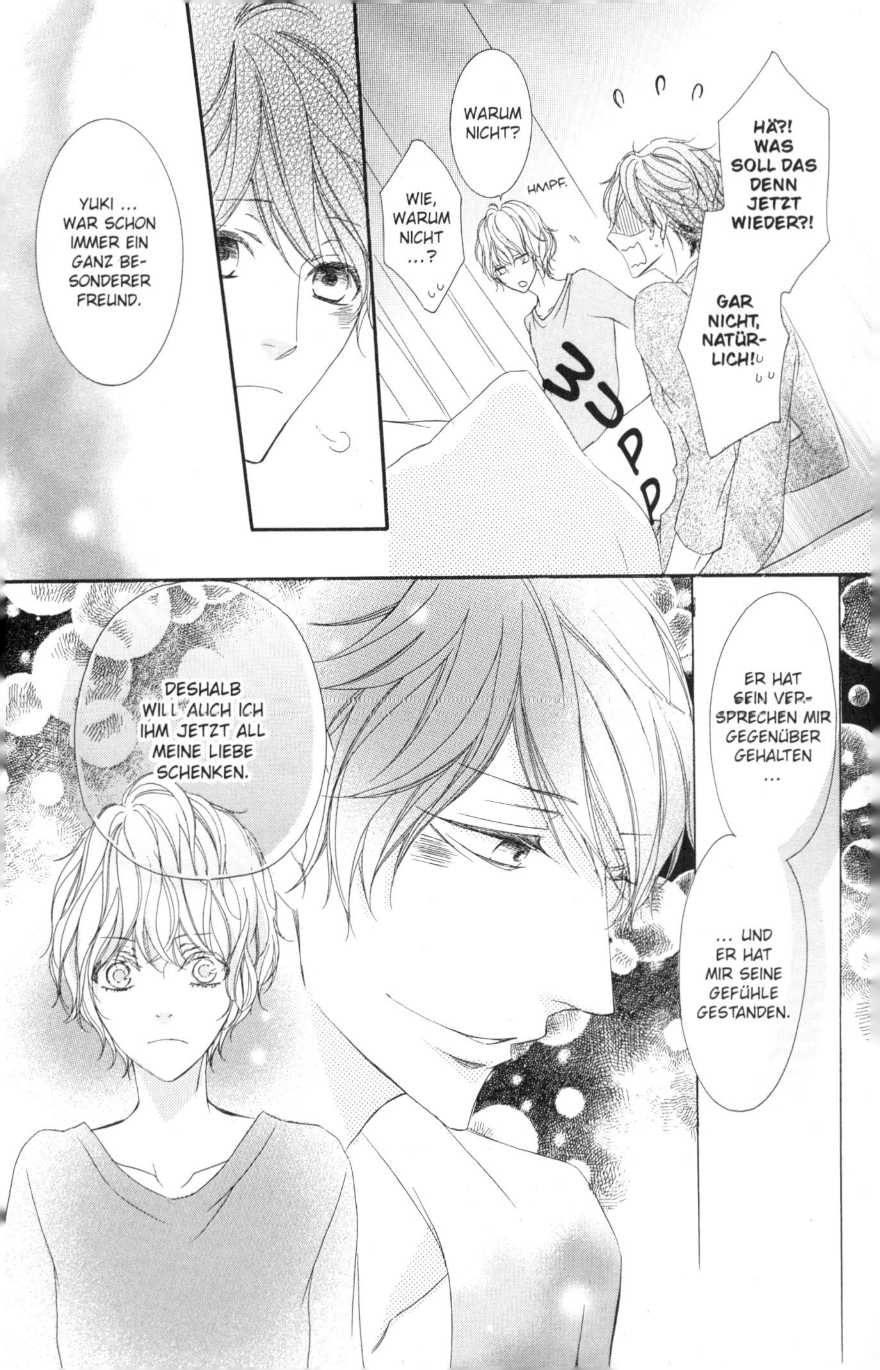
HÄ?! WAS SOLL DAS DENN JETZT WIEDER?!
GAR NICHT, NATÜRLICH!
WARUM NICHT?
HMPF.
WIE, WARUM NICHT ...?
YUKI ... WAR SCHON IMMER EIN GANZ BE-SONDERER FREUND.
ER HAT SEIN VER-SPRECHEN MIR GEGENÜBER GEHALTEN ...
... UND ER HAT MIR SEINE GEFÜHLE GESTANDEN.
DESHALB WILL AUCH ICH IHM JETZT ALL MEINE LIEBE SCHENKEN.

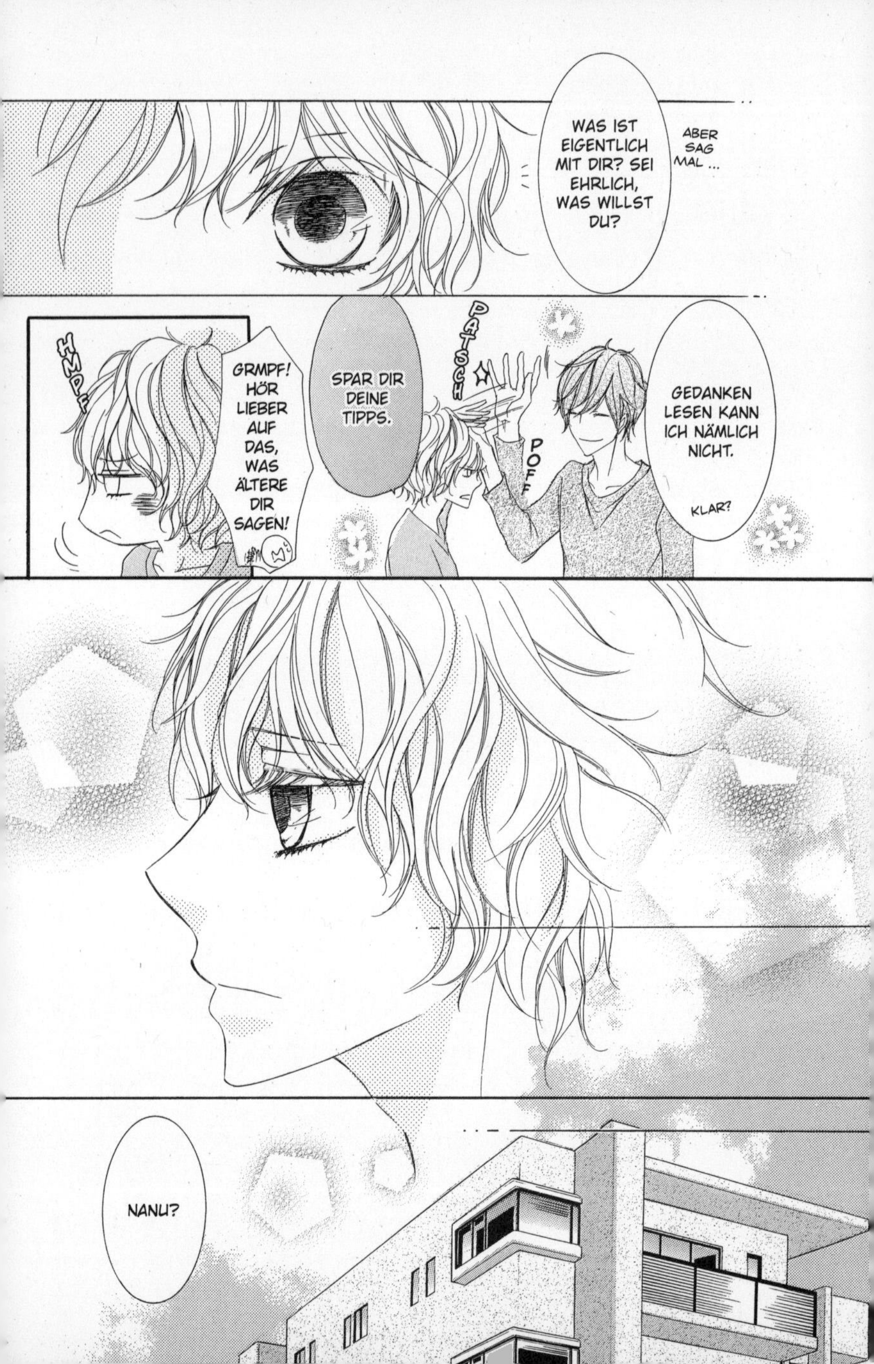
ABER SAG MAL ...
WAS IST EIGENTLICH MIT DIR? SEI EHRLICH, WAS WILLST DU?
GEDANKEN LESEN KANN ICH NÄMLICH NICHT.
KLAR?
PATSCH
POFF
SPAR DIR DEINE TIPPS.
GRMPF! HÖR LIEBER AUF DAS, WAS ÄLTERE DIR SAGEN!
HMPF
NANU?

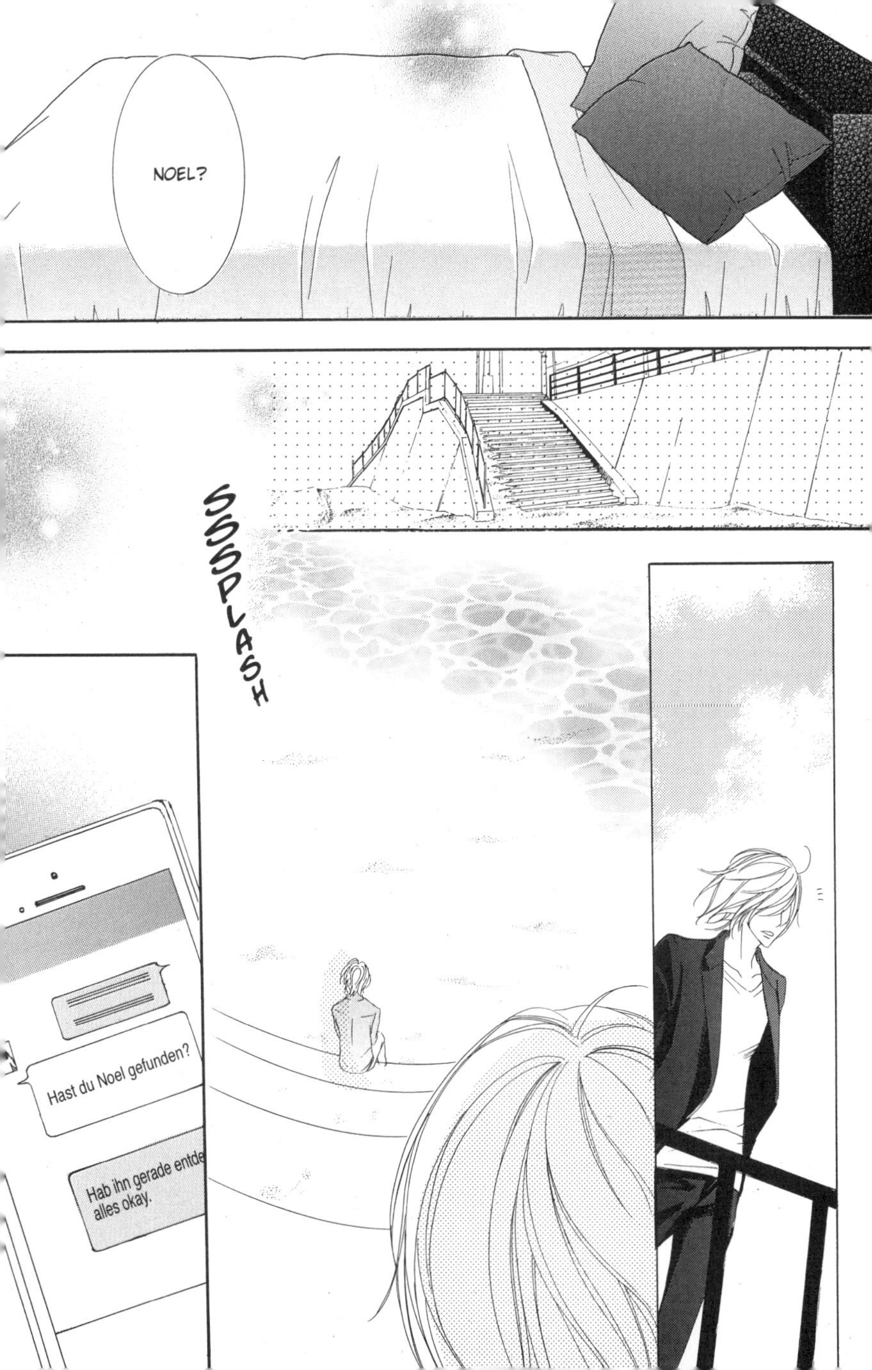
NOEL?
SSSPLASH
Hast du Noel gefunden?
Hab ihn gerade entde
alles okay.

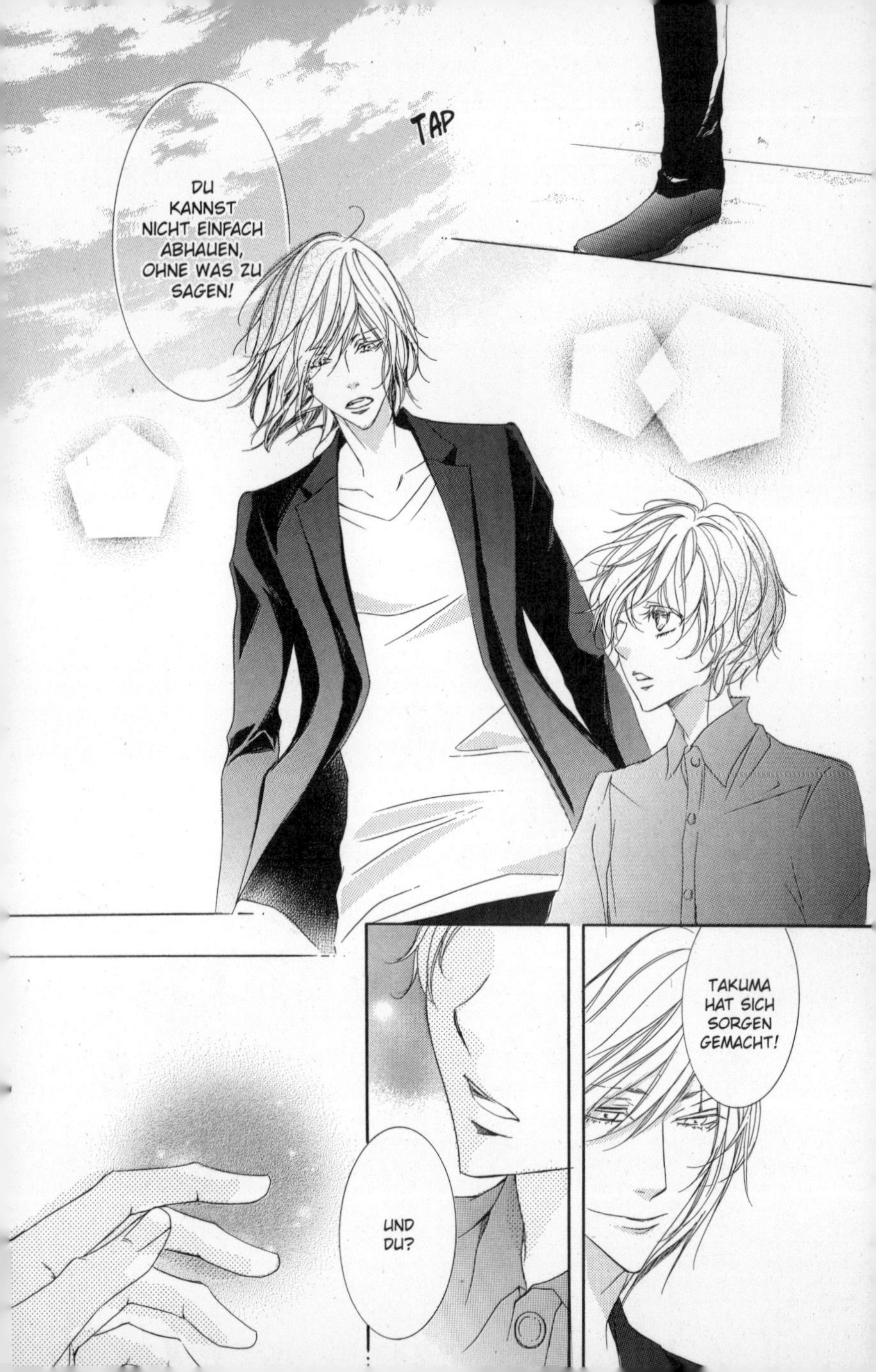
TAP
DU KANNST NICHT EINFACH ABHAUEN, OHNE WAS ZU SAGEN!
TAKUMA HAT SICH SORGEN GEMACHT!
UND DU?

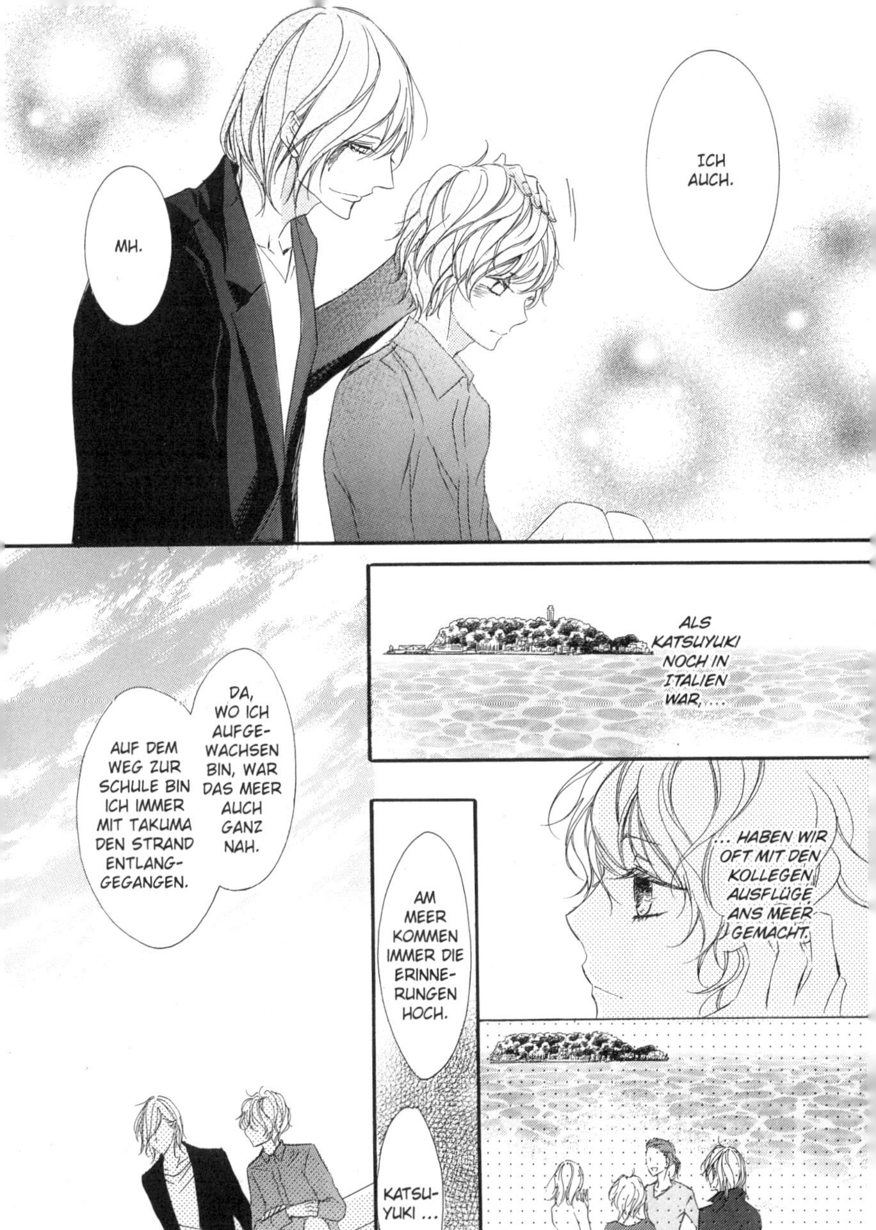
ICH AUCH.
MH.
ALS KATSUYUKI NOCH IN ITALIEN WAR, ...
... HABEN WIR OFT MIT DEN KOLLEGEN AUSFLÜGE ANS MEER GEMACHT.
DA, WO ICH AUFGEWACHSEN BIN, WAR DAS MEER AUCH GANZ NAH.
AUF DEM WEG ZUR SCHULE BIN ICH IMMER MIT TAKUMA DEN STRAND ENTLANGGEGANGEN.
AM MEER KOMMEN IMMER DIE ERINNERUNGEN HOCH.
KATSUYUKI ...

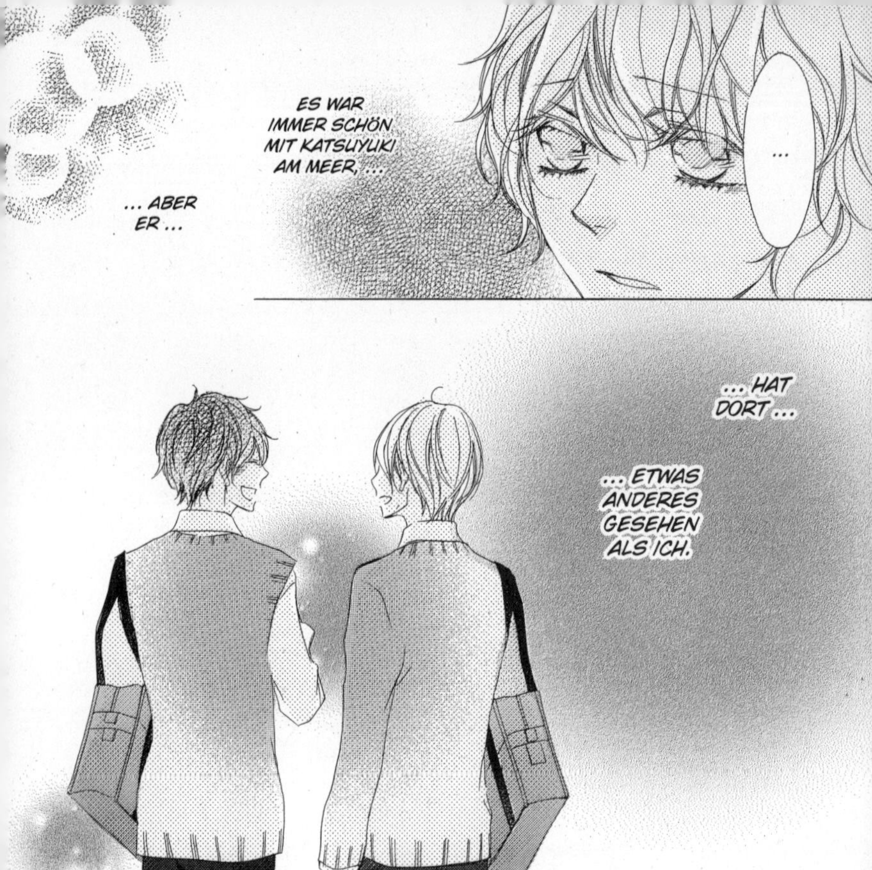

SCHNIEF

HAT DIE AUGEN-VERLETZUNG SEHR WEH-GETAN?

MH?

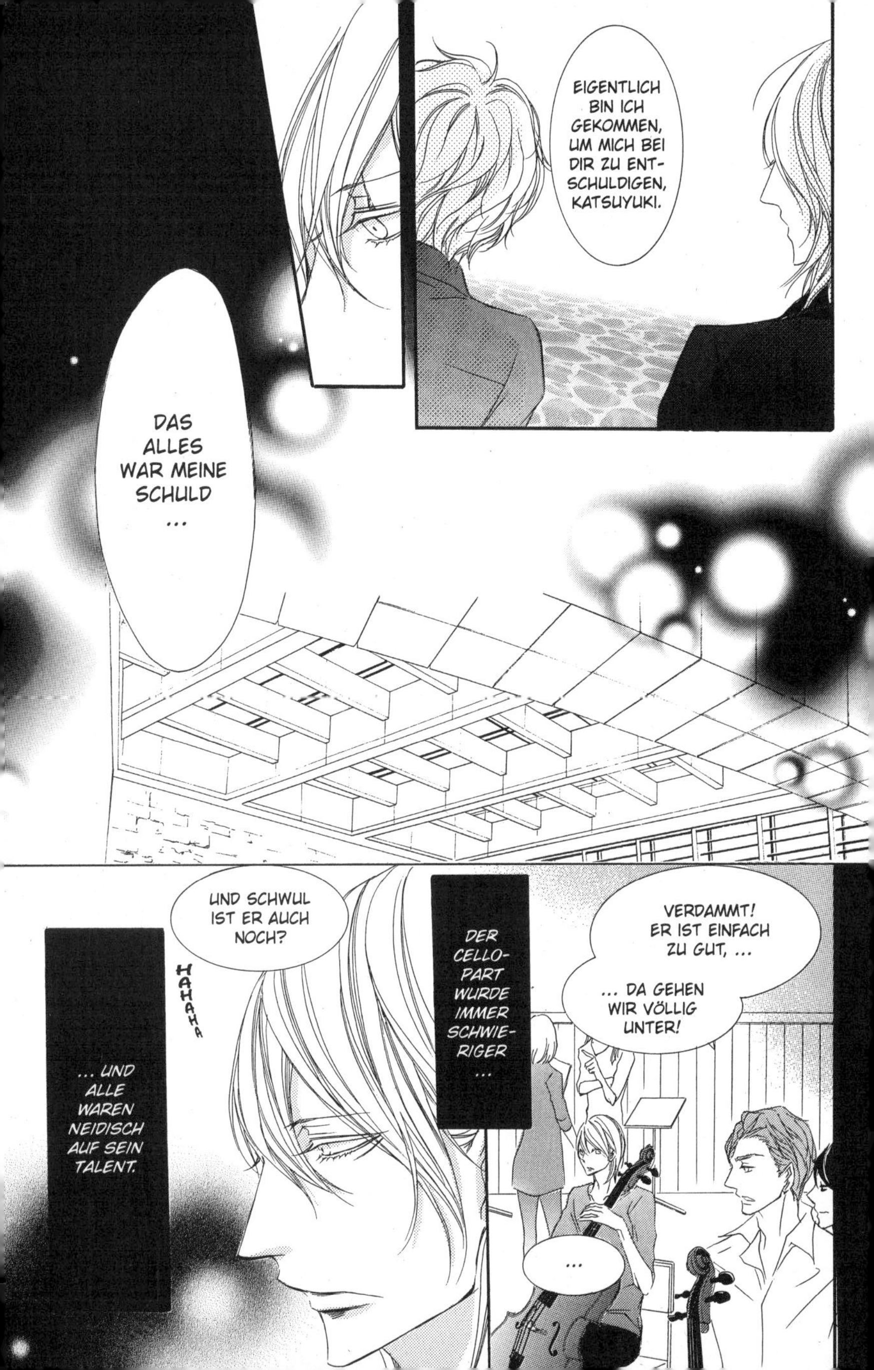
EIGENTLICH BIN ICH GEKOMMEN, UM MICH BEI DIR ZU ENT-SCHULDIGEN, KATSUYUKI.
DAS ALLES WAR MEINE SCHULD ...
VERDAMMT! ER IST EINFACH ZU GUT, ...
... DA GEHEN WIR VÖLLIG UNTER!
DER CELLO-PART WURDE IMMER SCHWIE-RIGER ...
...
UND SCHWUL IST ER AUCH NOCH?
HAHAHA
... UND ALLE WAREN NEIDISCH AUF SEIN TALENT.

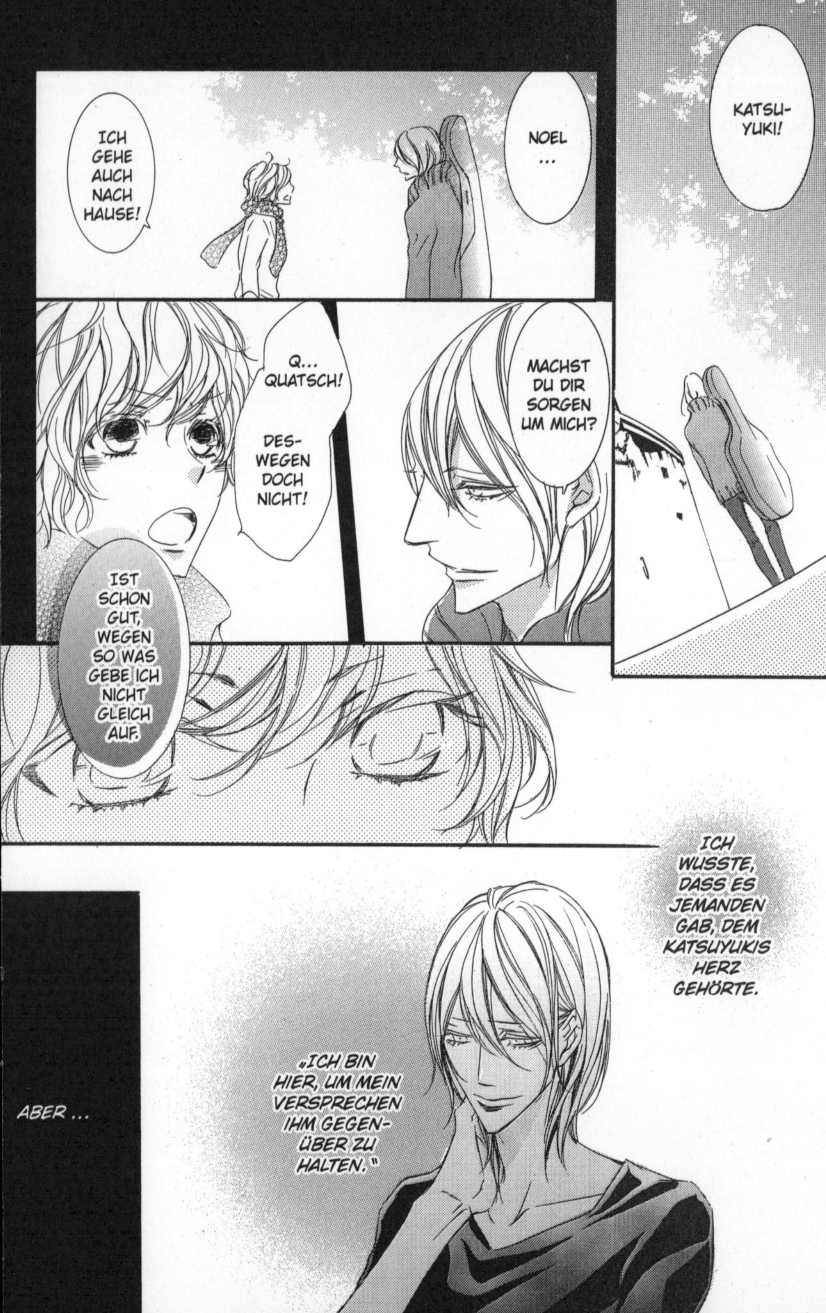
KATSU-YUKI!
NOEL …
ICH GEHE AUCH NACH HAUSE!
MACHST DU DIR SORGEN UM MICH?
Q… QUATSCH!
DES-WEGEN DOCH NICHT!
IST SCHON GUT, WEGEN SO WAS GEBE ICH NICHT GLEICH AUF.
ICH WUSSTE, DASS ES JEMANDEN GAB, DEM KATSUYUKIS HERZ GEHÖRTE.
„ICH BIN HIER, UM MEIN VERSPRECHEN IHM GEGEN-ÜBER ZU HALTEN."
ABER …

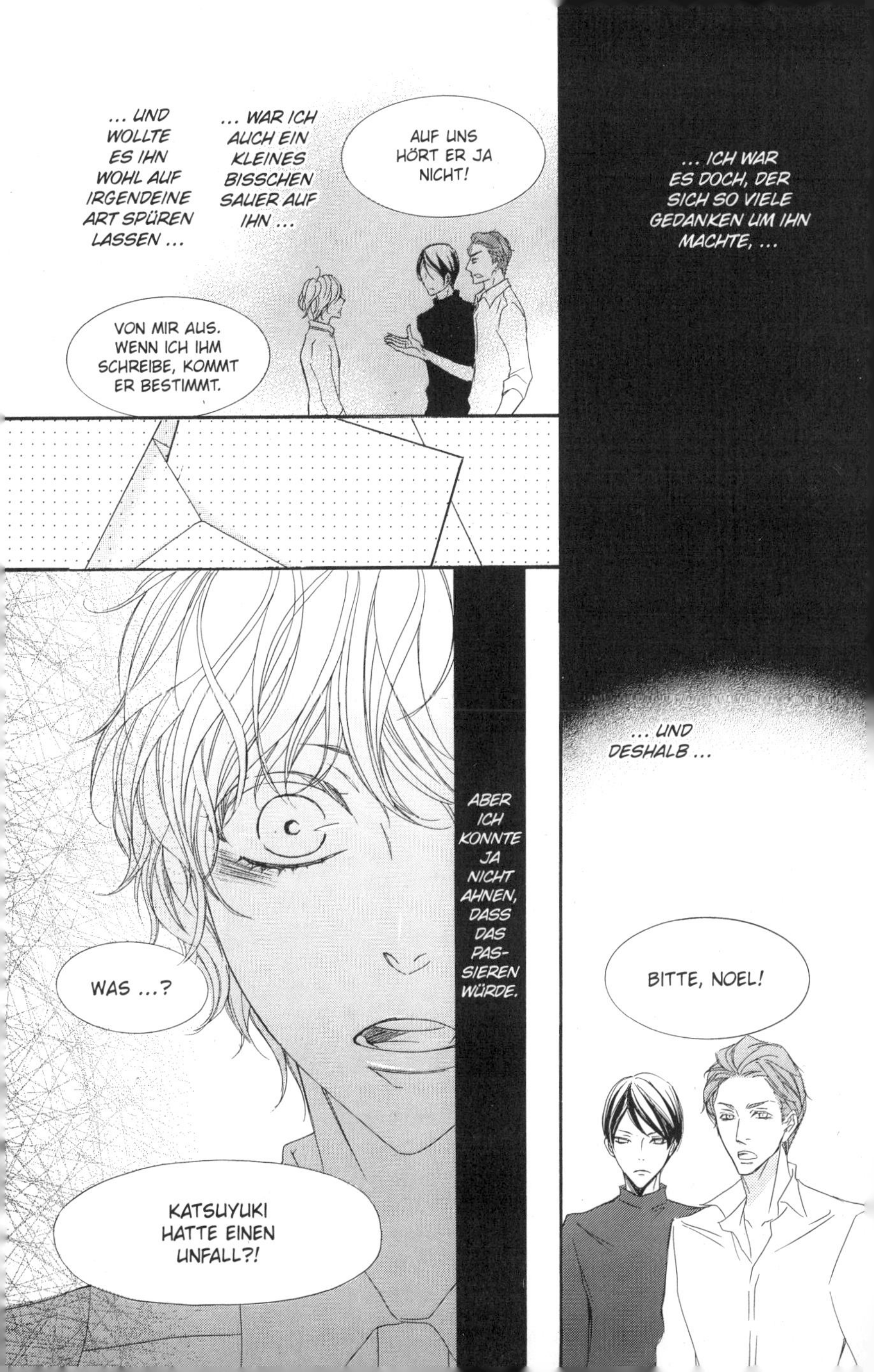

... ICH WAR ES DOCH, DER SICH SO VIELE GEDANKEN UM IHN MACHTE, ...

AUF UNS HÖRT ER JA NICHT!

... WAR ICH AUCH EIN KLEINES BISSCHEN SAUER AUF IHN ...

... UND WOLLTE ES IHN WOHL AUF IRGENDEINE ART SPÜREN LASSEN ...

VON MIR AUS. WENN ICH IHM SCHREIBE, KOMMT ER BESTIMMT.

... UND DESHALB ...

BITTE, NOEL!

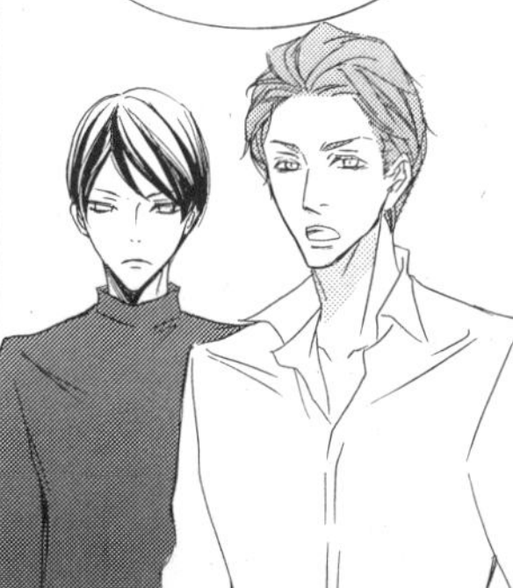

ABER ICH KONNTE JA NICHT AHNEN, DASS DAS PAS-SIEREN WÜRDE.

WAS ...?

KATSUYUKI HATTE EINEN UNFALL?!

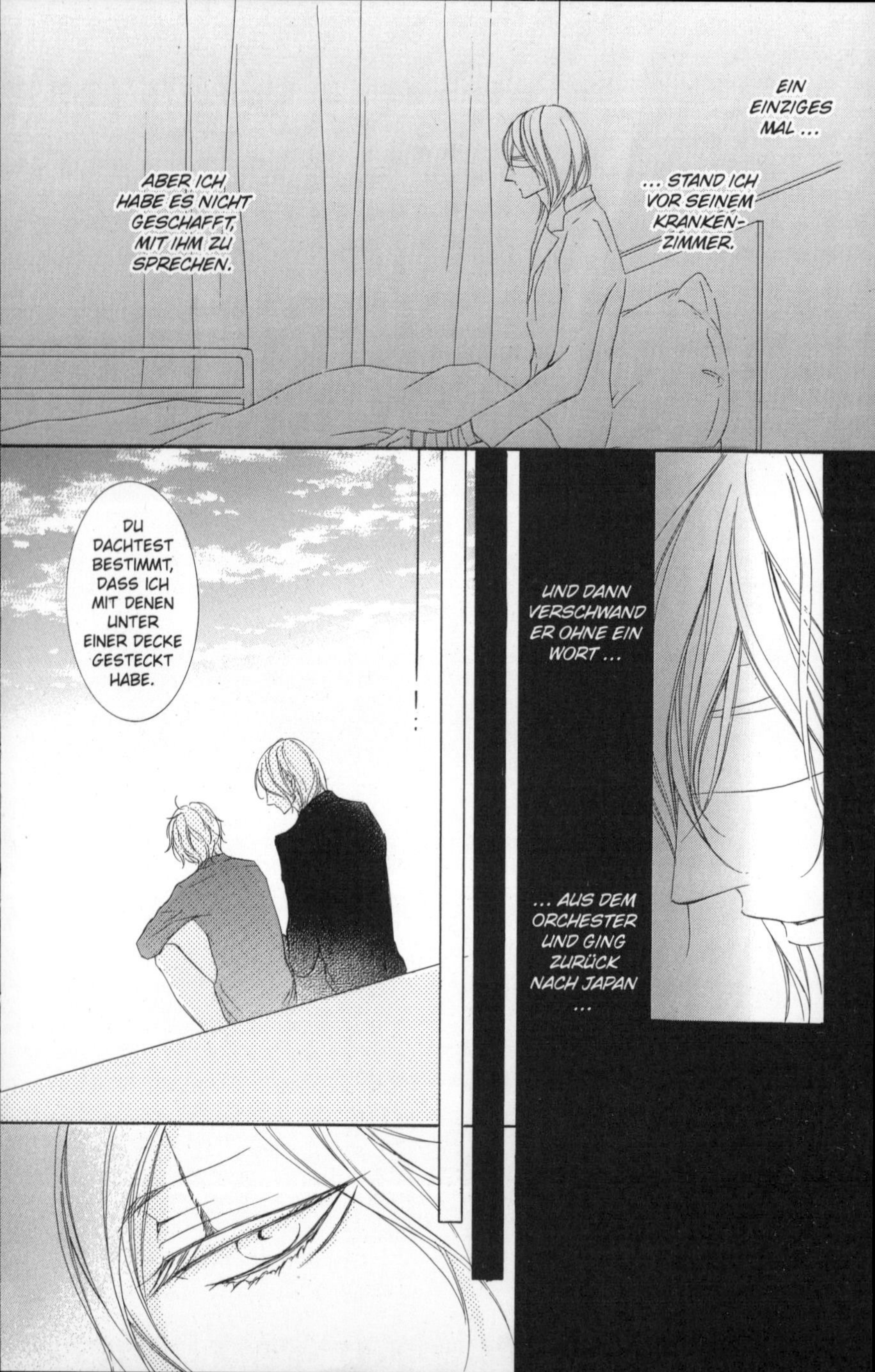
EIN EINZIGES MAL …
… STAND ICH VOR SEINEM KRANKEN-ZIMMER.
ABER ICH HABE ES NICHT GESCHAFFT, MIT IHM ZU SPRECHEN.
UND DANN VERSCHWAND ER OHNE EIN WORT …
… AUS DEM ORCHESTER UND GING ZURÜCK NACH JAPAN …
DU DACHTEST BESTIMMT, DASS ICH MIT DENEN UNTER EINER DECKE GESTECKT HABE.
!

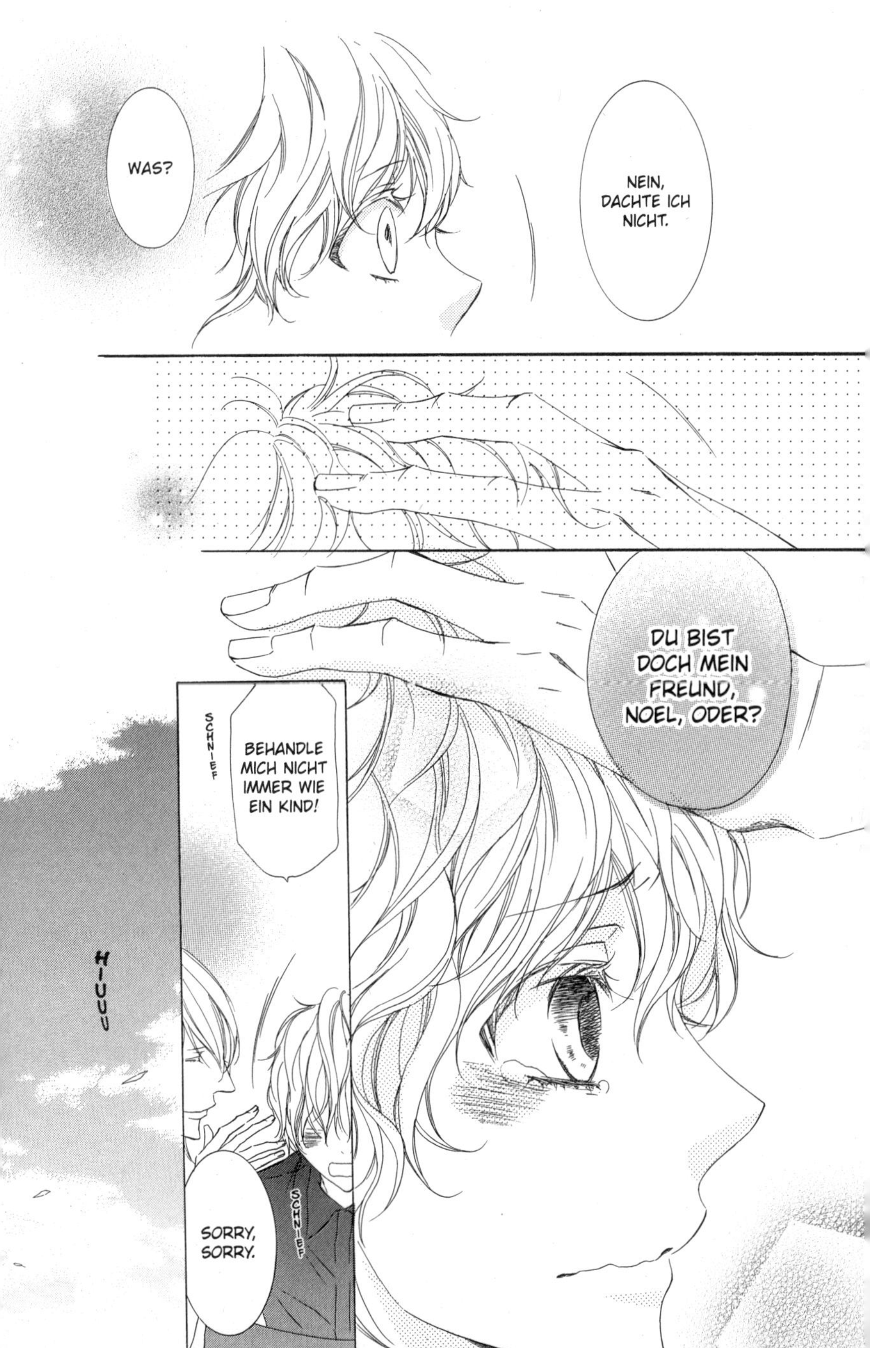
NEIN, DACHTE ICH NICHT.
WAS?
DU BIST DOCH MEIN FREUND, NOEL, ODER?
SCHNIEF
BEHANDLE MICH NICHT IMMER WIE EIN KIND!
HIUUU
SCHNIEF
SORRY, SORRY.

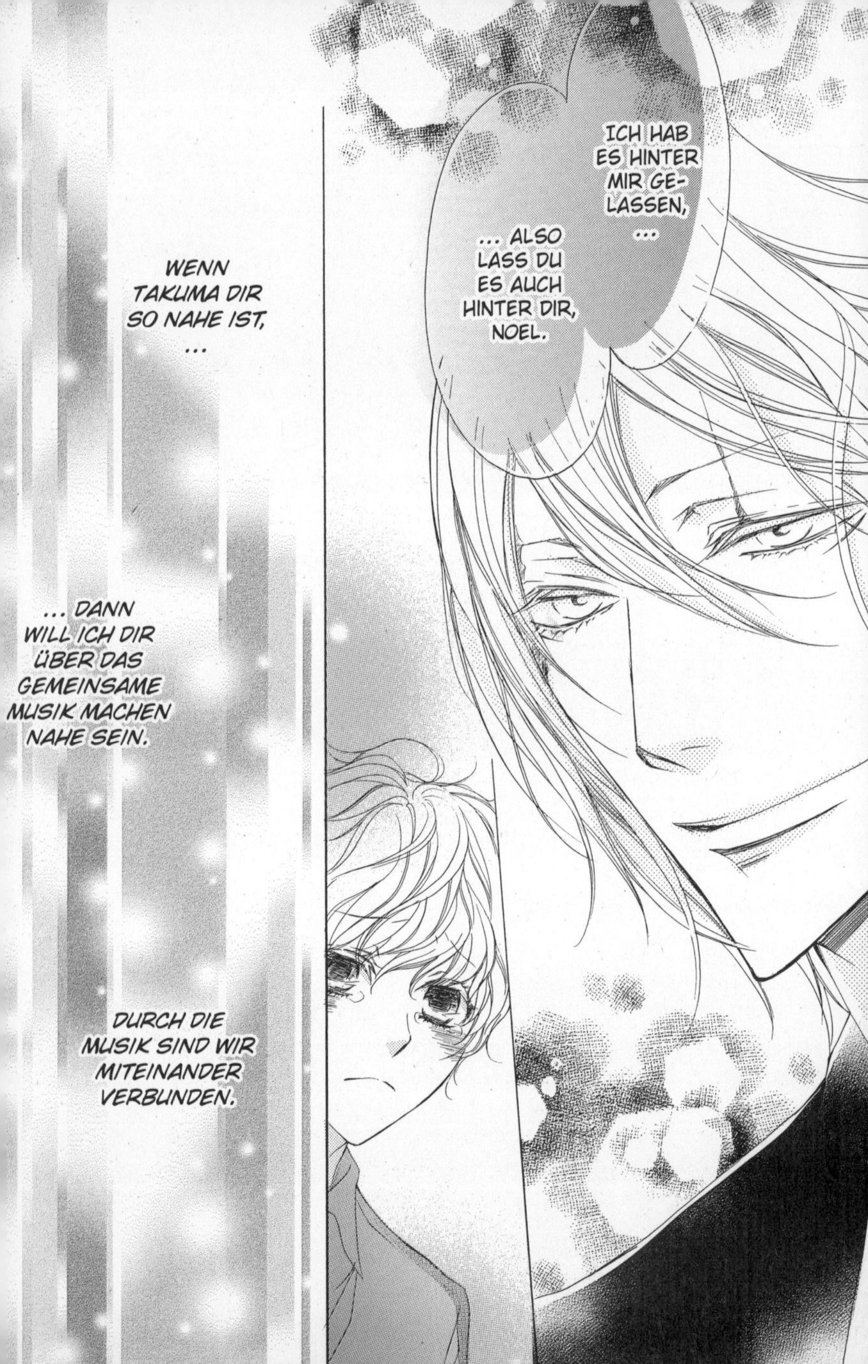
ICH HAB ES HINTER MIR GELASSEN, ...
... ALSO LASS DU ES AUCH HINTER DIR, NOEL.
WENN TAKUMA DIR SO NAHE IST, ...
... DANN WILL ICH DIR ÜBER DAS GEMEINSAME MUSIK MACHEN NAHE SEIN.
DURCH DIE MUSIK SIND WIR MITEINANDER VERBUNDEN.

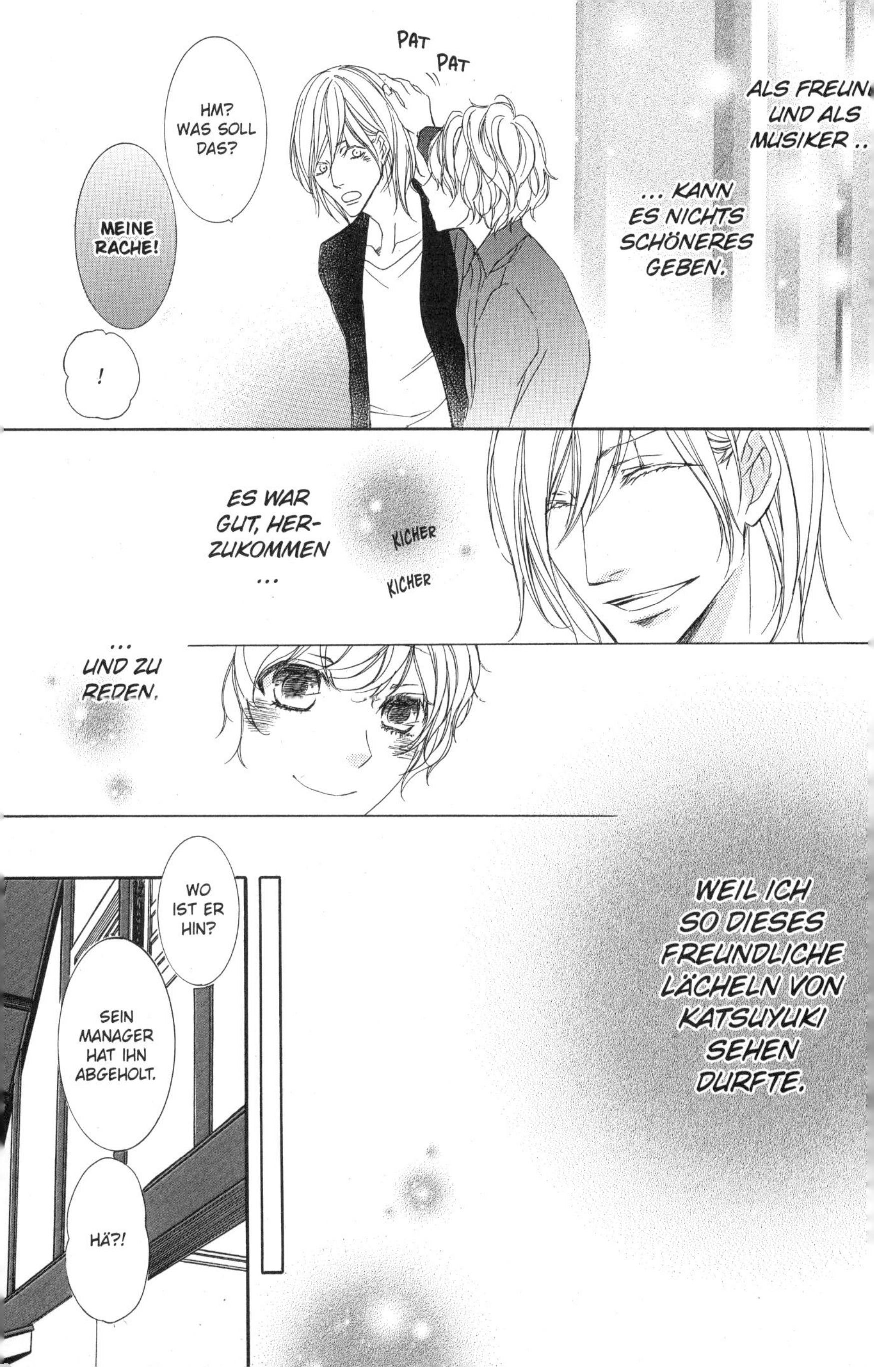
ALS FREUN
UND ALS
MUSIKER ..
... KANN ES NICHTS SCHÖNERES GEBEN.
PAT PAT
HM? WAS SOLL DAS?
MEINE RACHE!
!
ES WAR GUT, HER-ZUKOMMEN ...
KICHER KICHER
... UND ZU REDEN.
WEIL ICH SO DIESES FREUNDLICHE LÄCHELN VON KATSUYUKI SEHEN DURFTE.
WO IST ER HIN?
SEIN MANAGER HAT IHN ABGEHOLT.
HÄ?!

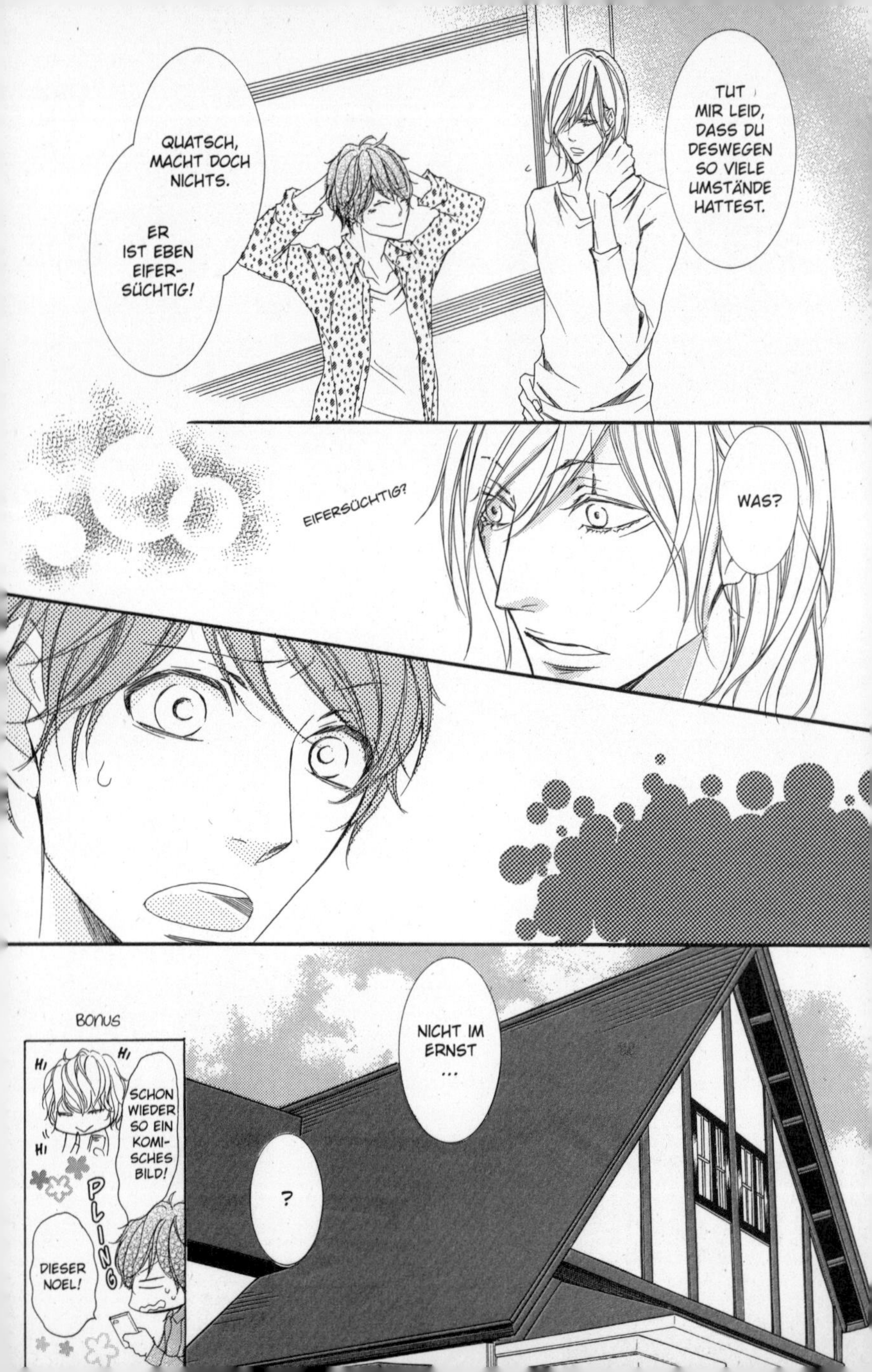
TUT MIR LEID, DASS DU DESWEGEN SO VIELE UMSTÄNDE HATTEST.
QUATSCH, MACHT DOCH NICHTS.
ER IST EBEN EIFER-SÜCHTIG!
WAS?
EIFERSÜCHTIG?
NICHT IM ERNST ...
?
BONUS
SCHON WIEDER SO EIN KOMI-SCHES BILD!
HI
HI
HI
PLING
DIESER NOEL!

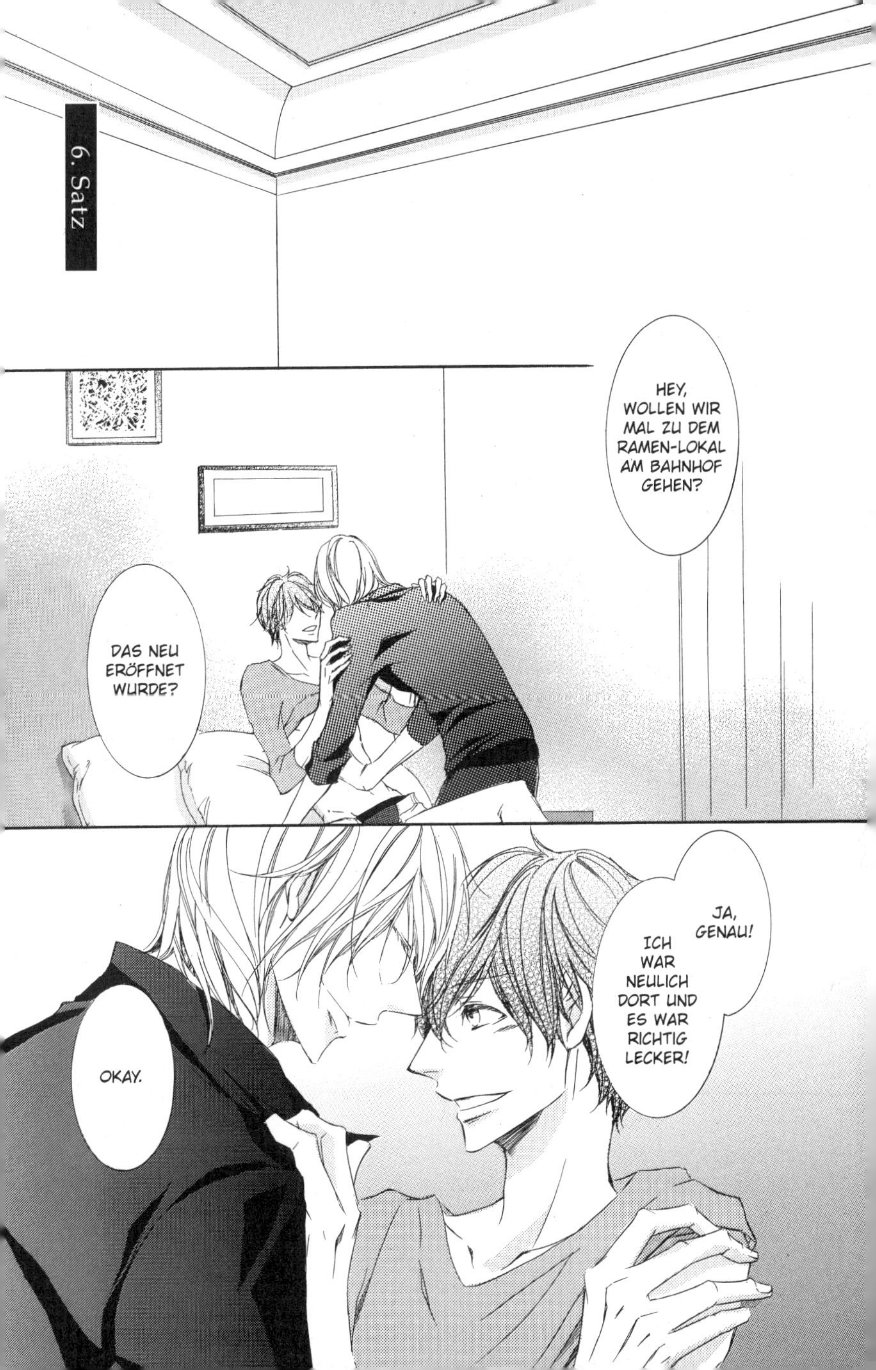
6. Satz
HEY, WOLLEN WIR MAL ZU DEM RAMEN-LOKAL AM BAHNHOF GEHEN?
DAS NEU ERÖFFNET WURDE?
JA, GENAU!
ICH WAR NEULICH DORT UND ES WAR RICHTIG LECKER!
OKAY.

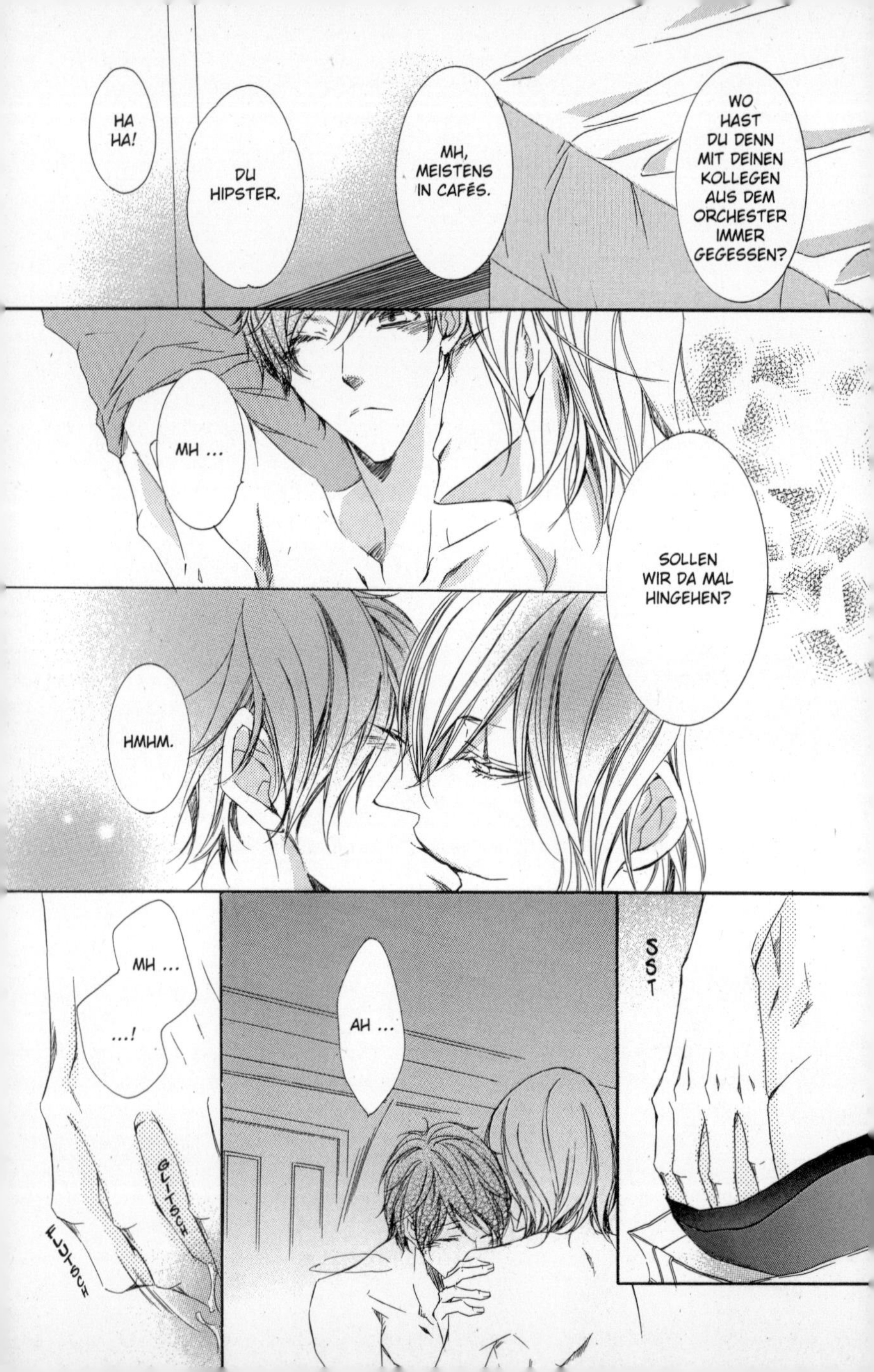
WO HAST DU DENN MIT DEINEN KOLLEGEN AUS DEM ORCHESTER IMMER GEGESSEN?
MH, MEISTENS IN CAFÉS.
DU HIPSTER.
HA HA!
SOLLEN WIR DA MAL HINGEHEN?
MH ...
HMHM.
SST
AH ...
MH ...
...!
GLITSCH
FLUTSCH

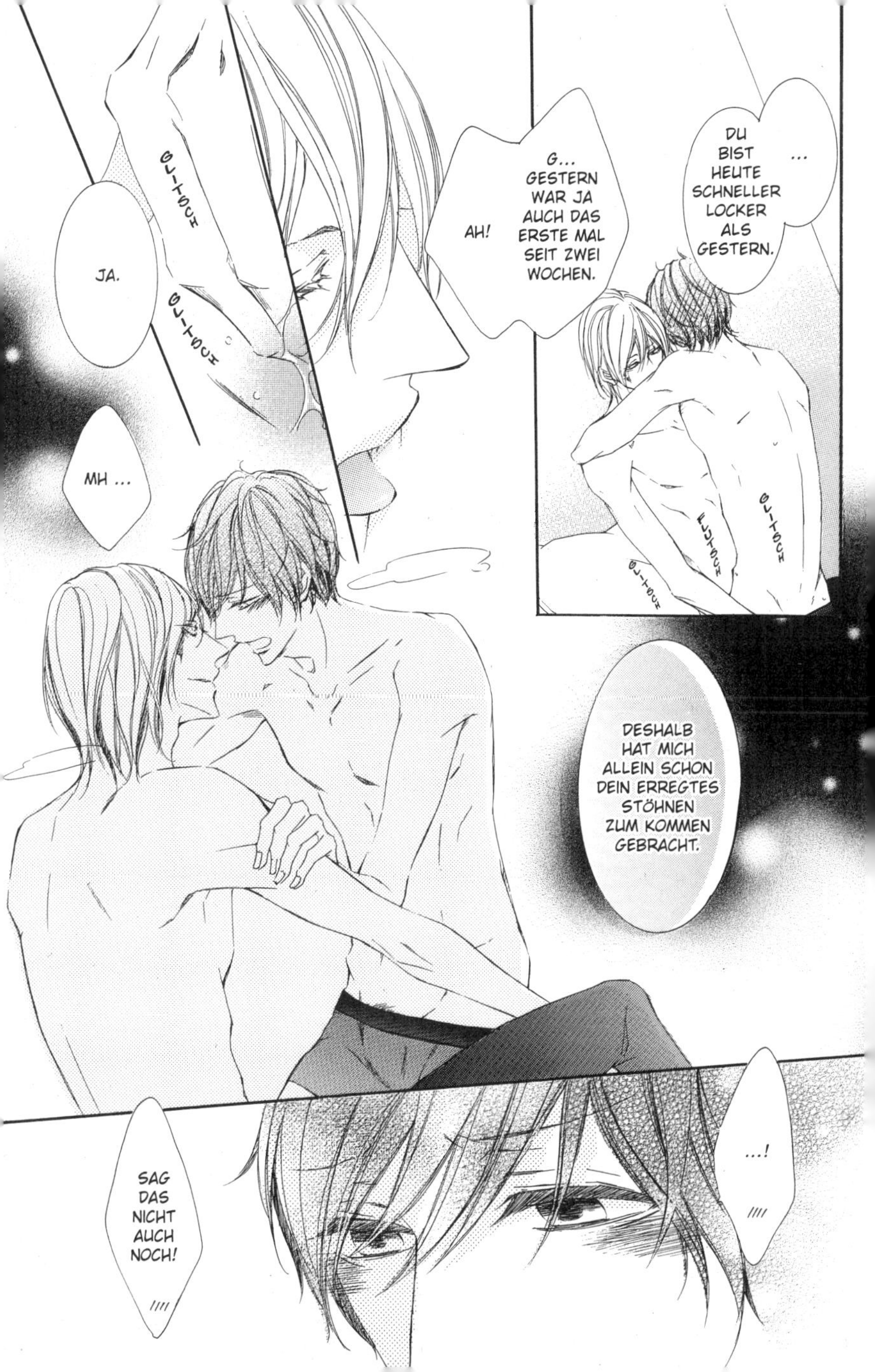
DU BIST HEUTE SCHNELLER LOCKER ALS GESTERN.
...
G... GESTERN WAR JA AUCH DAS ERSTE MAL SEIT ZWEI WOCHEN.
AH!
GLITSCH
GLITSCH
JA.
MH ...
DESHALB HAT MICH ALLEIN SCHON DEIN ERREGTES STÖHNEN ZUM KOMMEN GEBRACHT.
...!
SAG DAS NICHT AUCH NOCH!

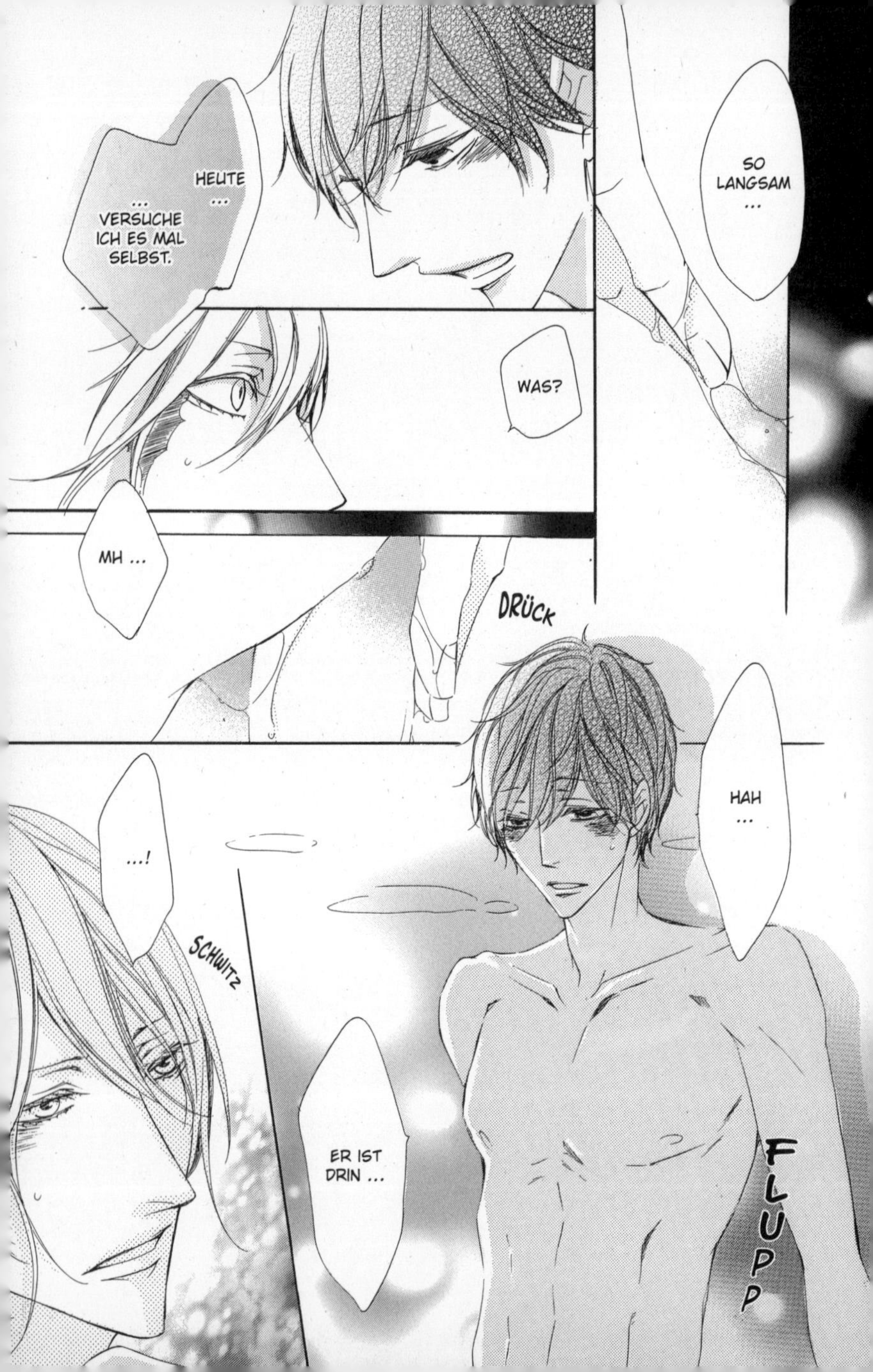
SO LANGSAM ...
HEUTE ... ... VERSUCHE ICH ES MAL SELBST.
WAS?
MH ...
DRÜCK
HAH ...
FLUPP
...!
SCHWITZ
ER IST DRIN ...

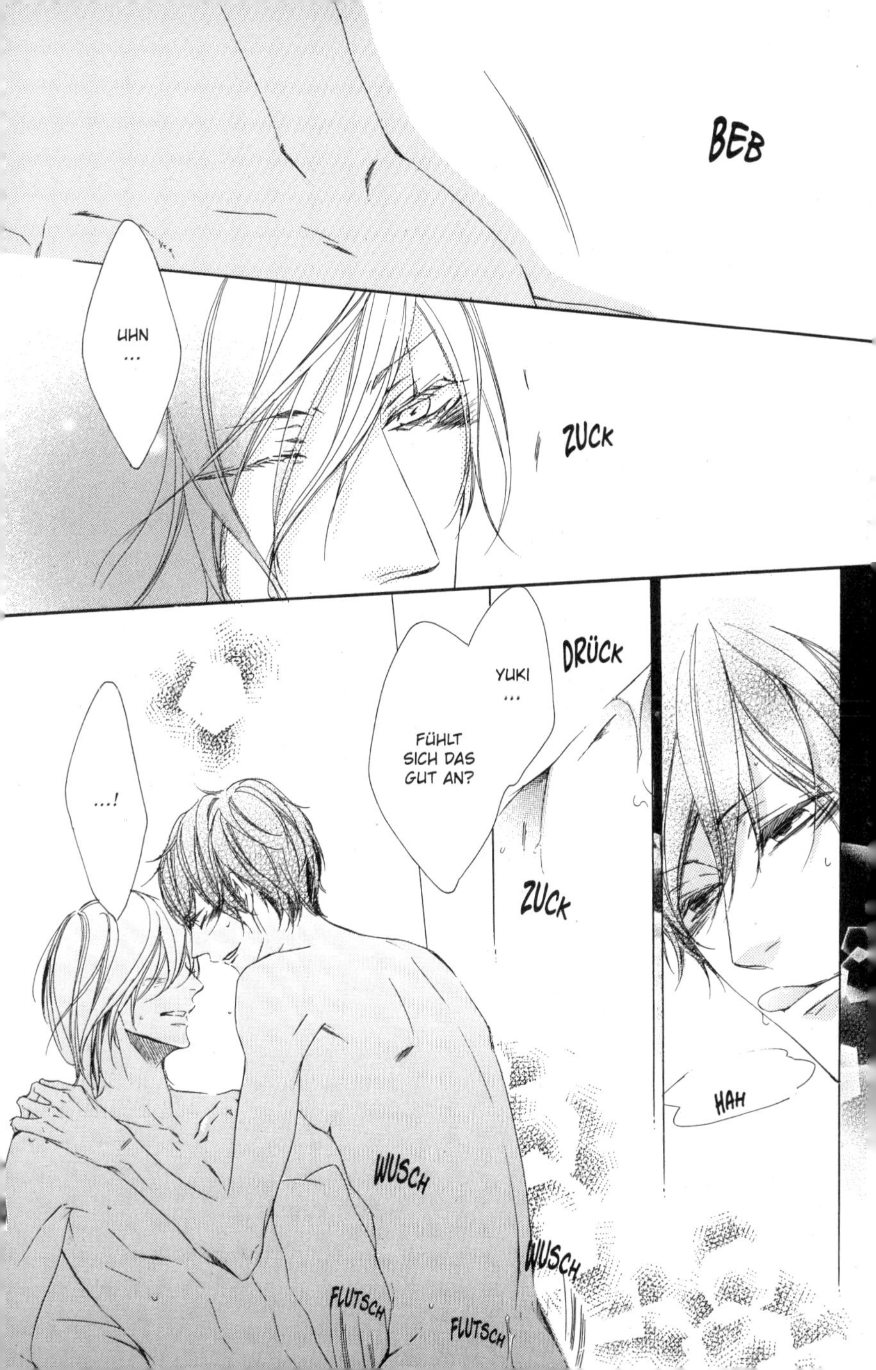
BEB
UHN ...
ZUCK
DRÜCK
YUKI ...
FÜHLT SICH DAS GUT AN?
...!
ZUCK
HAH
WUSCH
WUSCH
FLUTSCH
FLUTSCH

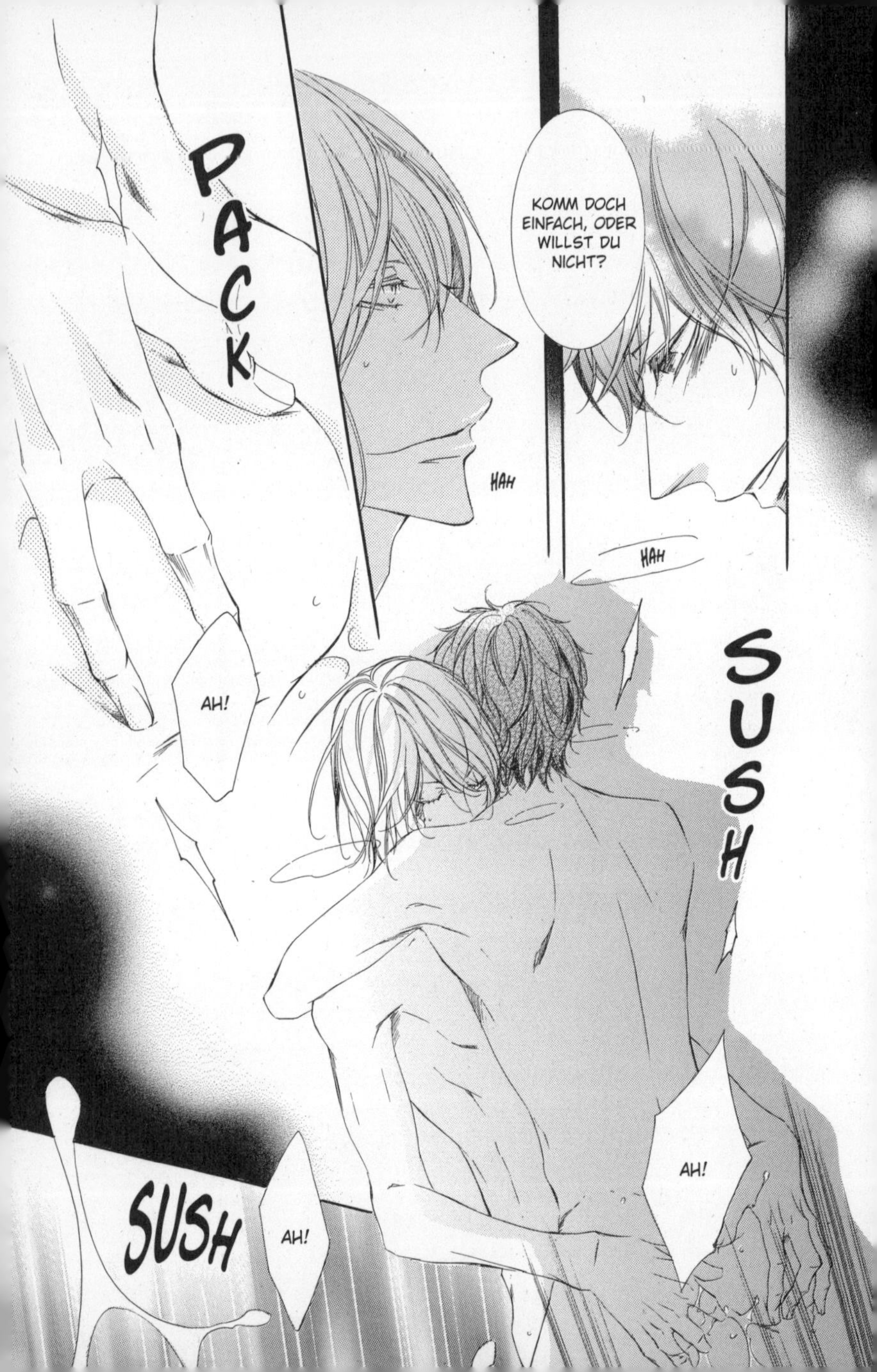
KOMM DOCH EINFACH, ODER WILLST DU NICHT?
PACK
HAH
HAH
SUSH
AH!
AH!
SUSH
AH!

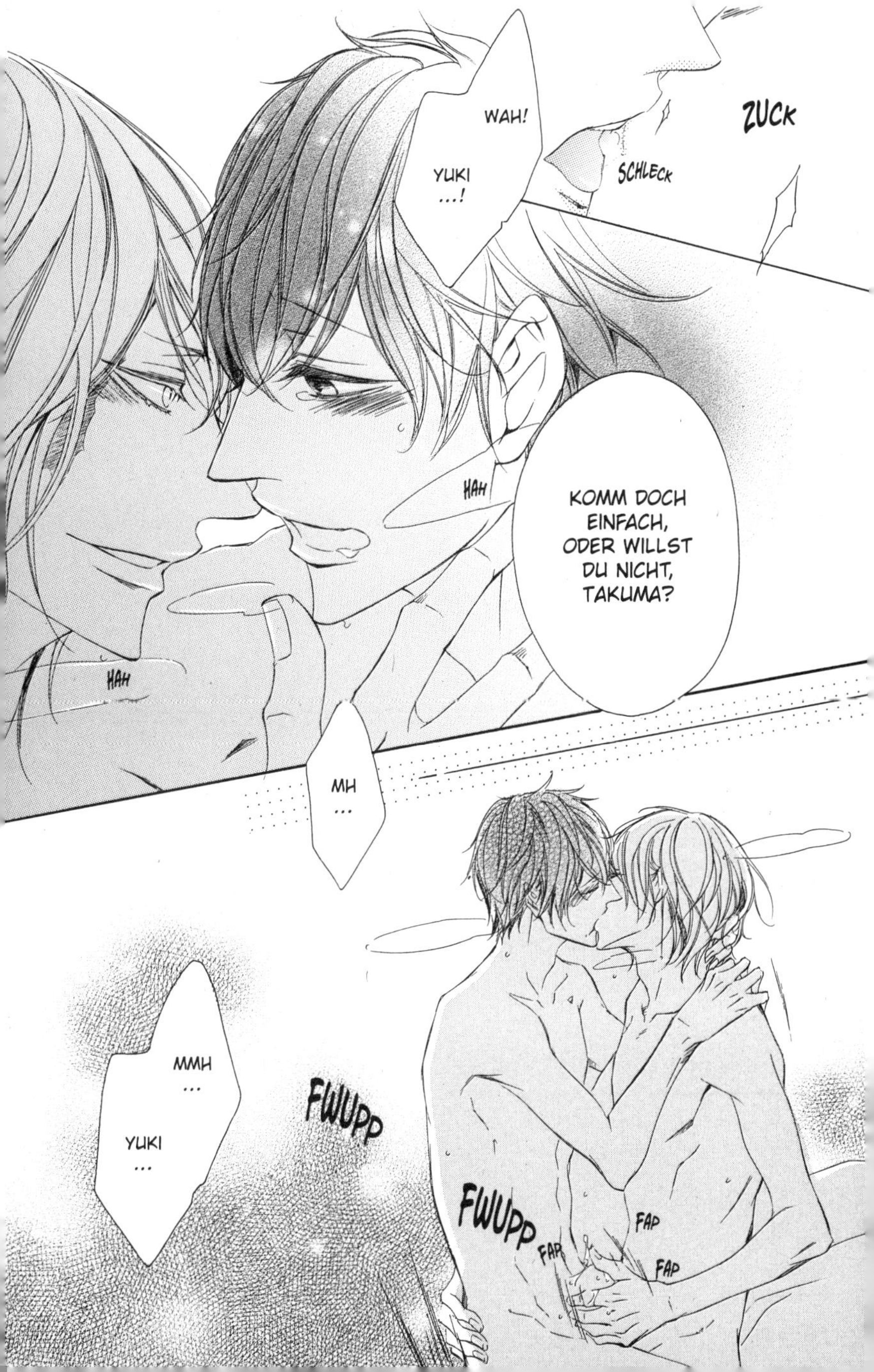
ZUCK
SCHLECK
WAH!
YUKI ...!
KOMM DOCH EINFACH, ODER WILLST DU NICHT, TAKUMA?
HAH
HAH
MH ...
FWUPP
FWUPP
FAP
FAP
FAP
MMH ...
YUKI ...

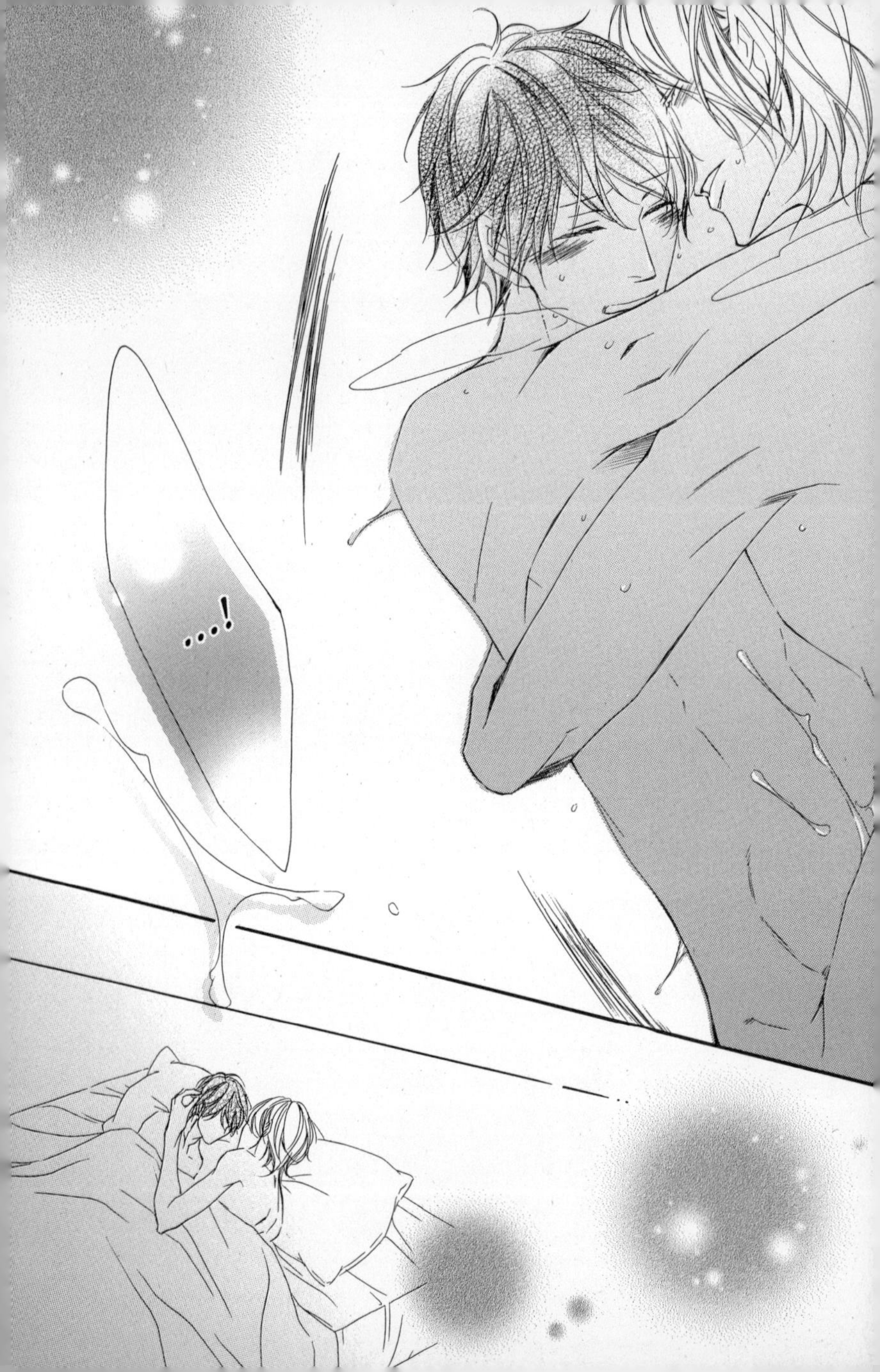

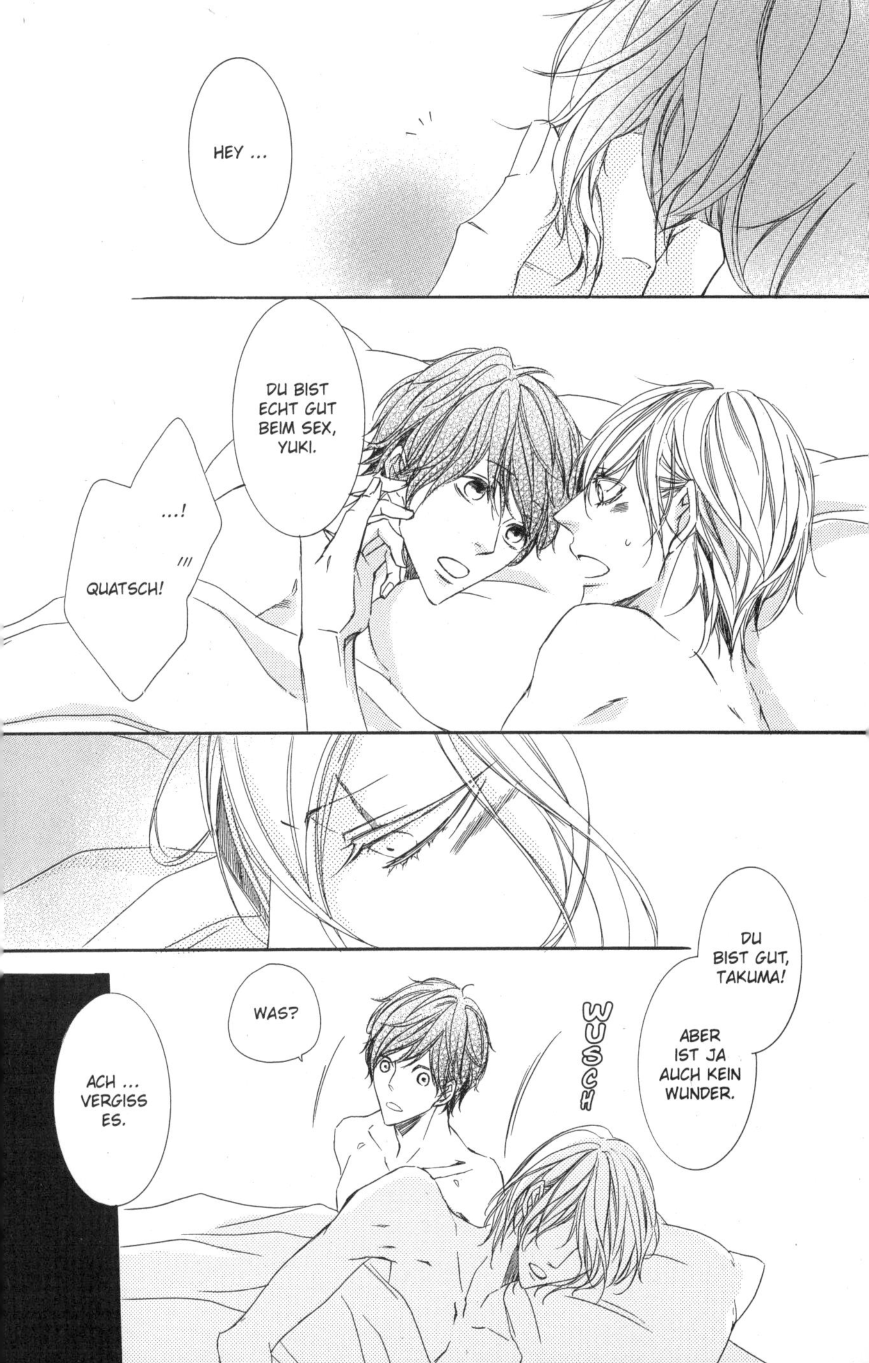
HEY ...
DU BIST ECHT GUT BEIM SEX, YUKI.
...! /// QUATSCH!
DU BIST GUT, TAKUMA!
ABER IST JA AUCH KEIN WUNDER.
WUSCH
WAS?
ACH ... VERGISS ES.

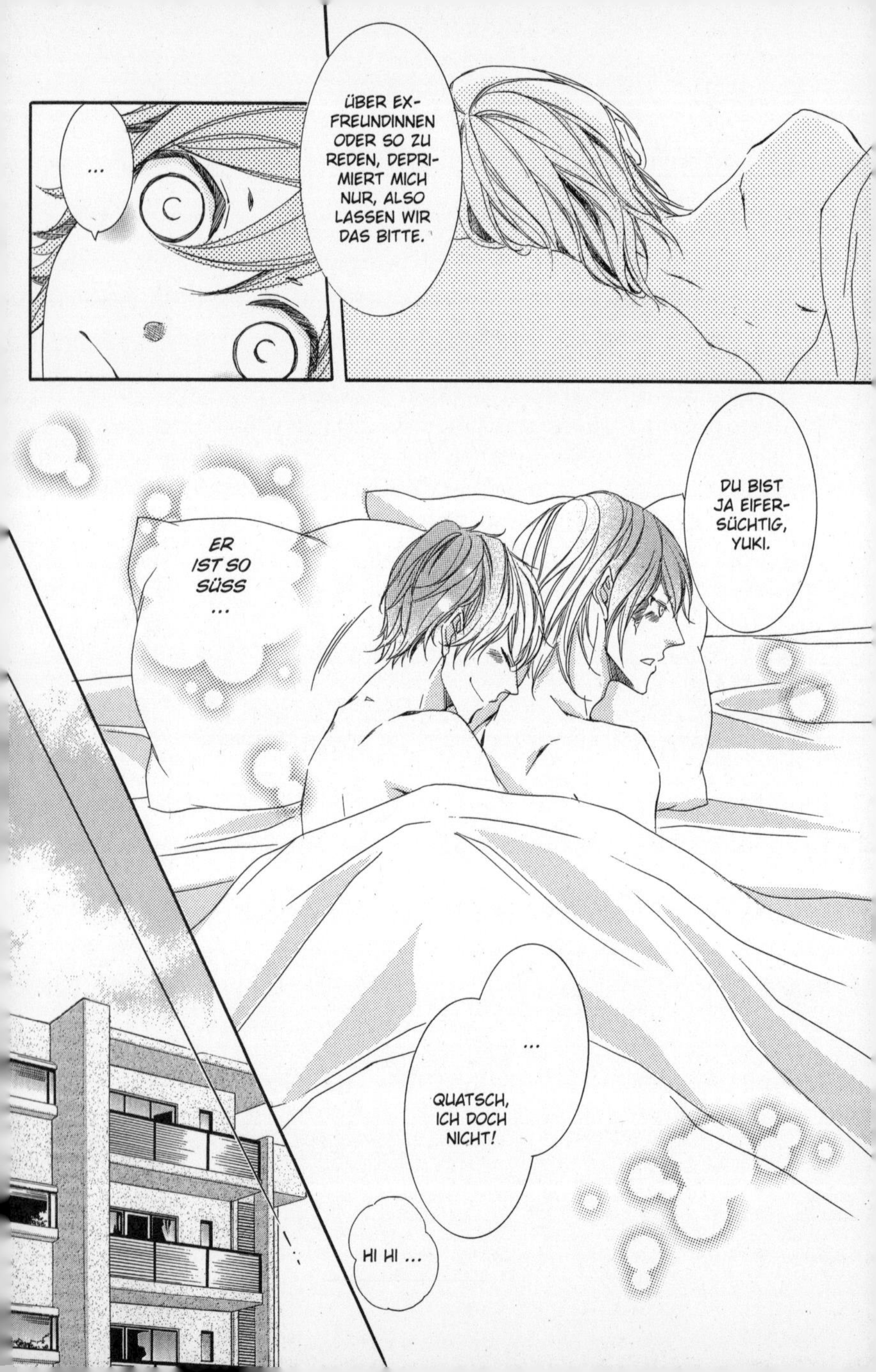
ÜBER EX-FREUNDINNEN ODER SO ZU REDEN, DEPRIMIERT MICH NUR, ALSO LASSEN WIR DAS BITTE.
...
DU BIST JA EIFERSÜCHTIG, YUKI.
ER IST SO SÜSS ...
...
QUATSCH, ICH DOCH NICHT!
HI HI ...

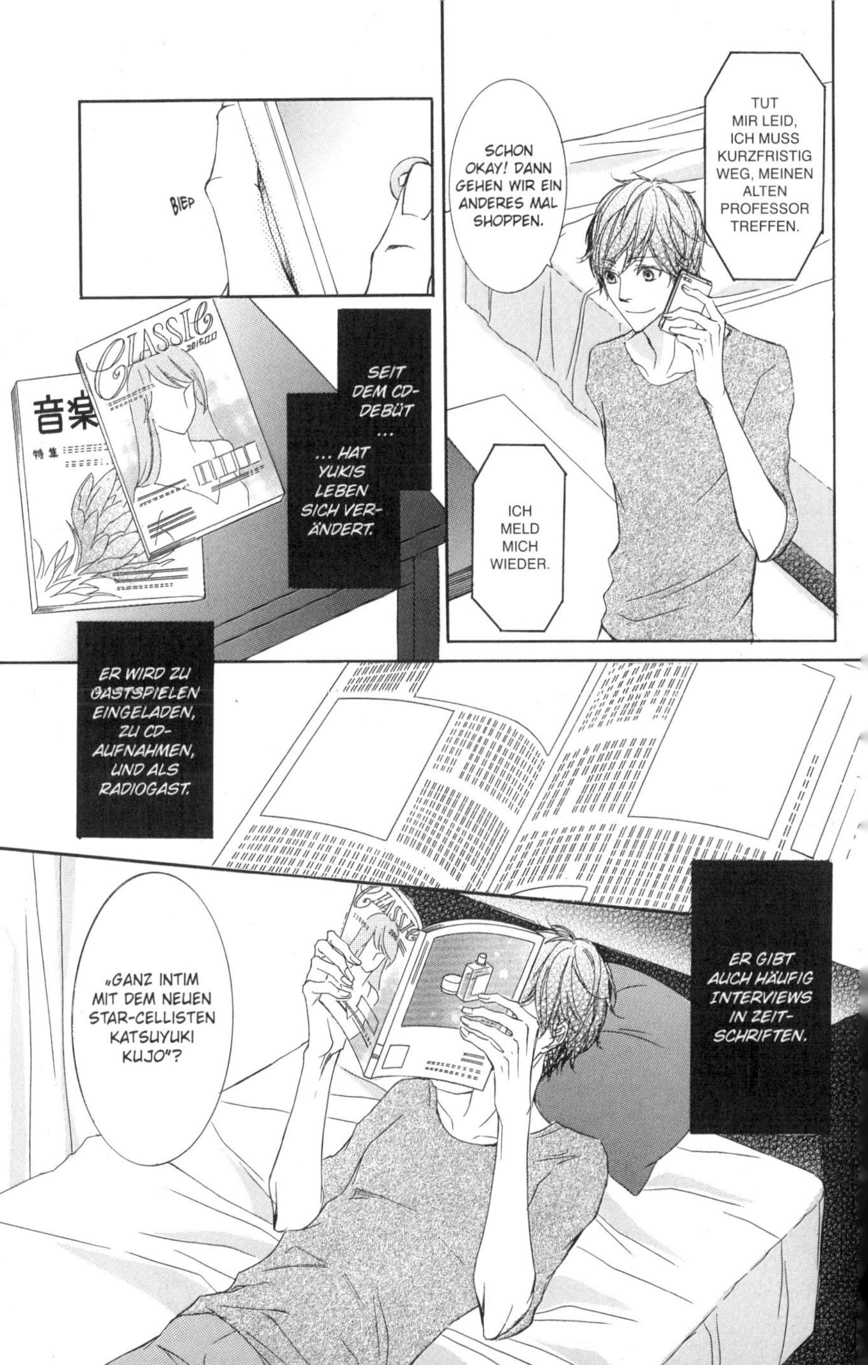
TUT MIR LEID, ICH MUSS KURZFRISTIG WEG, MEINEN ALTEN PROFESSOR TREFFEN.
SCHON OKAY! DANN GEHEN WIR EIN ANDERES MAL SHOPPEN.
ICH MELD MICH WIEDER.
BIEP
SEIT DEM CD-DEBÜT ...
... HAT YUKIS LEBEN SICH VERÄNDERT.
ER WIRD ZU GASTSPIELEN EINGELADEN, ZU CD-AUFNAHMEN, UND ALS RADIOGAST.
ER GIBT AUCH HÄUFIG INTERVIEWS IN ZEITSCHRIFTEN.
„GANZ INTIM MIT DEM NEUEN STAR-CELLISTEN KATSUYUKI KUJO"?

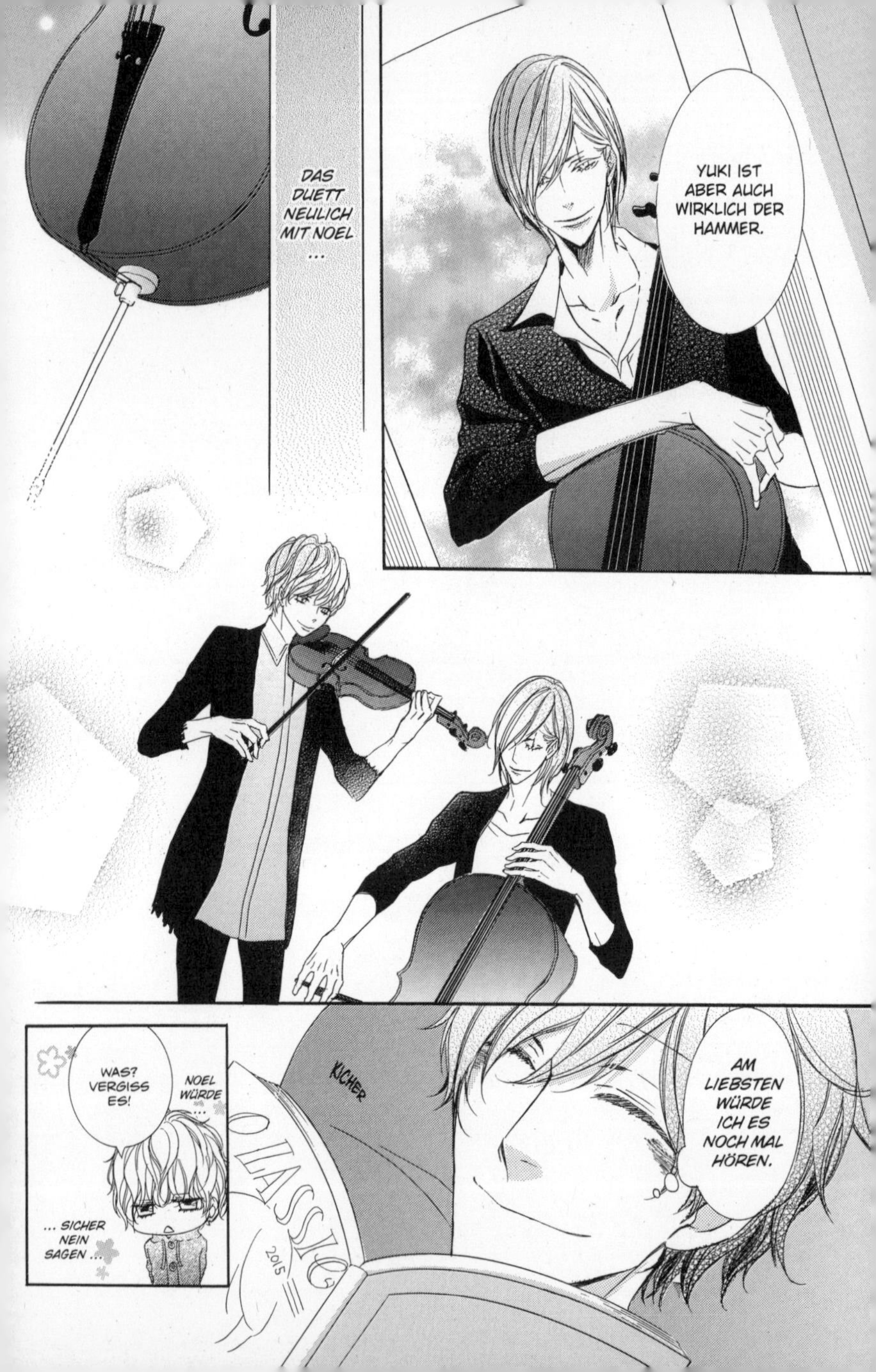
YUKI IST ABER AUCH WIRKLICH DER HAMMER.
DAS DUETT NEULICH MIT NOEL ...
AM LIEBSTEN WÜRDE ICH ES NOCH MAL HÖREN.
KICHER
CLASSIC
2015
NOEL WÜRDE ...
... SICHER NEIN SAGEN ...
WAS? VERGISS ES!

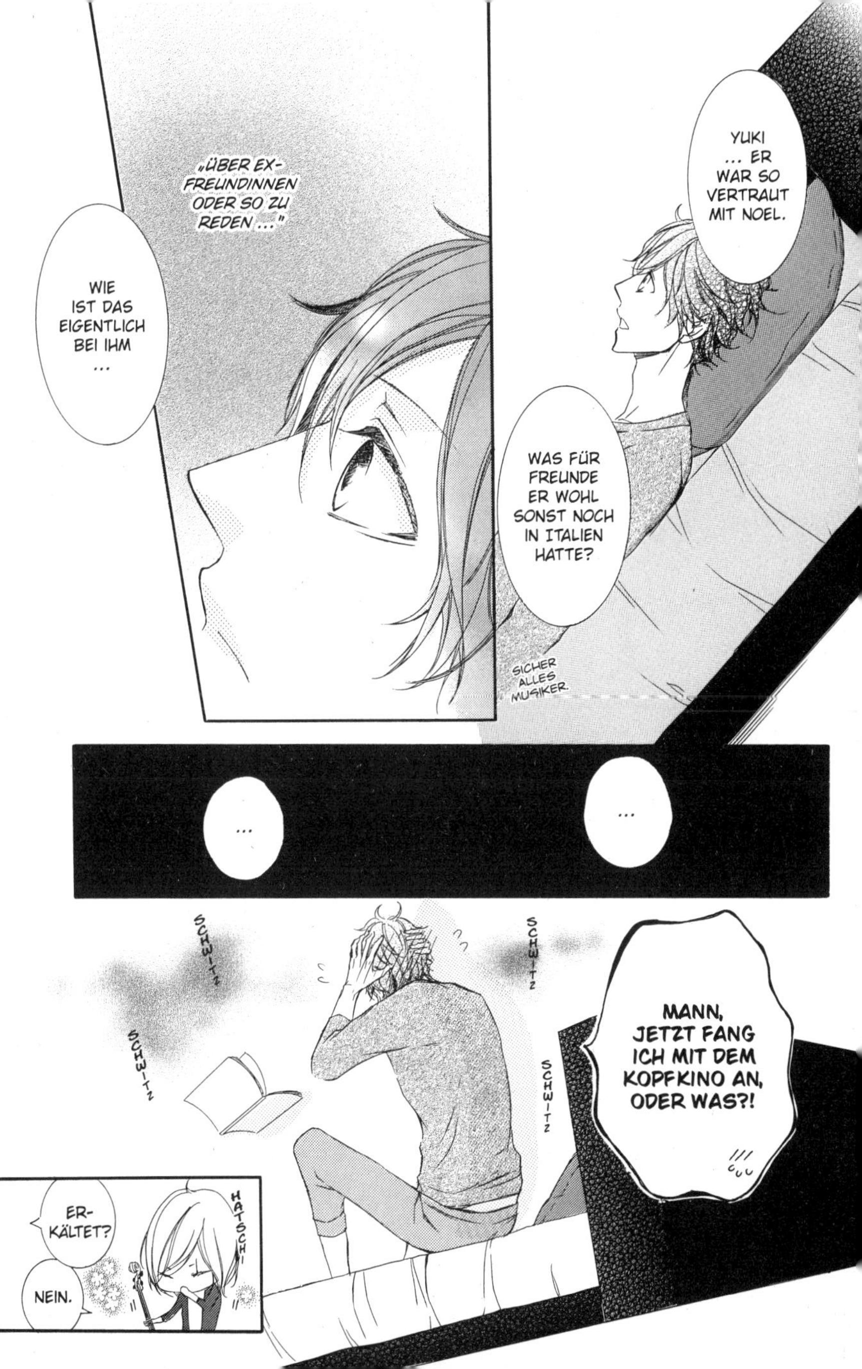
YUKI ... ER WAR SO VERTRAUT MIT NOEL.
WAS FÜR FREUNDE ER WOHL SONST NOCH IN ITALIEN HATTE?
SICHER ALLES MUSIKER.
WIE IST DAS EIGENTLICH BEI IHM ...
„ÜBER EX-FREUNDINNEN ODER SO ZU REDEN ..."
...
...
MANN, JETZT FANG ICH MIT DEM KOPFKINO AN, ODER WAS?!
SCHWITZ
SCHWITZ
SCHWITZ
SCHWITZ
HATSCHI
ER-KÄLTET?
NEIN.

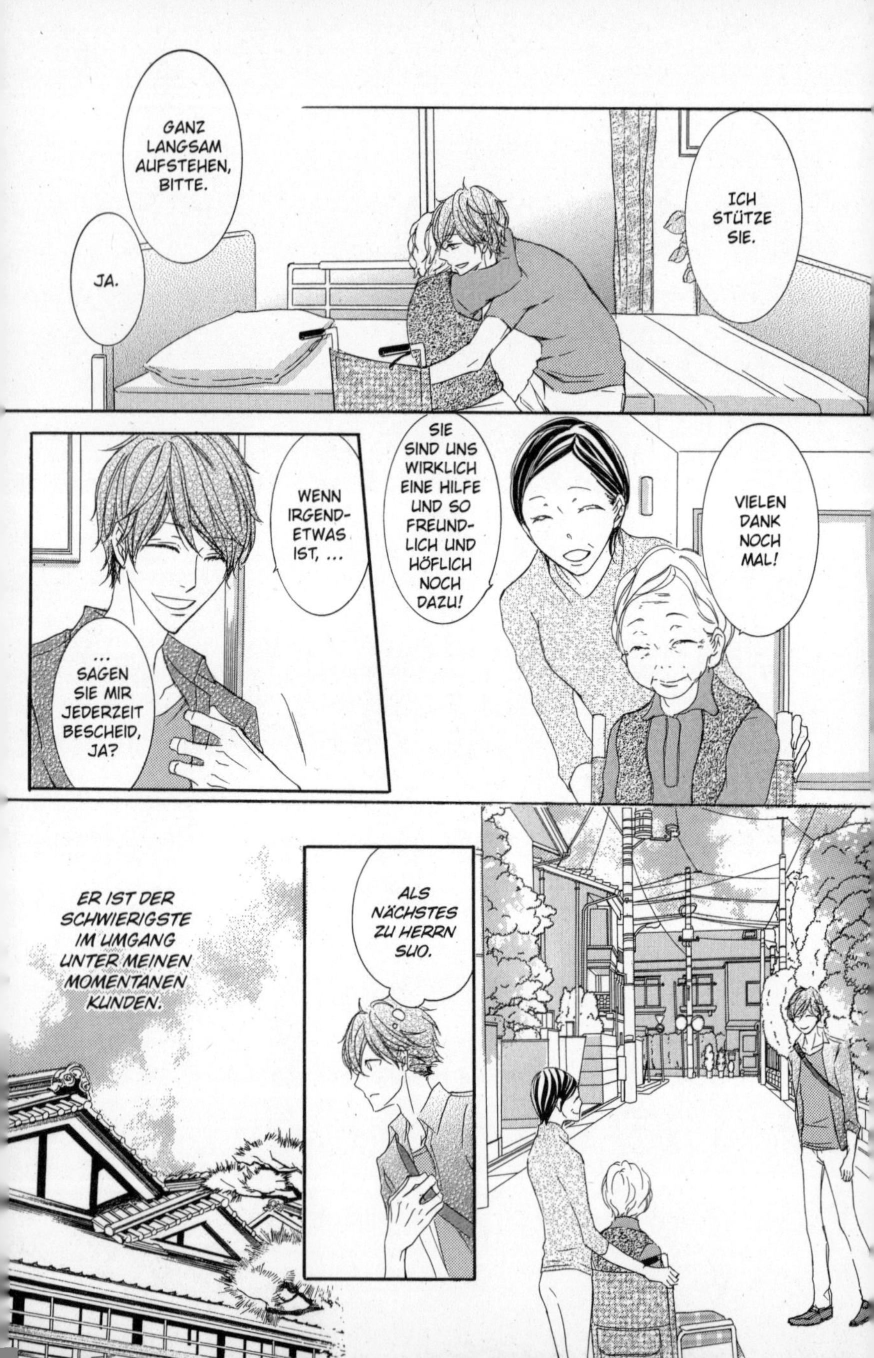
ICH STÜTZE SIE.
GANZ LANGSAM AUFSTEHEN, BITTE.
JA.
VIELEN DANK NOCH MAL!
SIE SIND UNS WIRKLICH EINE HILFE UND SO FREUNDLICH UND HÖFLICH NOCH DAZU!
WENN IRGEND-ETWAS IST, ...
... SAGEN SIE MIR JEDERZEIT BESCHEID, JA?
ALS NÄCHSTES ZU HERRN SUO.
ER IST DER SCHWIERIGSTE IM UMGANG UNTER MEINEN MOMENTANEN KUNDEN.

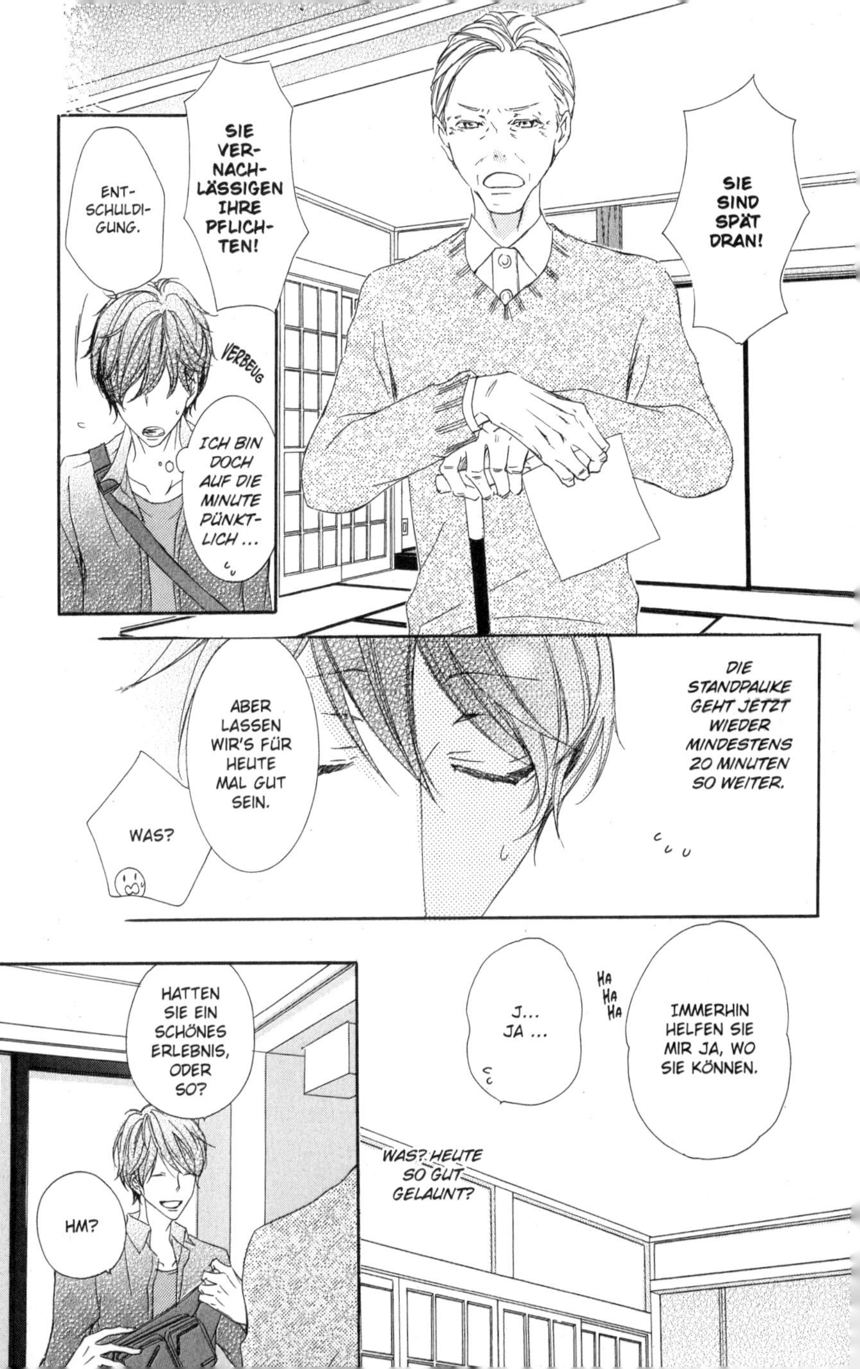
SIE SIND SPÄT DRAN!
SIE VERNACHLÄSSIGEN IHRE PFLICHTEN!
ENTSCHULDIGUNG.
VERBEUG
ICH BIN DOCH AUF DIE MINUTE PÜNKTLICH …
DIE STANDPAUKE GEHT JETZT WIEDER MINDESTENS 20 MINUTEN SO WEITER.
ABER LASSEN WIR'S FÜR HEUTE MAL GUT SEIN.
WAS?
IMMERHIN HELFEN SIE MIR JA, WO SIE KÖNNEN.
HA HA HA
J… JA …
HATTEN SIE EIN SCHÖNES ERLEBNIS, ODER SO?
WAS? HEUTE SO GUT GELAUNT?
HM?

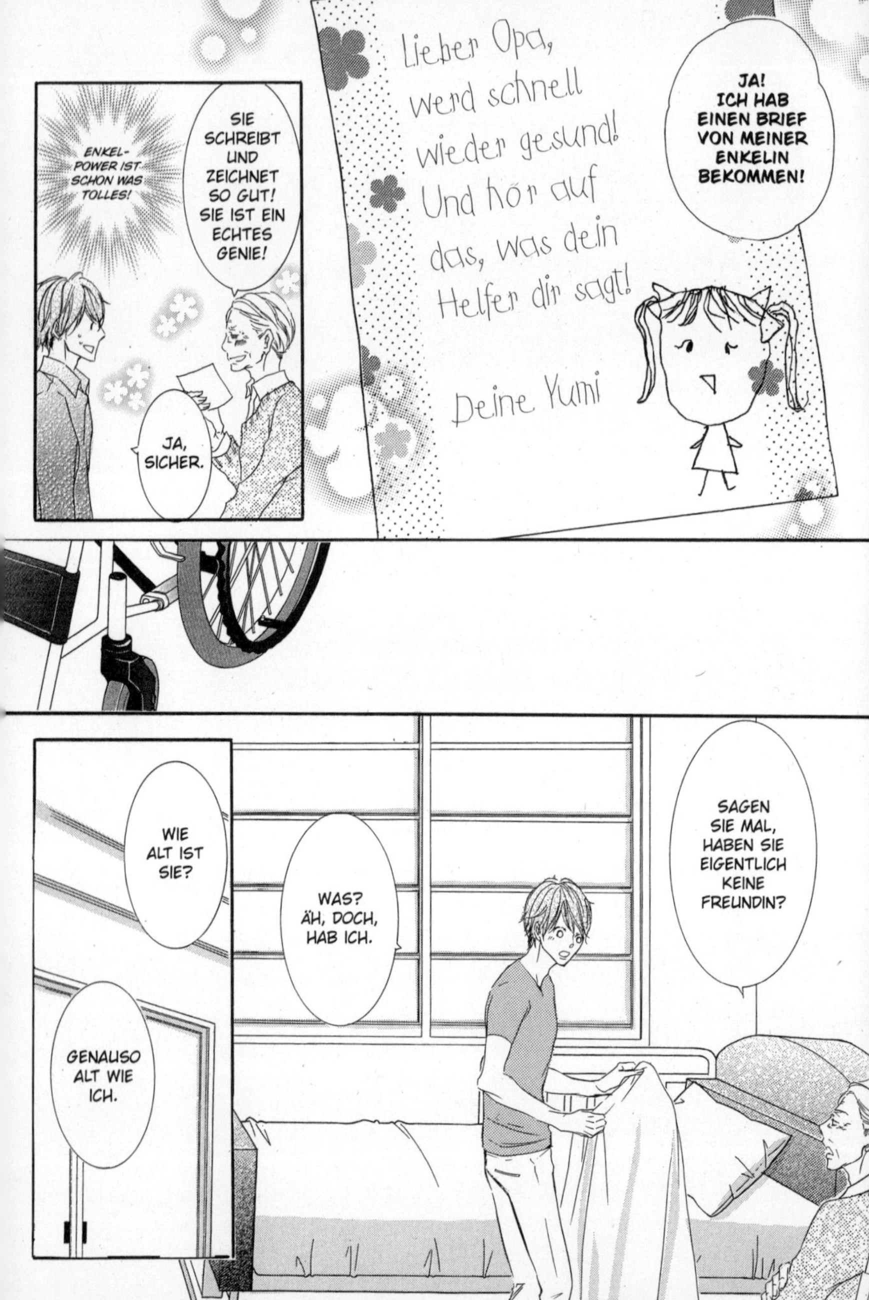
JA! ICH HAB EINEN BRIEF VON MEINER ENKELIN BEKOMMEN!
Lieber Opa, werd schnell wieder gesund! Und hör auf das, was dein Helfer dir sagt!
Deine Yumi
SIE SCHREIBT UND ZEICHNET SO GUT! SIE IST EIN ECHTES GENIE!
ENKEL-POWER IST SCHON WAS TOLLES!
JA, SICHER.
SAGEN SIE MAL, HABEN SIE EIGENTLICH KEINE FREUNDIN?
WAS? ÄH, DOCH, HAB ICH.
WIE ALT IST SIE?
GENAUSO ALT WIE ICH.

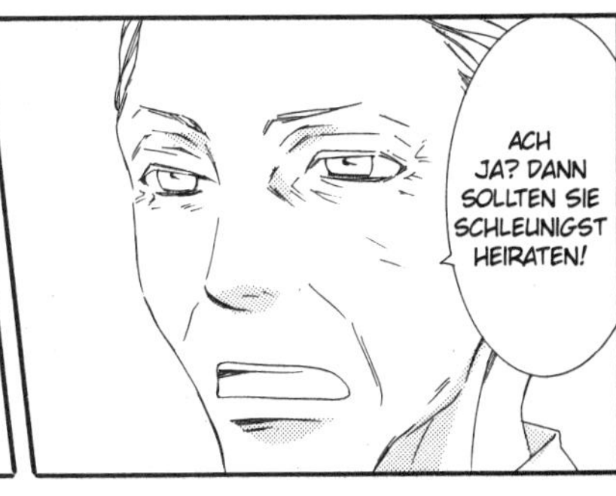

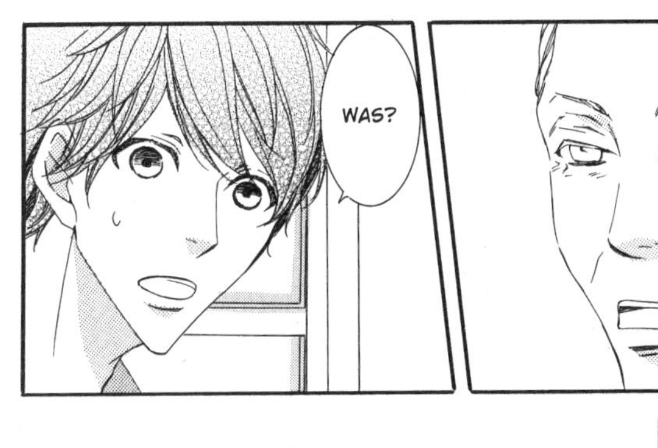

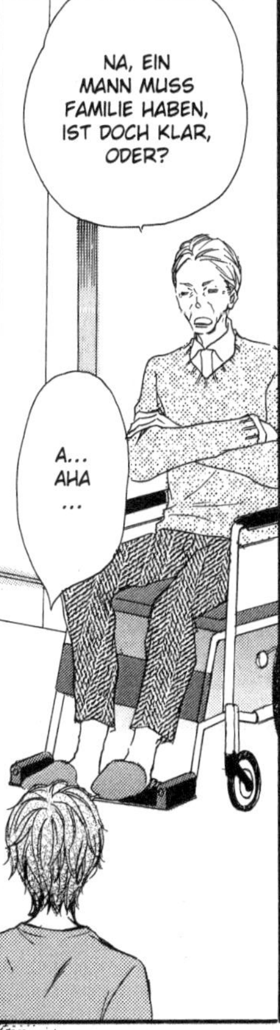

SIE SEHEN NICHT AUS, ALS WÄRE IHNEN DAS KLAR!

SIE SIND DOCH IM HEIRATS-FÄHIGEN ALTER, WENN SIE SICH NICHT RANHALTEN, WIRD DAS NICHTS!

OJE, DAS GESPRÄCH GEHT IRGENDWIE IN EINE SCHWIERIGE RICHTUNG ...

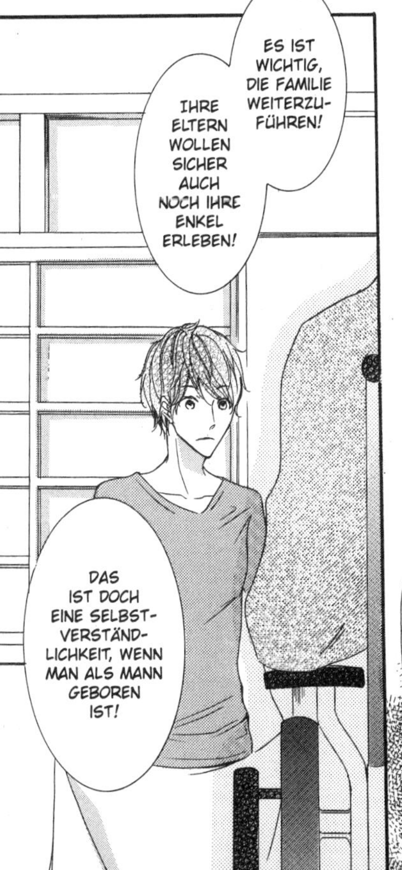

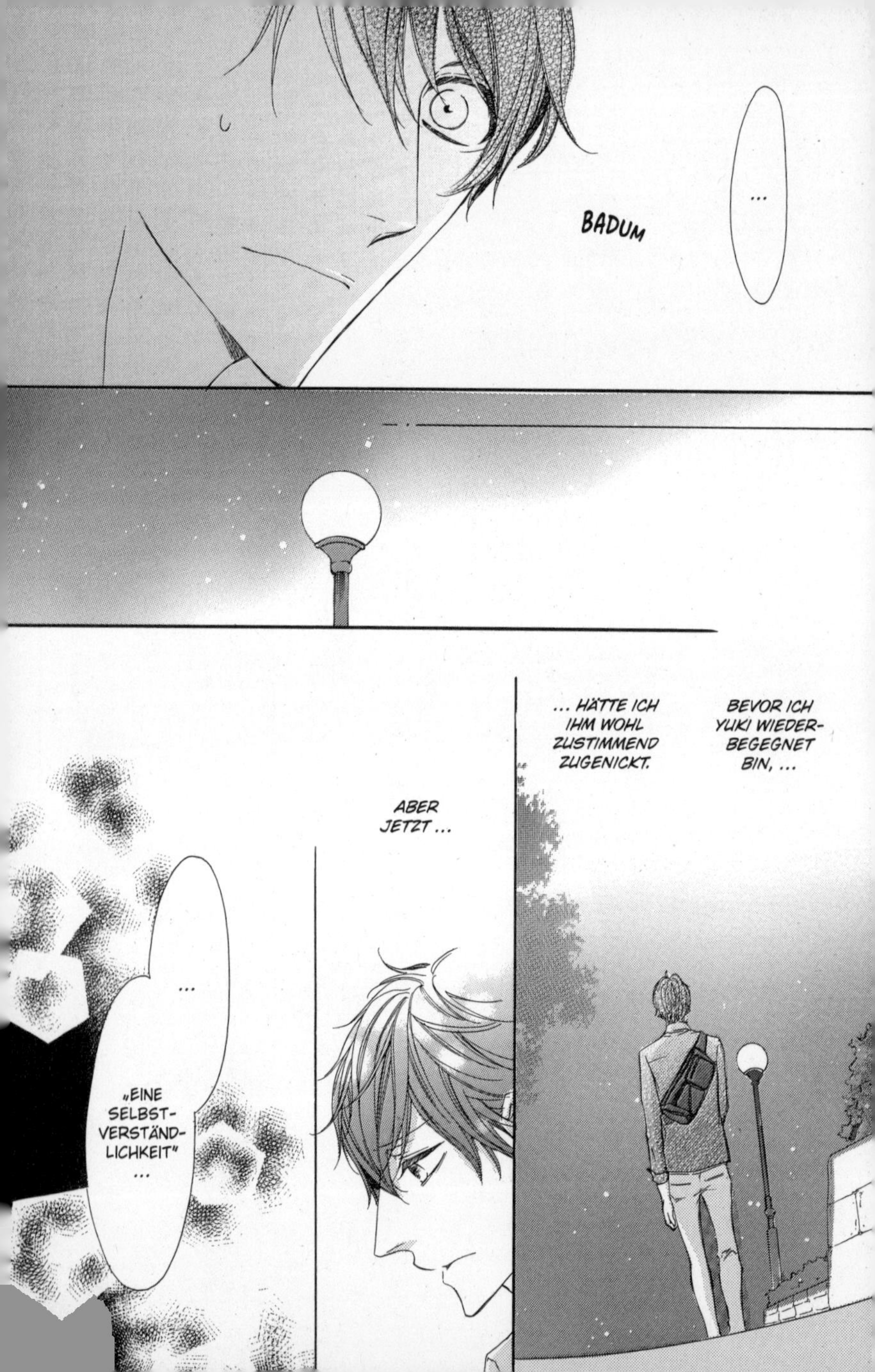
…
BADUM
Bevor ich Yuki wieder-begegnet bin, …
… hätte ich ihm wohl zustimmend zugenickt.
Aber jetzt …
…
„Eine Selbst-verständ-lichkeit“ …

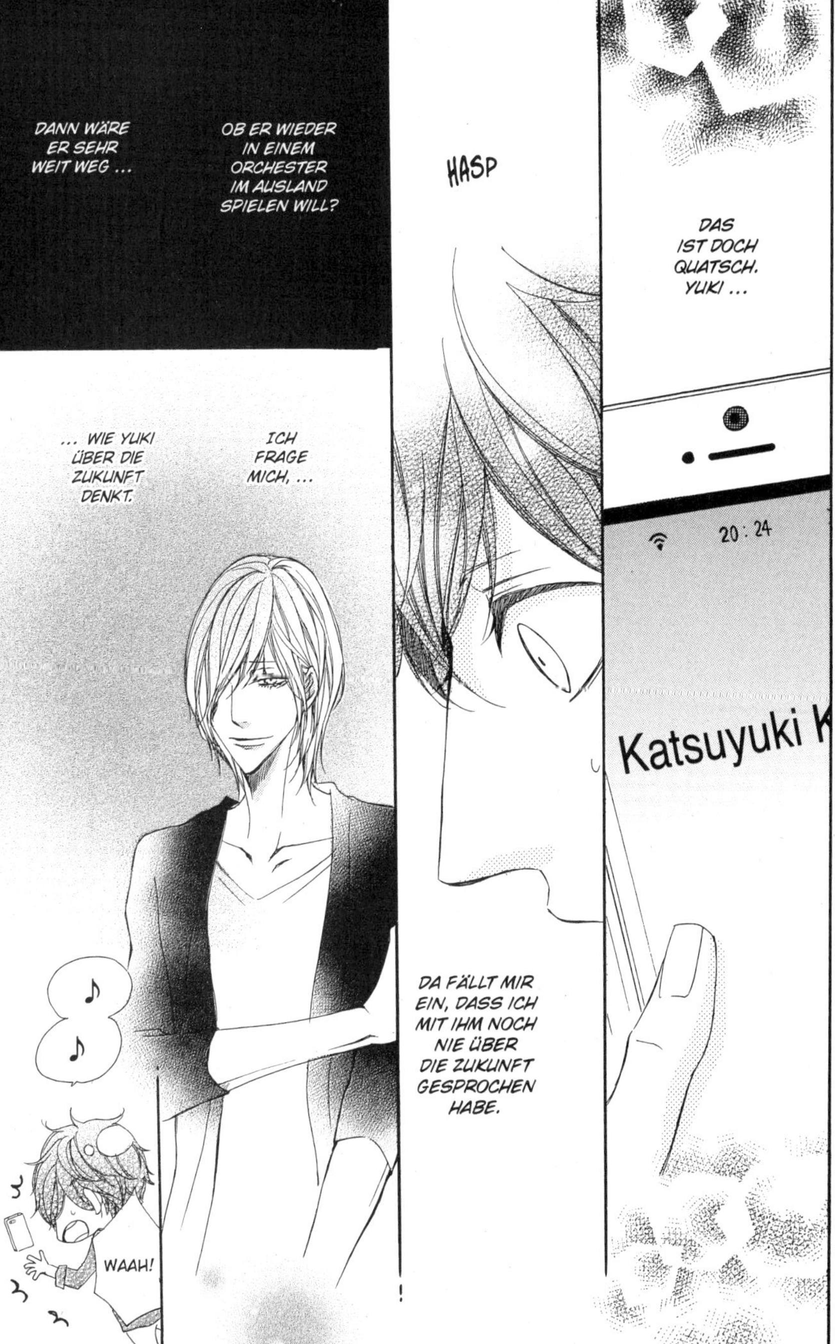
DAS IST DOCH QUATSCH. YUKI …
20:24
Katsuyuki K
HASP
DA FÄLLT MIR EIN, DASS ICH MIT IHM NOCH NIE ÜBER DIE ZUKUNFT GESPROCHEN HABE.
!
OB ER WIEDER IN EINEM ORCHESTER IM AUSLAND SPIELEN WILL?
DANN WÄRE ER SEHR WEIT WEG …
ICH FRAGE MICH, …
… WIE YUKI ÜBER DIE ZUKUNFT DENKT.
WAAH!

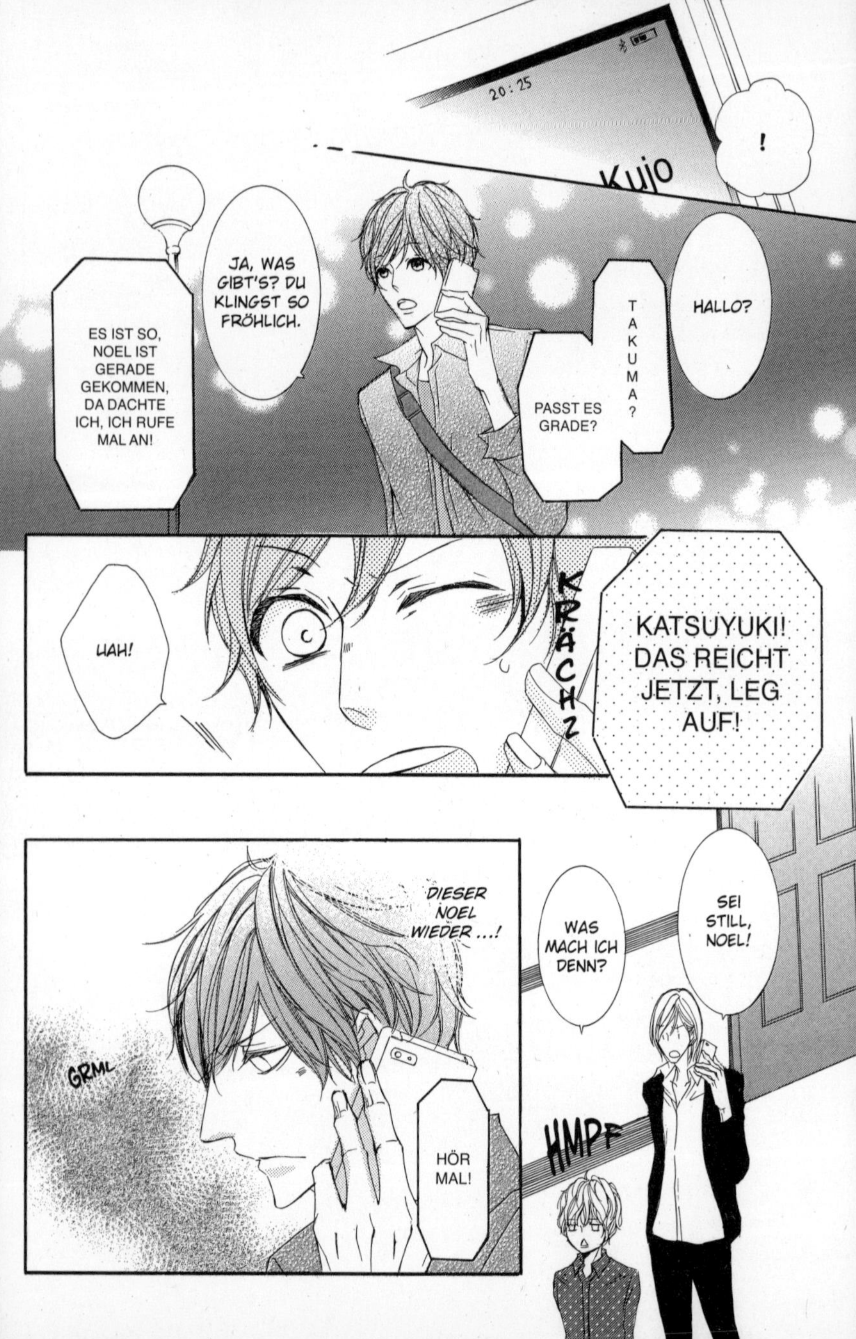
20:25
Kujo
!
HALLO?
TAKUMA?
PASST ES GRADE?
JA, WAS GIBT'S? DU KLINGST SO FRÖHLICH.
ES IST SO, NOEL IST GERADE GEKOMMEN, DA DACHTE ICH, ICH RUFE MAL AN!
KATSUYUKI! DAS REICHT JETZT, LEG AUF!
KRÄCHZ
UAH!
SEI STILL, NOEL!
WAS MACH ICH DENN?
HMPF
DIESER NOEL WIEDER ...!
HÖR MAL!
GRML

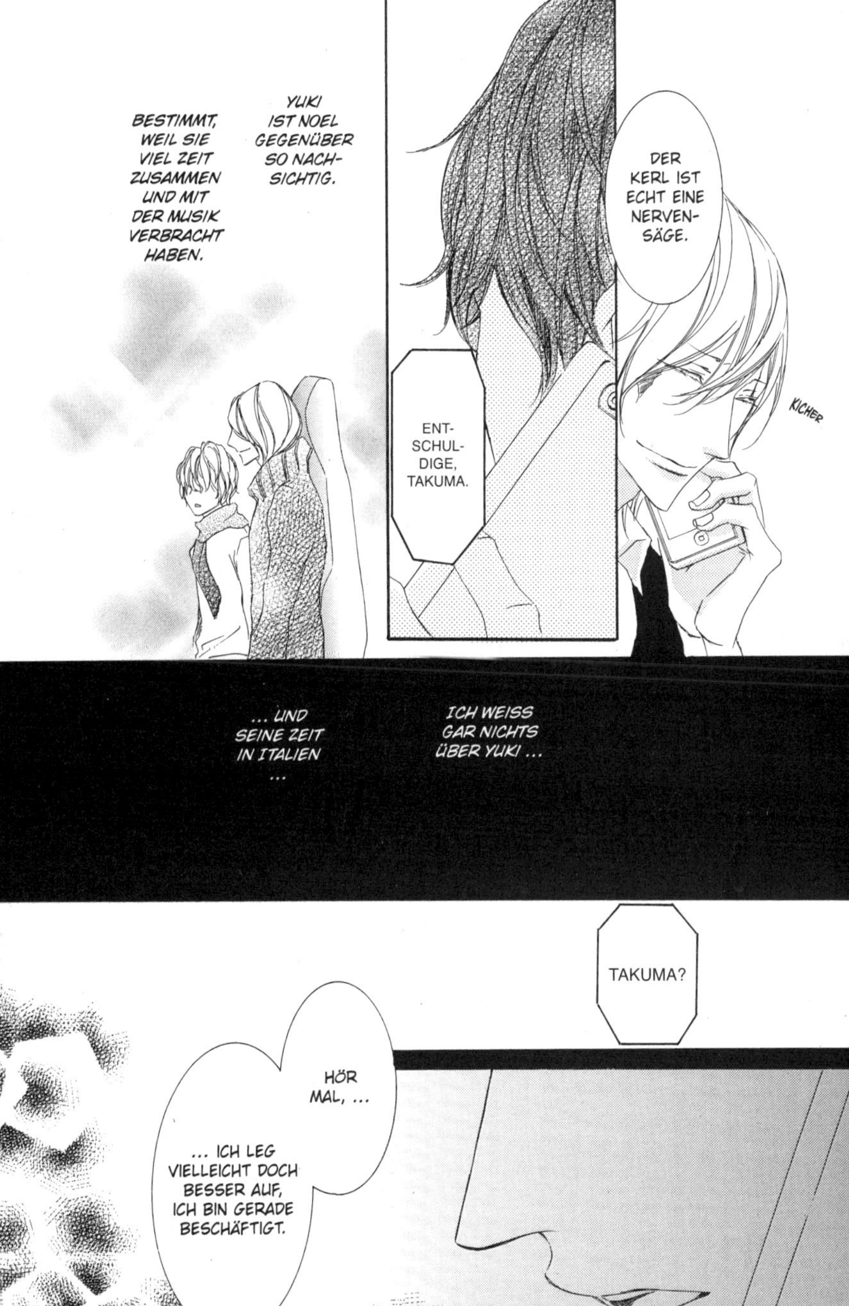
DER KERL IST ECHT EINE NERVENSÄGE.
KICHER
ENT-SCHULDIGE, TAKUMA.
YUKI IST NOEL GEGENÜBER SO NACHSICHTIG.
BESTIMMT, WEIL SIE VIEL ZEIT ZUSAMMEN UND MIT DER MUSIK VERBRACHT HABEN.
ICH WEISS GAR NICHTS ÜBER YUKI ...
... UND SEINE ZEIT IN ITALIEN ...
TAKUMA?
HÖR MAL, ...
... ICH LEG VIELLEICHT DOCH BESSER AUF, ICH BIN GERADE BESCHÄFTIGT.

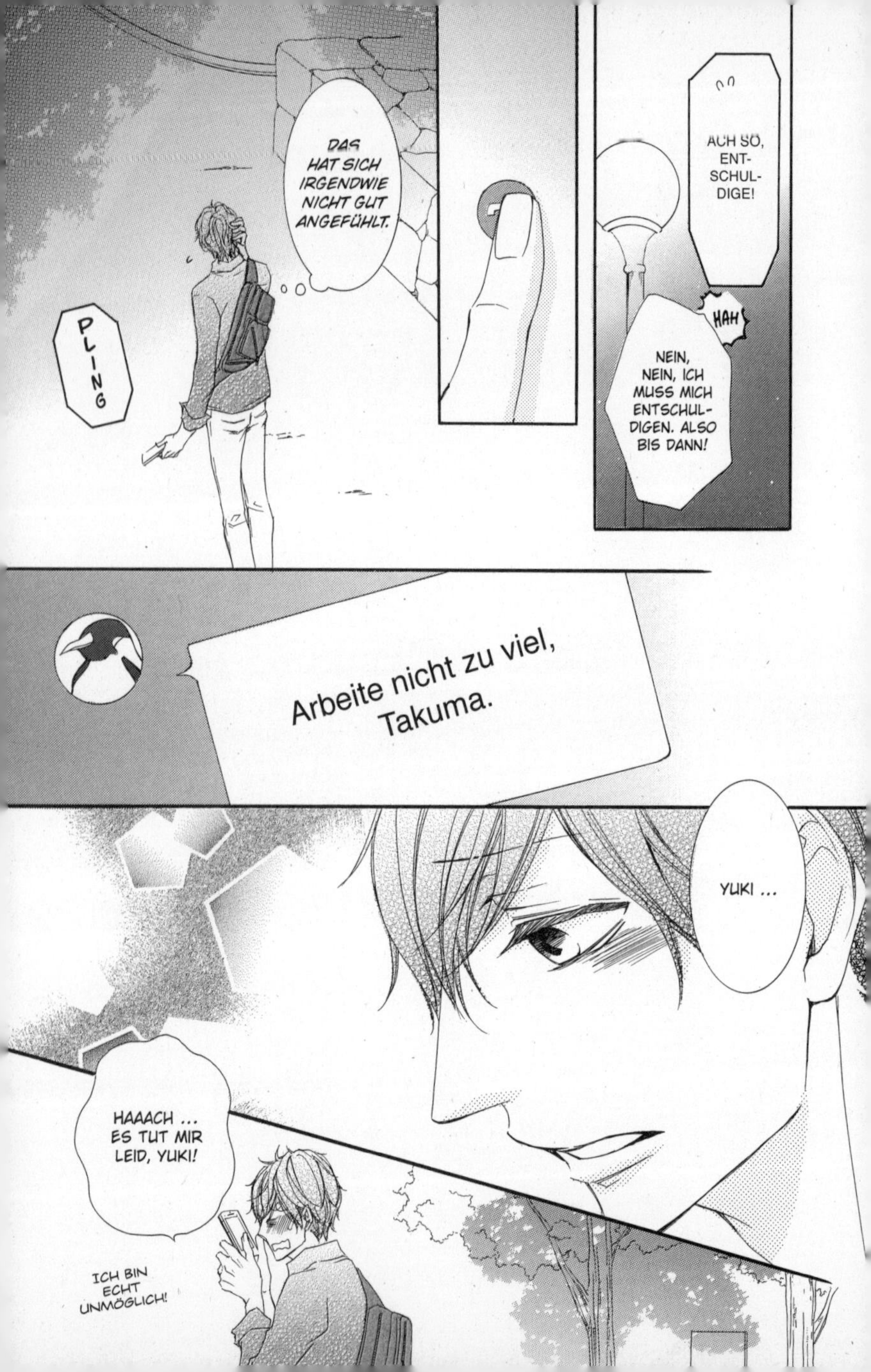

ACH SO, ENTSCHULDIGE!
HAH
NEIN, NEIN, ICH MUSS MICH ENTSCHULDIGEN. ALSO BIS DANN!
DAS HAT SICH IRGENDWIE NICHT GUT ANGEFÜHLT.
PLING
Arbeite nicht zu viel, Takuma.
YUKI …
HAAACH … ES TUT MIR LEID, YUKI!
ICH BIN ECHT UNMÖGLICH!

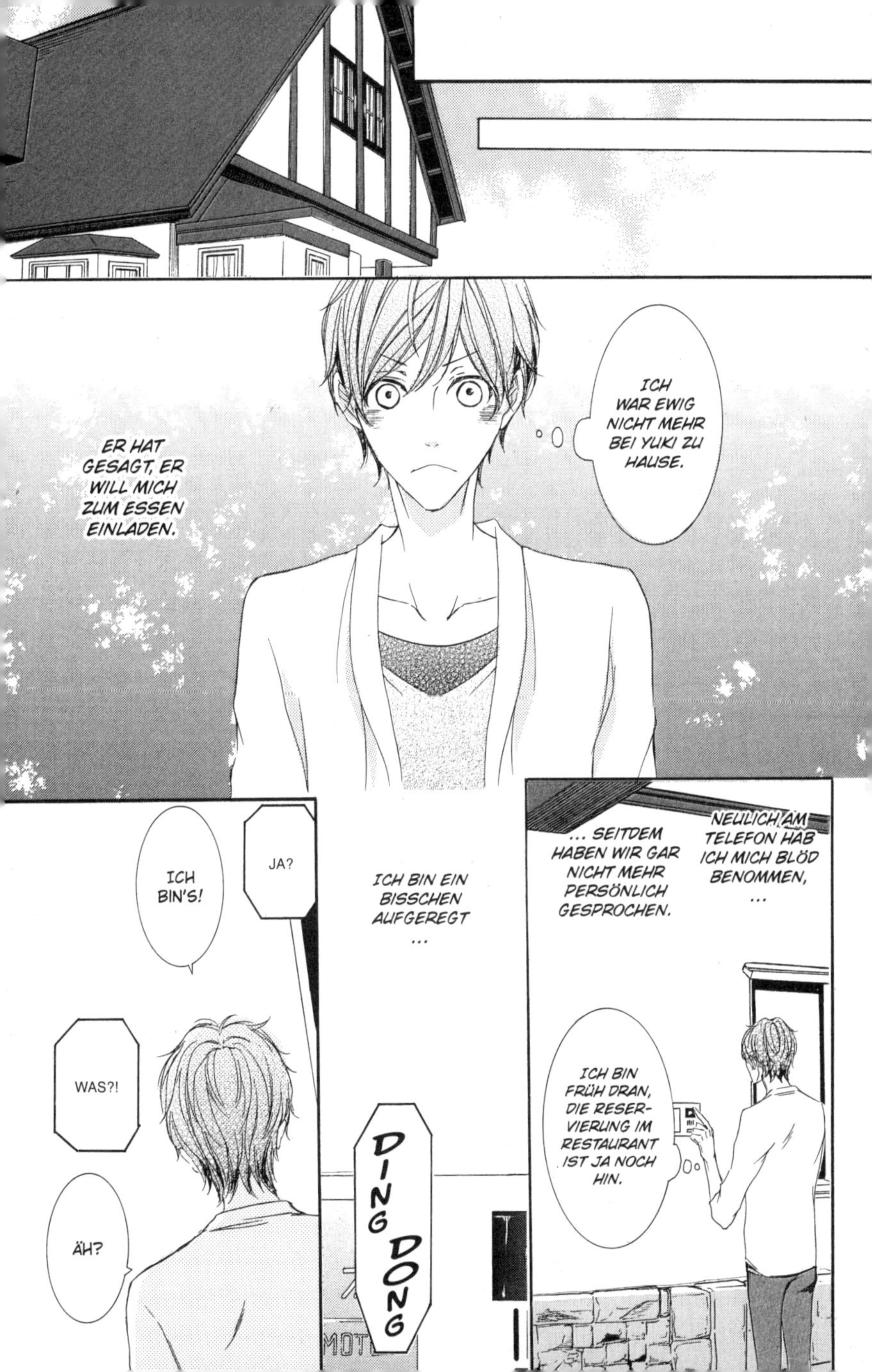
ICH WAR EWIG NICHT MEHR BEI YUKI ZU HAUSE.
ER HAT GESAGT, ER WILL MICH ZUM ESSEN EINLADEN.
NEULICH AM TELEFON HAB ICH MICH BLÖD BENOMMEN, ...
... SEITDEM HABEN WIR GAR NICHT MEHR PERSÖNLICH GESPROCHEN.
ICH BIN FRÜH DRAN, DIE RESERVIERUNG IM RESTAURANT IST JA NOCH HIN.
ICH BIN EIN BISSCHEN AUFGEREGT ...
DING DONG
JA?
ICH BIN'S!
WAS?!
ÄH?

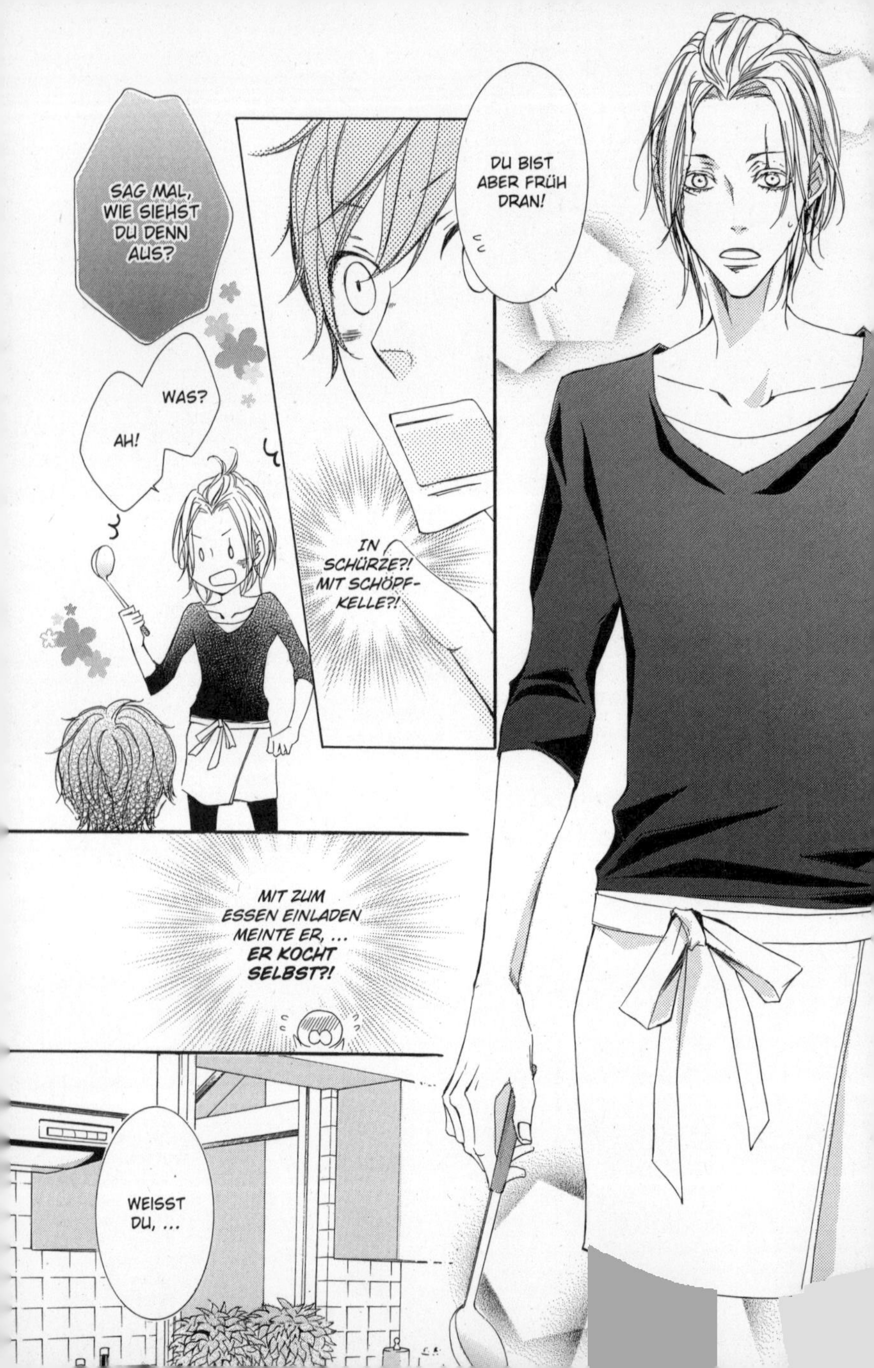
DU BIST ABER FRÜH DRAN!
SAG MAL, WIE SIEHST DU DENN AUS?
WAS?
AH!
IN SCHÜRZE?! MIT SCHÖPF-KELLE?!
MIT ZUM ESSEN EINLADEN MEINTE ER, ... ER KOCHT SELBST?!
WEISST DU, ...

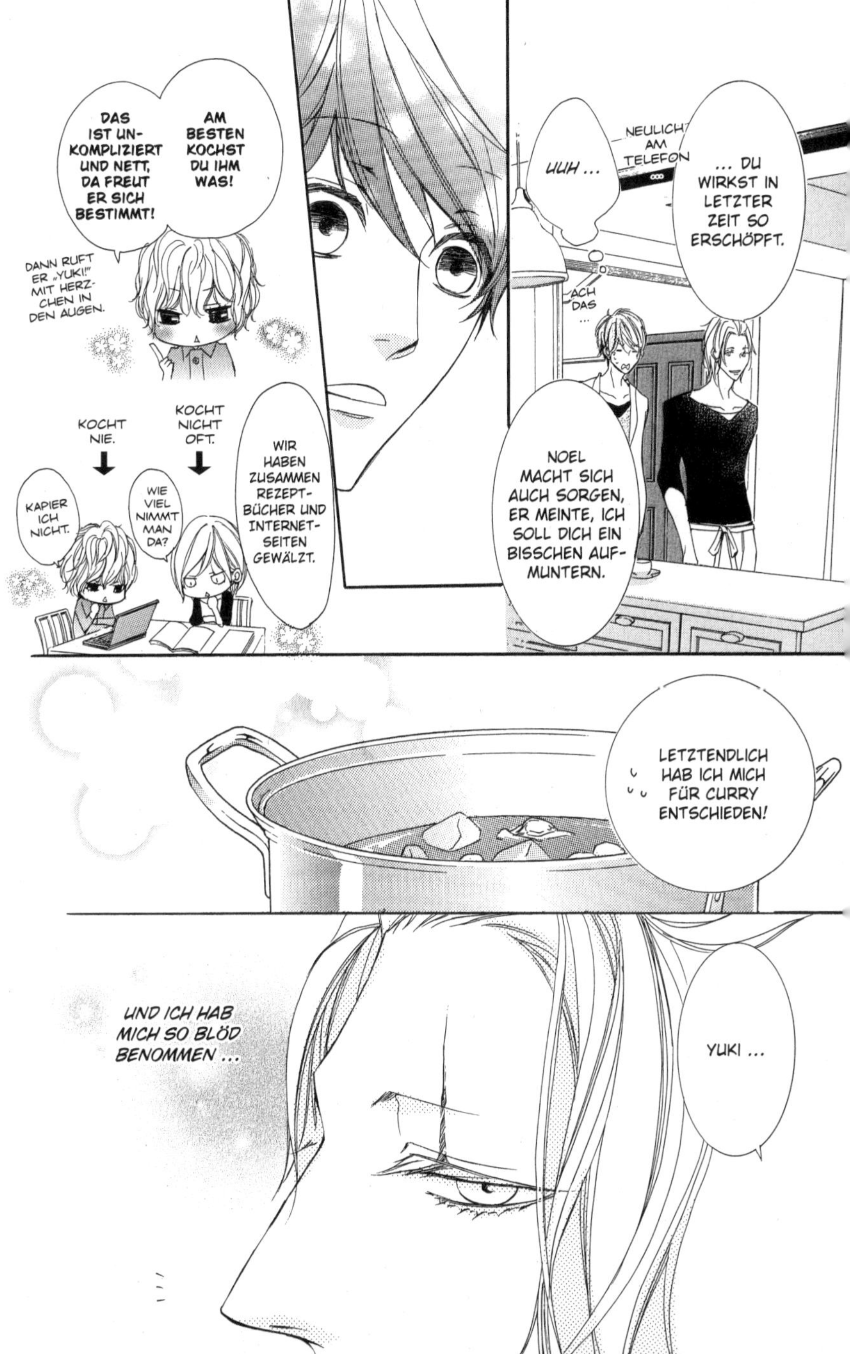
... DU WIRKST IN LETZTER ZEIT SO ERSCHÖPFT.
NEULICH AM TELEFON
UUH ...
ACH DAS ...
NOEL MACHT SICH AUCH SORGEN, ER MEINTE, ICH SOLL DICH EIN BISSCHEN AUFMUNTERN.
WIR HABEN ZUSAMMEN REZEPTBÜCHER UND INTERNETSEITEN GEWÄLZT.
AM BESTEN KOCHST DU IHM WAS!
DAS IST UNKOMPLIZIERT UND NETT, DA FREUT ER SICH BESTIMMT!
DANN RUFT ER „YUKI!" MIT HERZCHEN IN DEN AUGEN.
KOCHT NICHT OFT.
KOCHT NIE.
WIE VIEL NIMMT MAN DA?
KAPIER ICH NICHT.
LETZTENDLICH HAB ICH MICH FÜR CURRY ENTSCHIEDEN!
YUKI ...
UND ICH HAB MICH SO BLÖD BENOMMEN ...

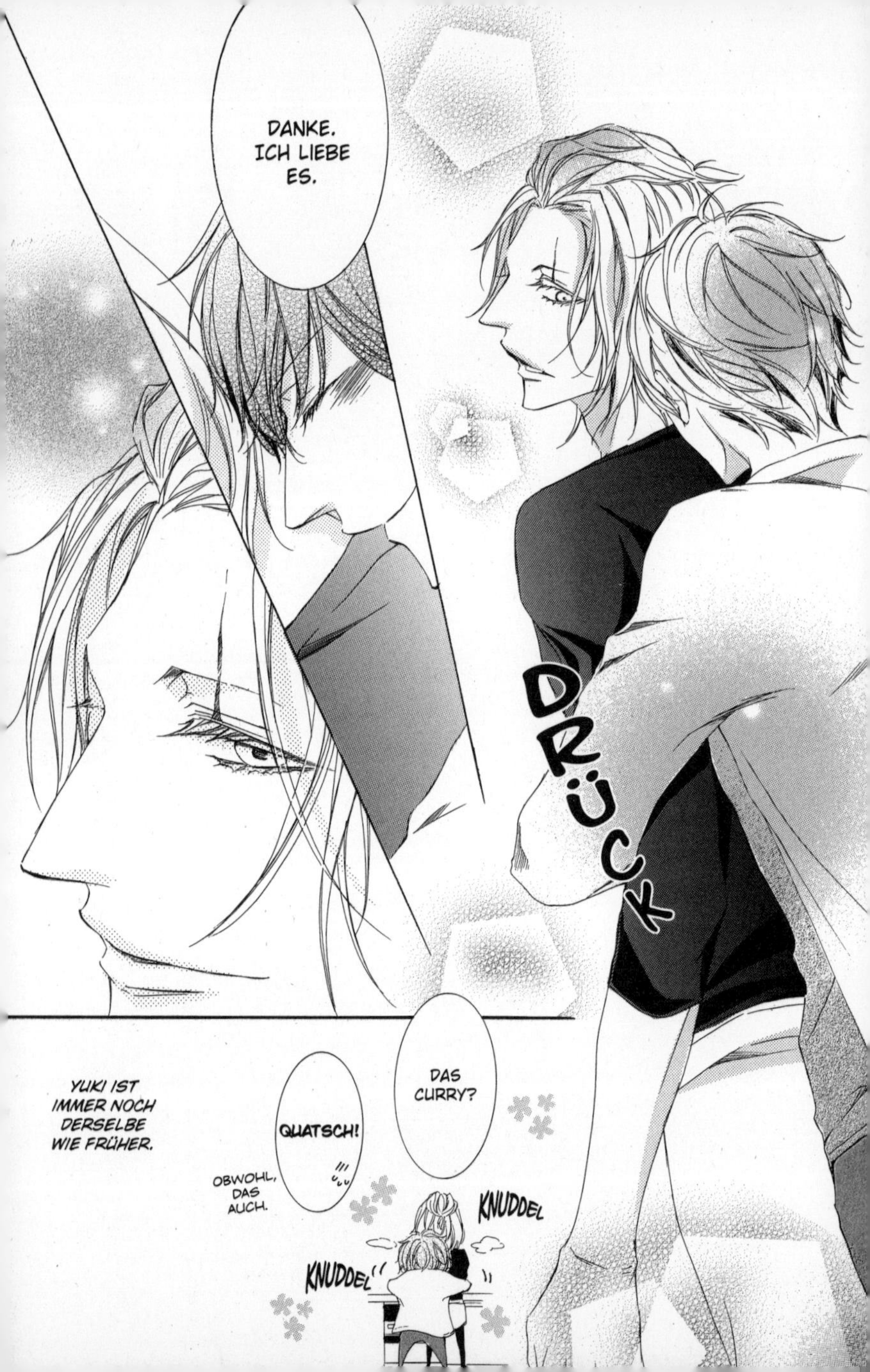
DANKE. ICH LIEBE ES.
DRÜCK
DAS CURRY?
QUATSCH!
OBWOHL, DAS AUCH.
YUKI IST IMMER NOCH DERSELBE WIE FRÜHER.
KNUDDEL
KNUDDEL

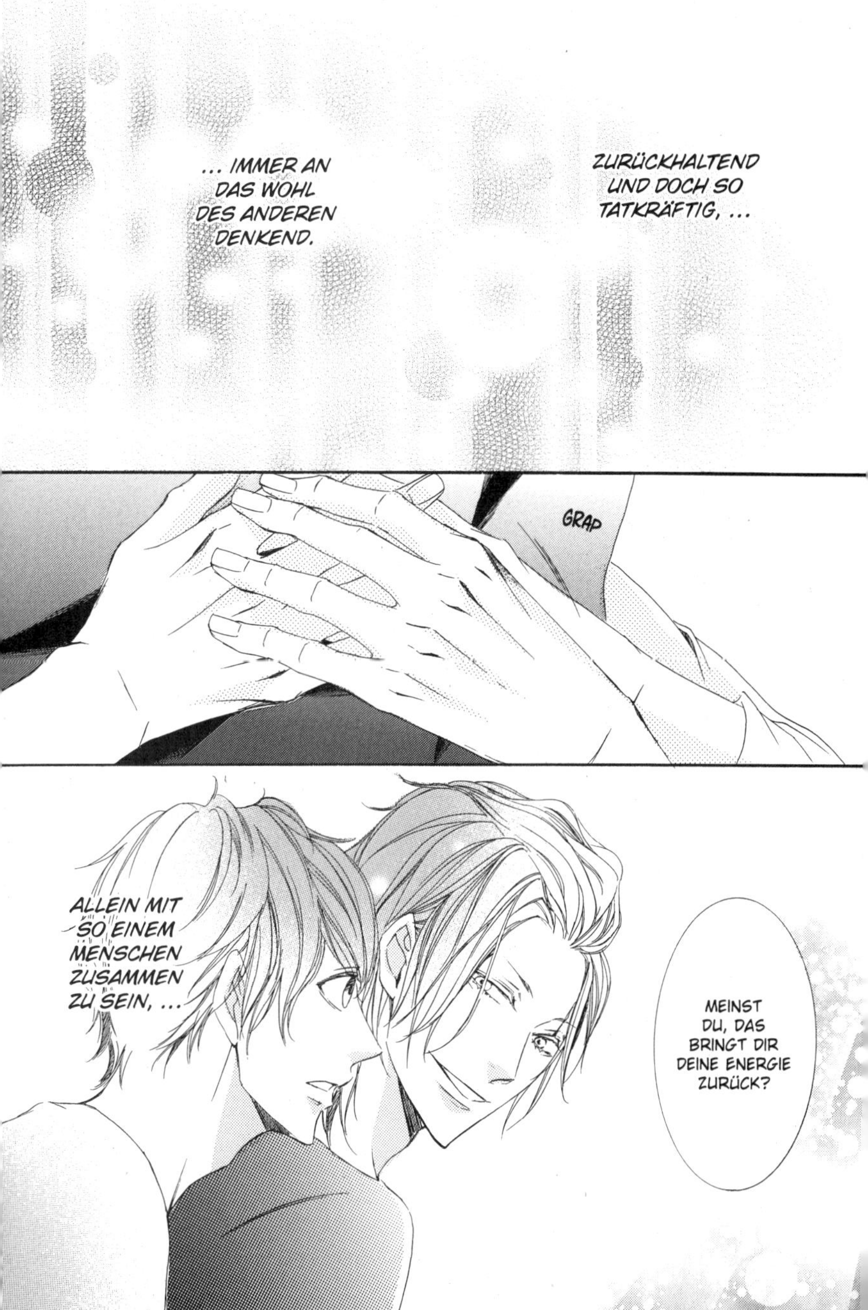
ZURÜCKHALTEND UND DOCH SO TATKRÄFTIG, ...
... IMMER AN DAS WOHL DES ANDEREN DENKEND.
GRAP
MEINST DU, DAS BRINGT DIR DEINE ENERGIE ZURÜCK?
ALLEIN MIT SO EINEM MENSCHEN ZUSAMMEN ZU SEIN, ...

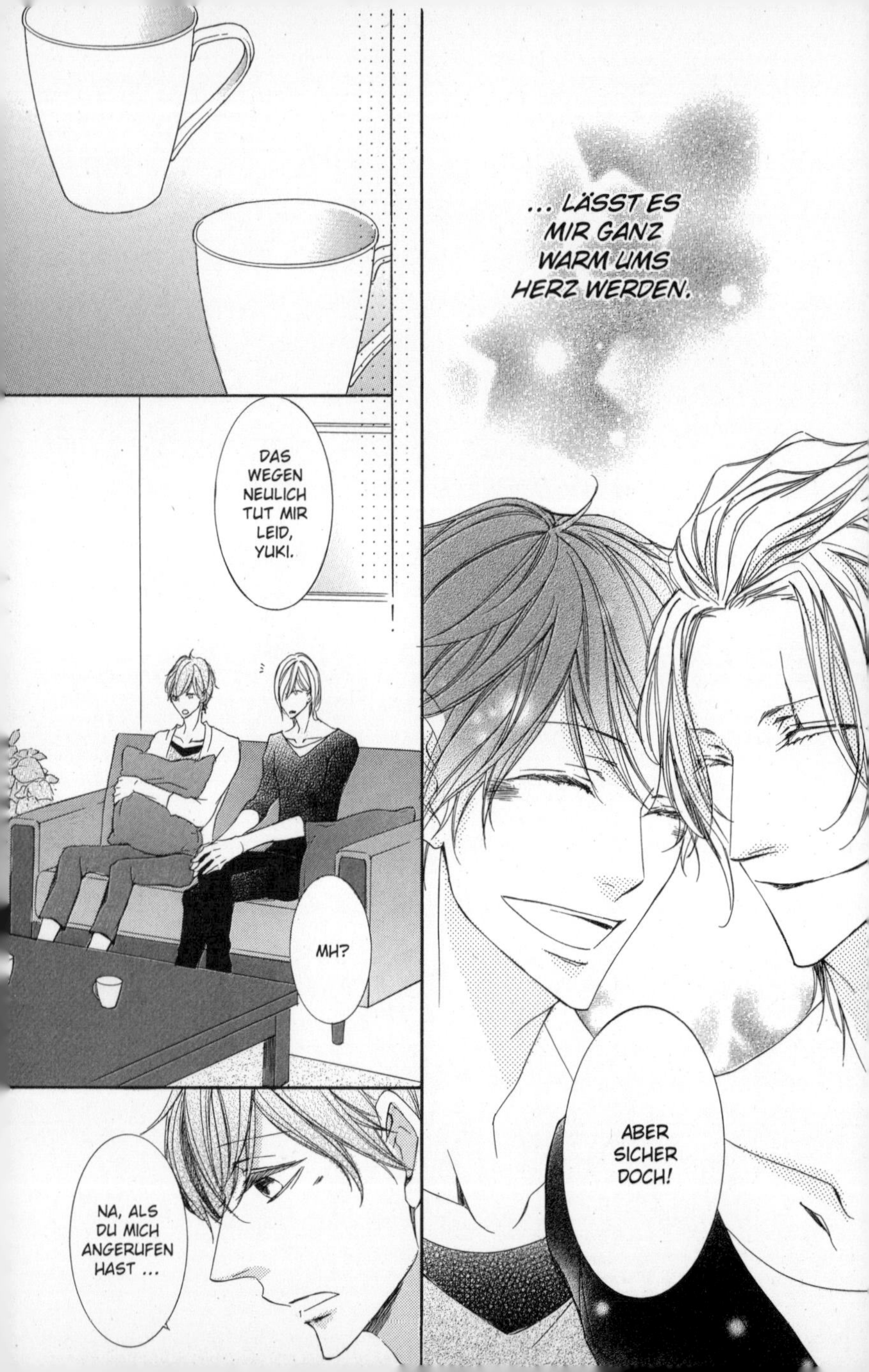
... LÄSST ES MIR GANZ WARM UMS HERZ WERDEN.
ABER SICHER DOCH!
DAS WEGEN NEULICH TUT MIR LEID, YUKI.
MH?
NA, ALS DU MICH ANGERUFEN HAST ...

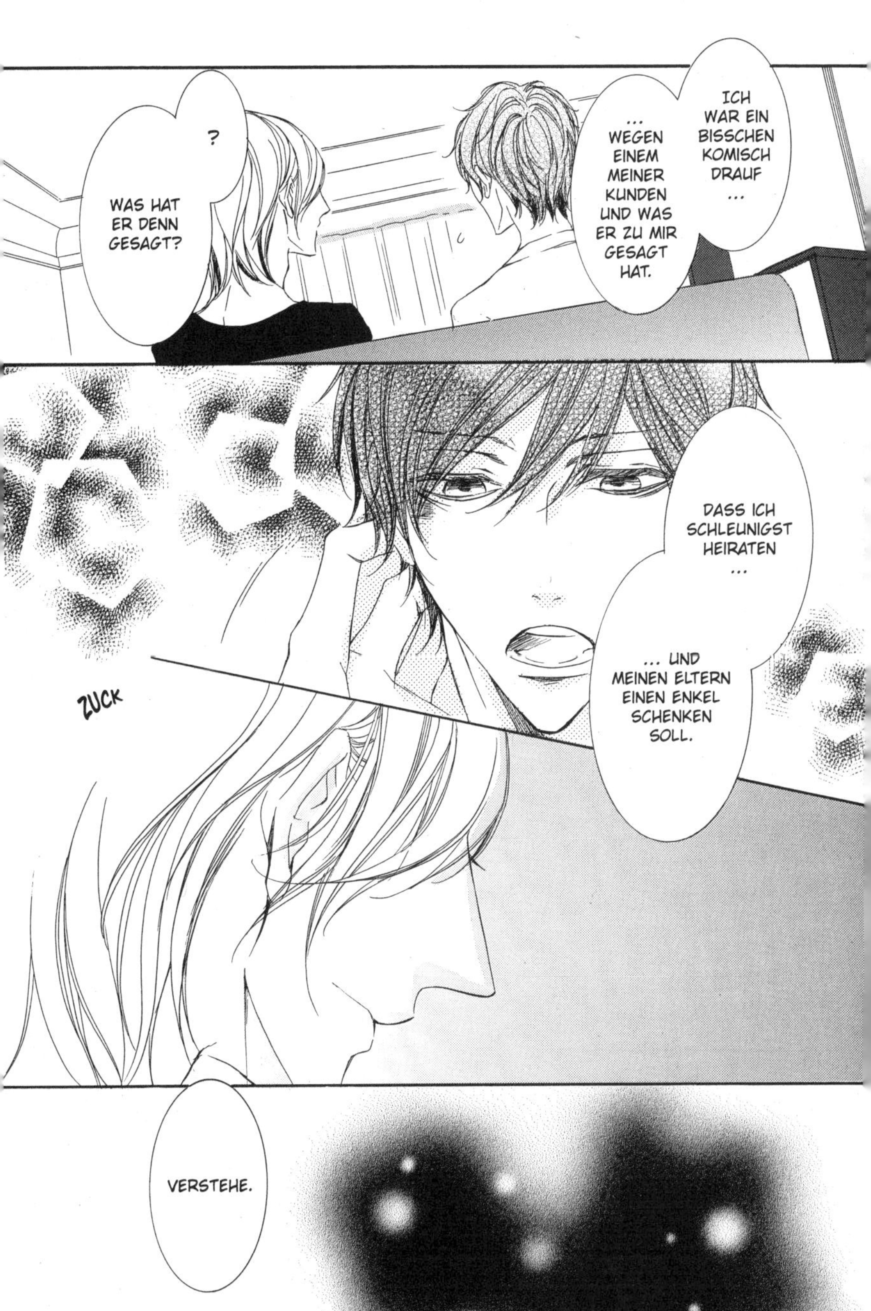

ICH WAR EIN BISSCHEN KOMISCH DRAUF ...
... WEGEN EINEM MEINER KUNDEN UND WAS ER ZU MIR GESAGT HAT.
? WAS HAT ER DENN GESAGT?
DASS ICH SCHLEUNIGST HEIRATEN ...
... UND MEINEN ELTERN EINEN ENKEL SCHENKEN SOLL.
ZUCK
VERSTEHE.

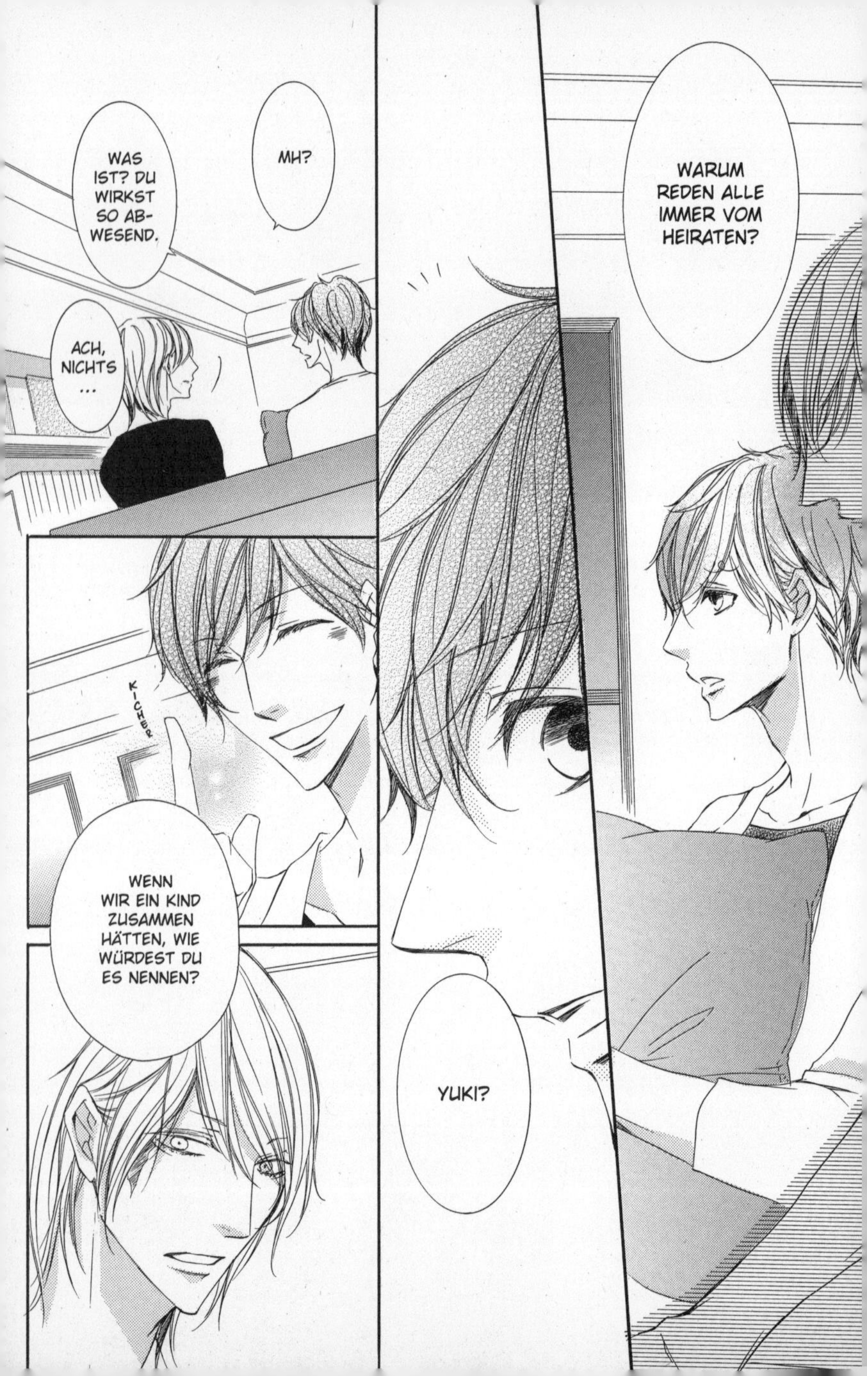
WARUM REDEN ALLE IMMER VOM HEIRATEN?
YUKI?
MH?
WAS IST? DU WIRKST SO AB-WESEND.
ACH, NICHTS ...
KICHER
WENN WIR EIN KIND ZUSAMMEN HÄTTEN, WIE WÜRDEST DU ES NENNEN?

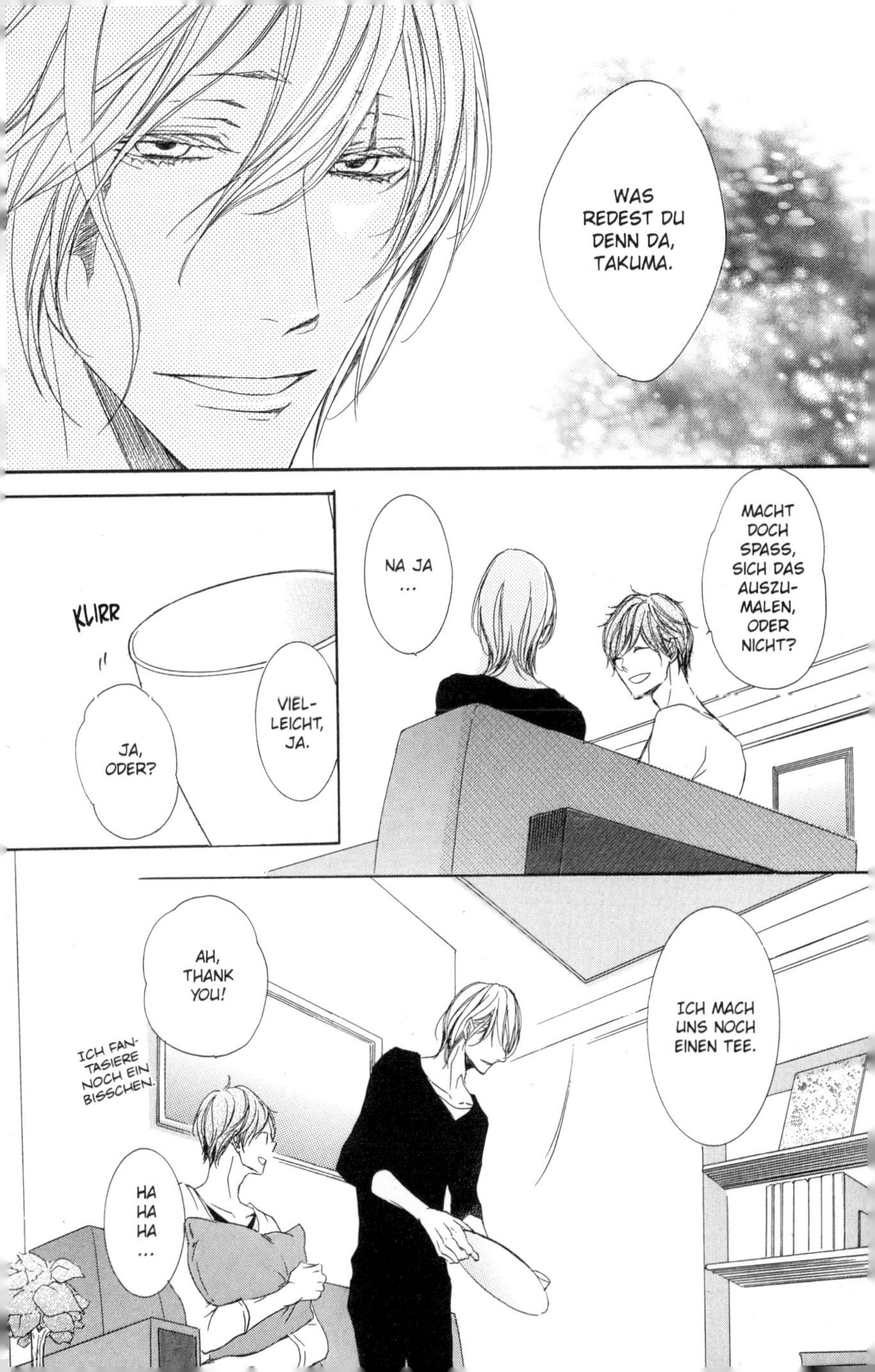
WAS REDEST DU DENN DA, TAKUMA.
MACHT DOCH SPASS, SICH DAS AUSZU-MALEN, ODER NICHT?
NA JA …
VIEL-LEICHT, JA.
JA, ODER?
KLIRR
ICH MACH UNS NOCH EINEN TEE.
AH, THANK YOU!
ICH FAN-TASIERE NOCH EIN BISSCHEN.
HA HA HA …

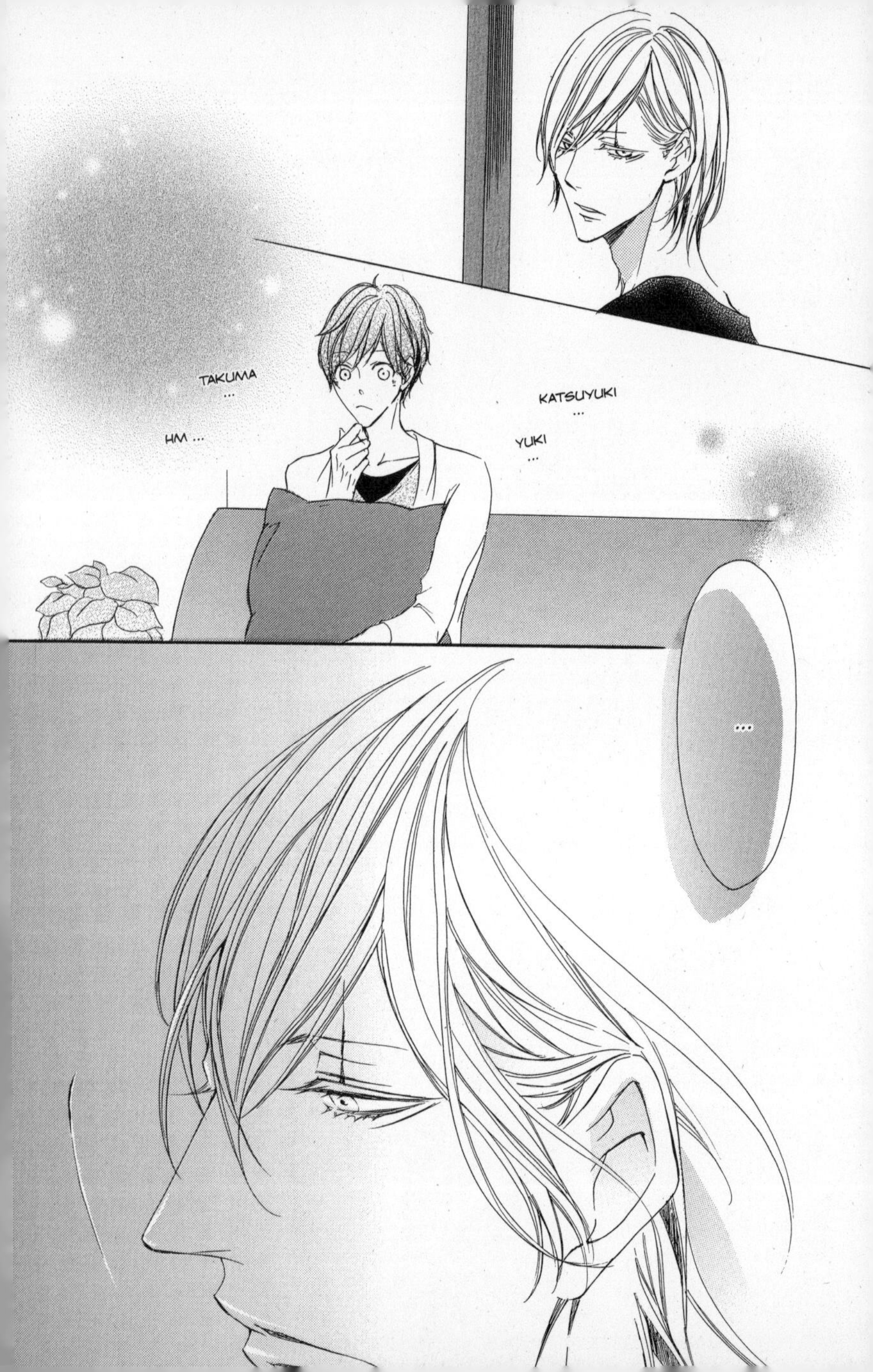
KATSUYUKI ...
YUKI ...
TAKUMA ...
HM ...
...

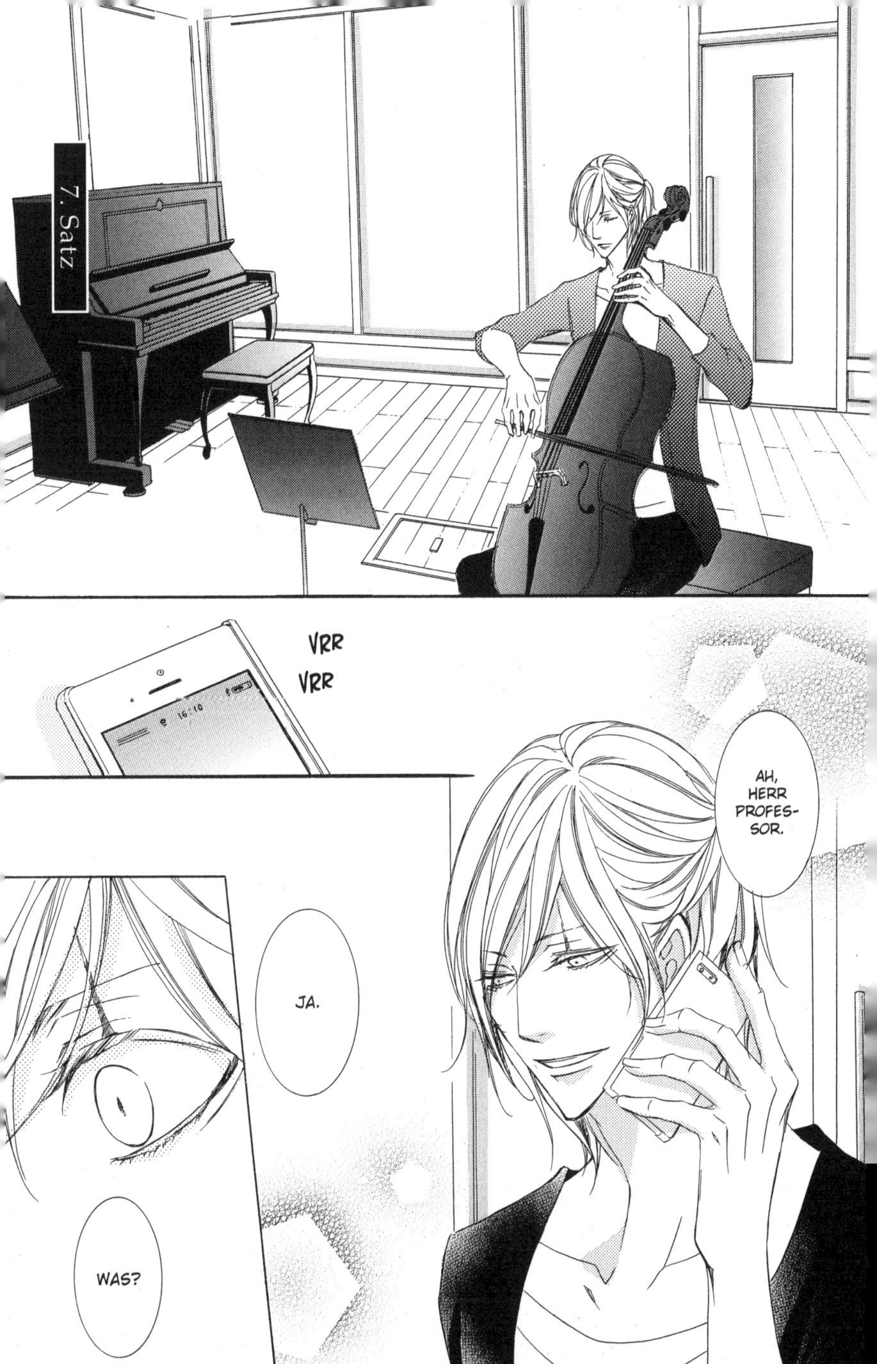
7. Satz
VRR
VRR
AH, HERR PROFESSOR.
JA.
WAS?

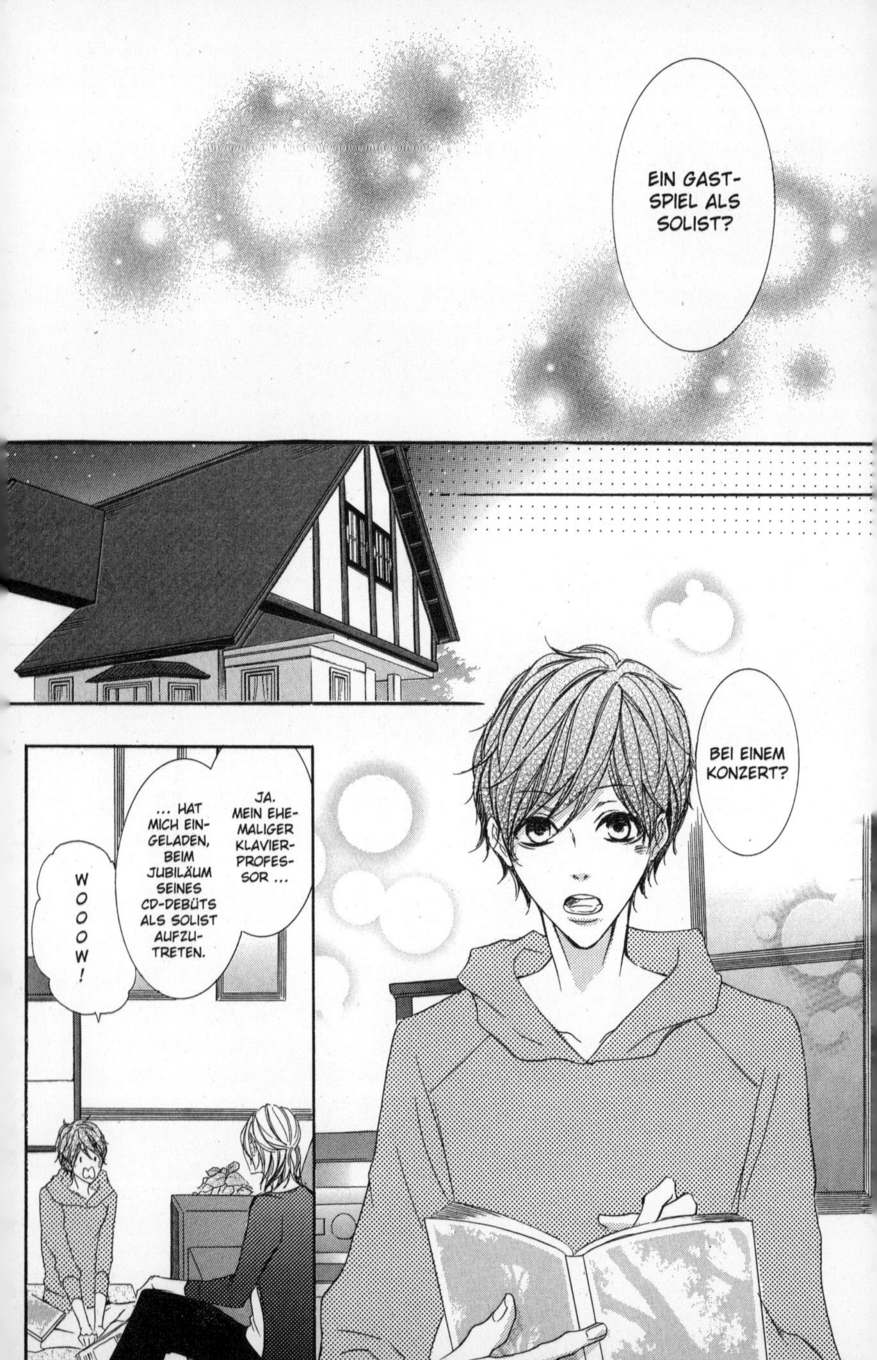
EIN GASTSPIEL ALS SOLIST?
BEI EINEM KONZERT?
JA. MEIN EHEMALIGER KLAVIERPROFESSOR …
… HAT MICH EINGELADEN, BEIM JUBILÄUM SEINES CD-DEBÜTS ALS SOLIST AUFZUTRETEN.
WOOOOW!

DAS IST JA TOLL, YUKI!

WENN ER IHN BEI SEINEM KONZERT DABEIHABEN WILL, ...

... MUSS ER YUKI JA SEHR GERNHABEN.

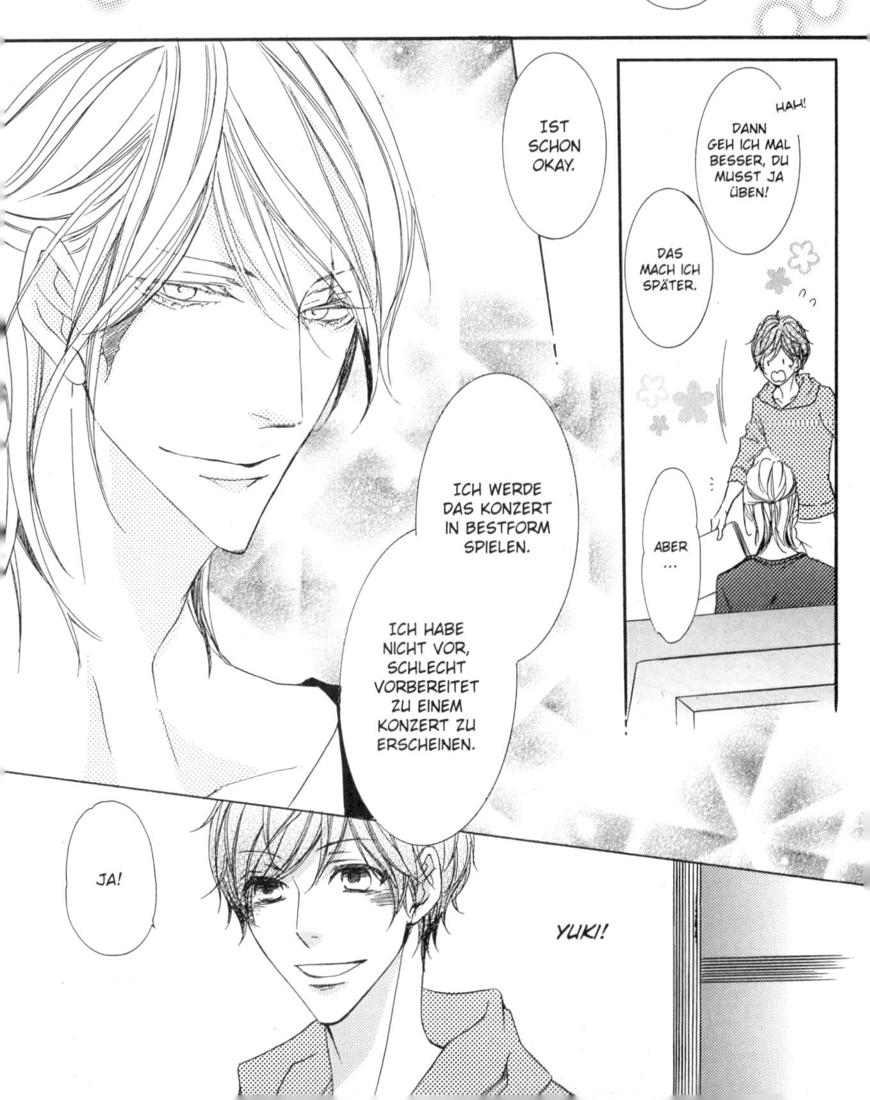

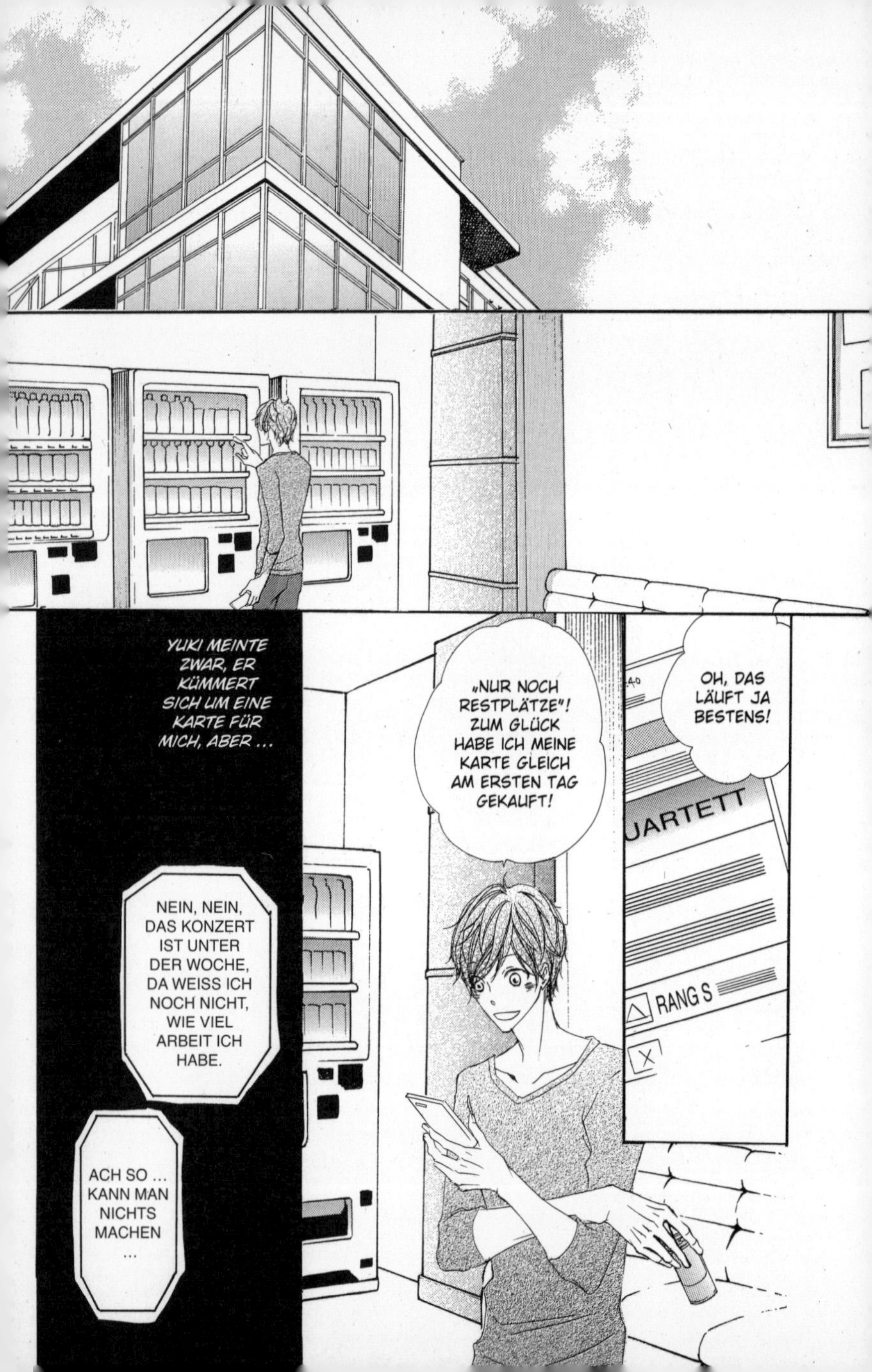

„NUR NOCH RESTPLÄTZE"! ZUM GLÜCK HABE ICH MEINE KARTE GLEICH AM ERSTEN TAG GEKAUFT!
OH, DAS LÄUFT JA BESTENS!
UARTETT
RANG S
YUKI MEINTE ZWAR, ER KÜMMERT SICH UM EINE KARTE FÜR MICH, ABER …
NEIN, NEIN, DAS KONZERT IST UNTER DER WOCHE, DA WEISS ICH NOCH NICHT, WIE VIEL ARBEIT ICH HABE.
ACH SO … KANN MAN NICHTS MACHEN …

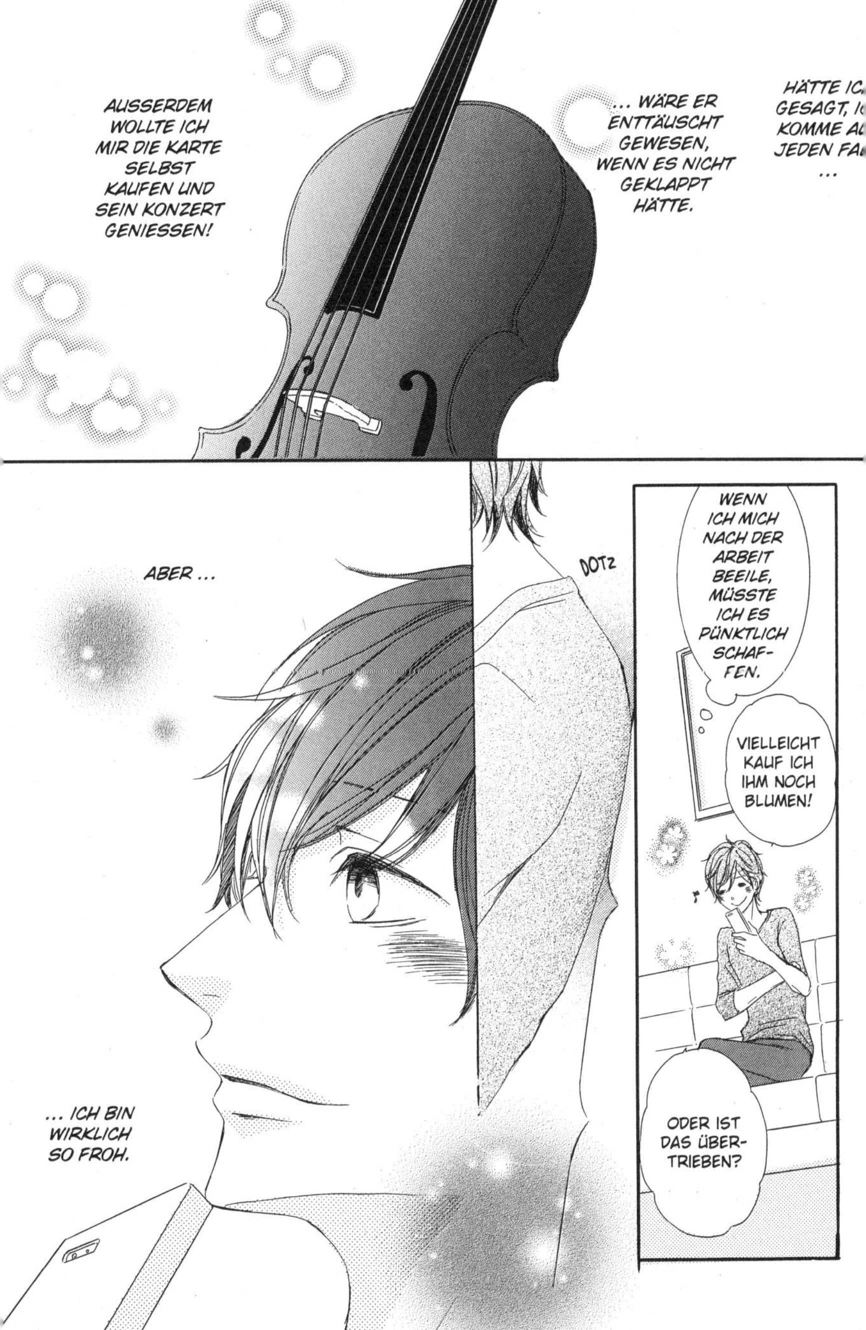
HÄTTE IC GESAGT, I KOMME A JEDEN FA …
… WÄRE ER ENTTÄUSCHT GEWESEN, WENN ES NICHT GEKLAPPT HÄTTE.
AUSSERDEM WOLLTE ICH MIR DIE KARTE SELBST KAUFEN UND SEIN KONZERT GENIESSEN!
WENN ICH MICH NACH DER ARBEIT BEEILE, MÜSSTE ICH ES PÜNKTLICH SCHAF-FEN.
VIELLEICHT KAUF ICH IHM NOCH BLUMEN!
ODER IST DAS ÜBER-TRIEBEN?
DOTz
ABER …
… ICH BIN WIRKLICH SO FROH.

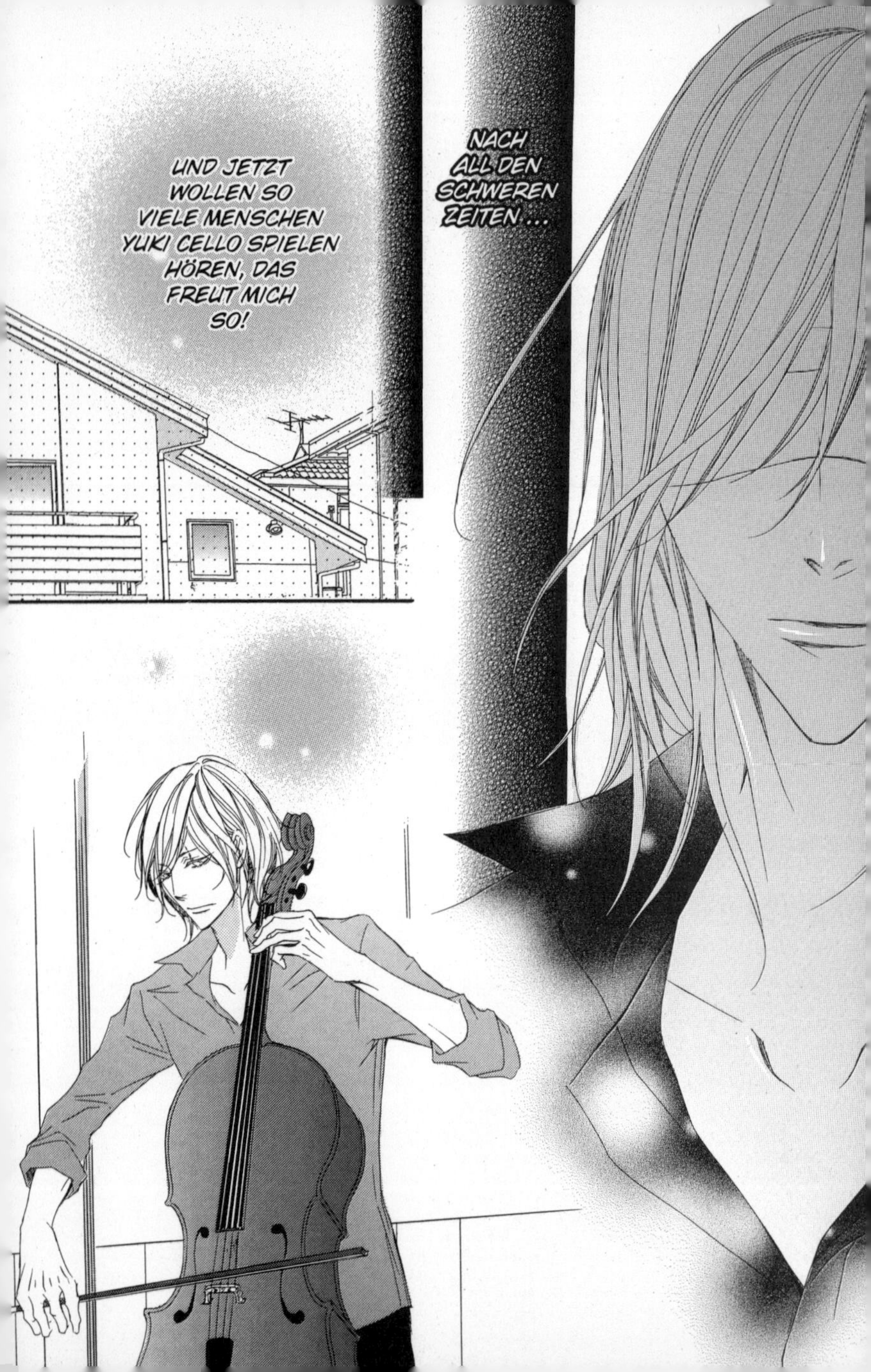
NACH ALL DEN SCHWEREN ZEITEN ...
UND JETZT WOLLEN SO VIELE MENSCHEN YUKI CELLO SPIELEN HÖREN, DAS FREUT MICH SO!

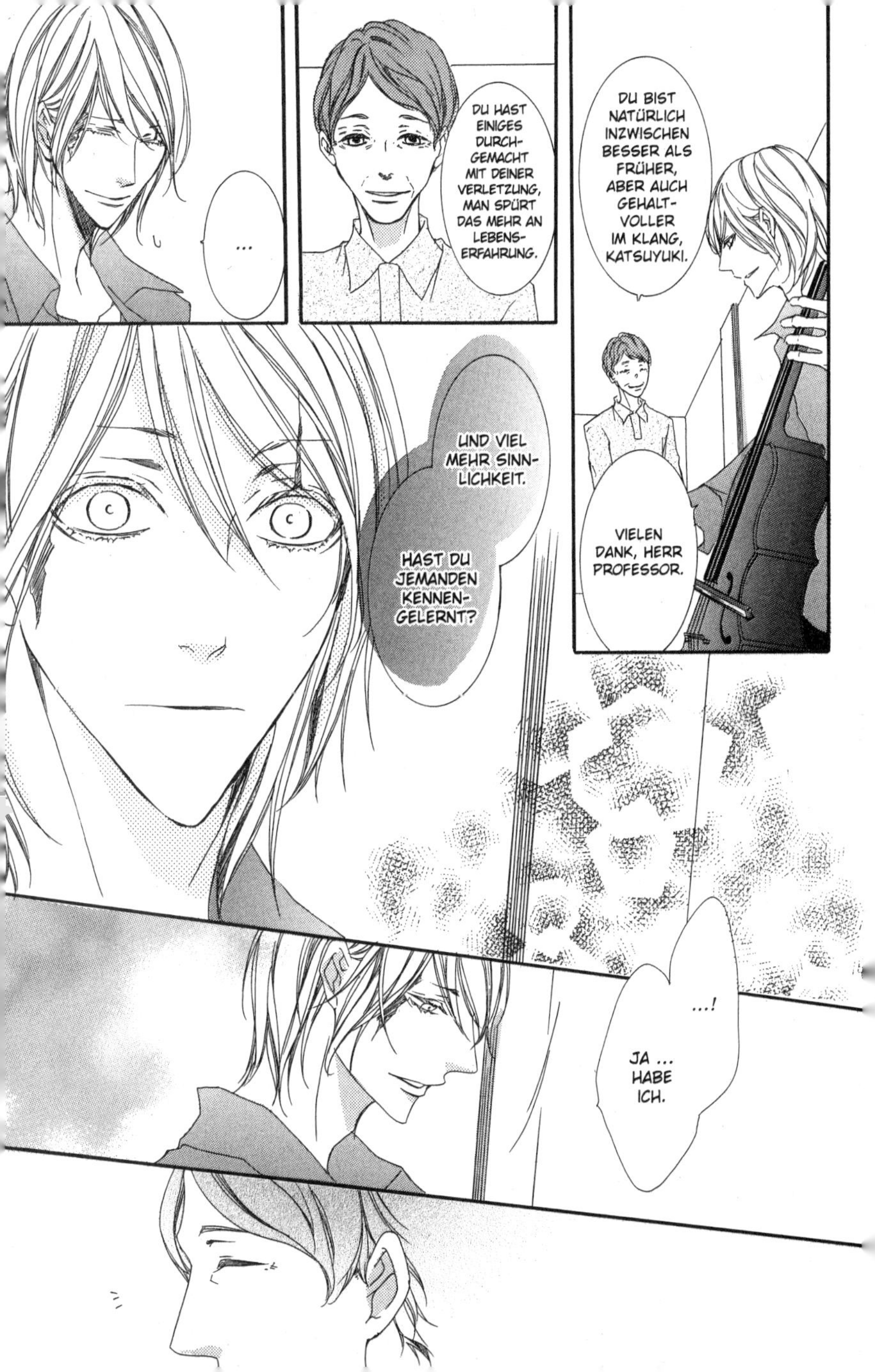
DU BIST NATÜRLICH INZWISCHEN BESSER ALS FRÜHER, ABER AUCH GEHALTVOLLER IM KLANG, KATSUYUKI.
VIELEN DANK, HERR PROFESSOR.
DU HAST EINIGES DURCHGEMACHT MIT DEINER VERLETZUNG, MAN SPÜRT DAS MEHR AN LEBENSERFAHRUNG.
...
UND VIEL MEHR SINNLICHKEIT.
HAST DU JEMANDEN KENNENGELERNT?
...!
JA ... HABE ICH.

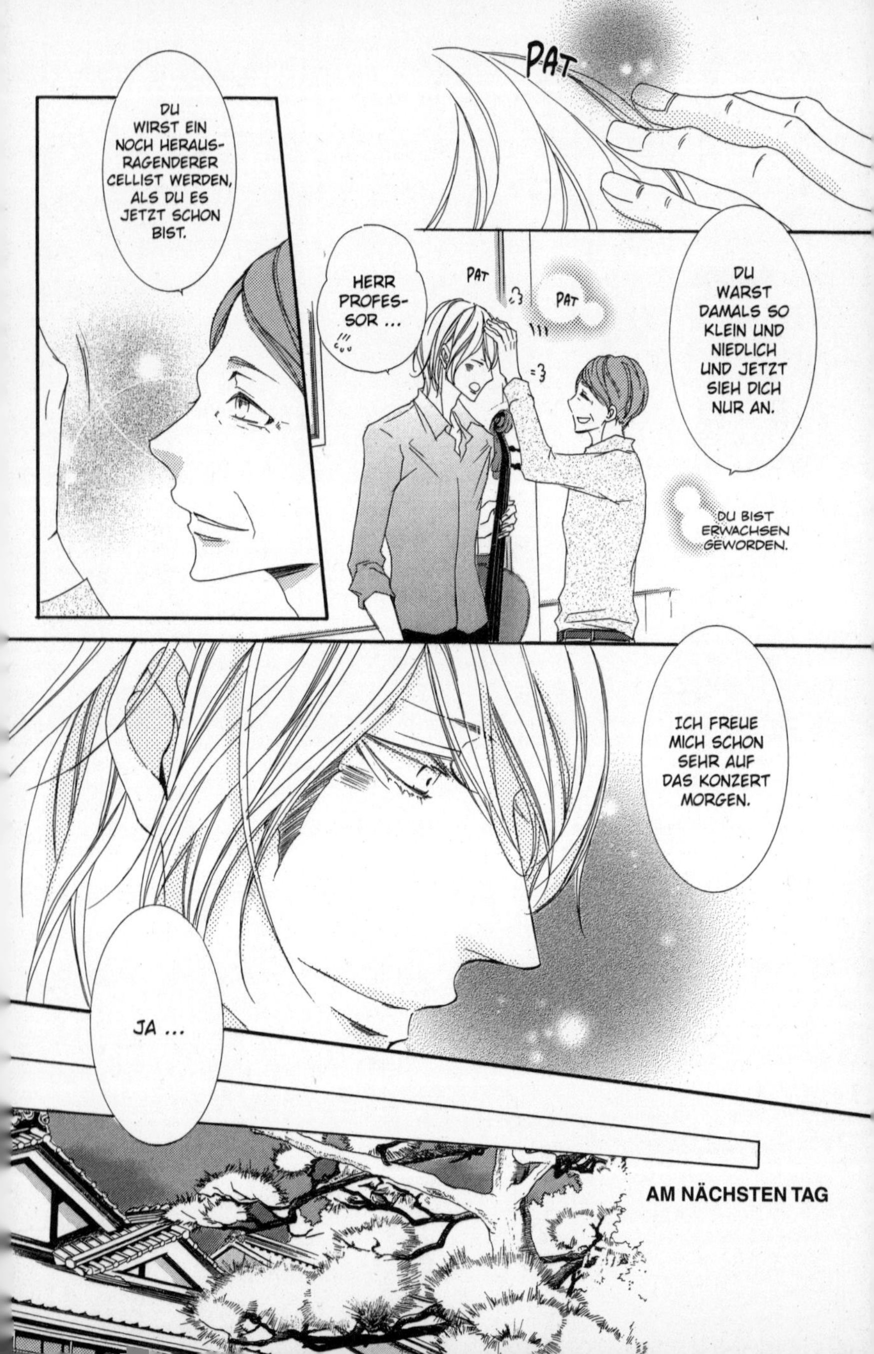
PAT
DU WARST DAMALS SO KLEIN UND NIEDLICH UND JETZT SIEH DICH NUR AN.
PAT
PAT
HERR PROFESSOR …
DU BIST ERWACHSEN GEWORDEN.
DU WIRST EIN NOCH HERAUSRAGENDERER CELLIST WERDEN, ALS DU ES JETZT SCHON BIST.
ICH FREUE MICH SCHON SEHR AUF DAS KONZERT MORGEN.
JA …
AM NÄCHSTEN TAG

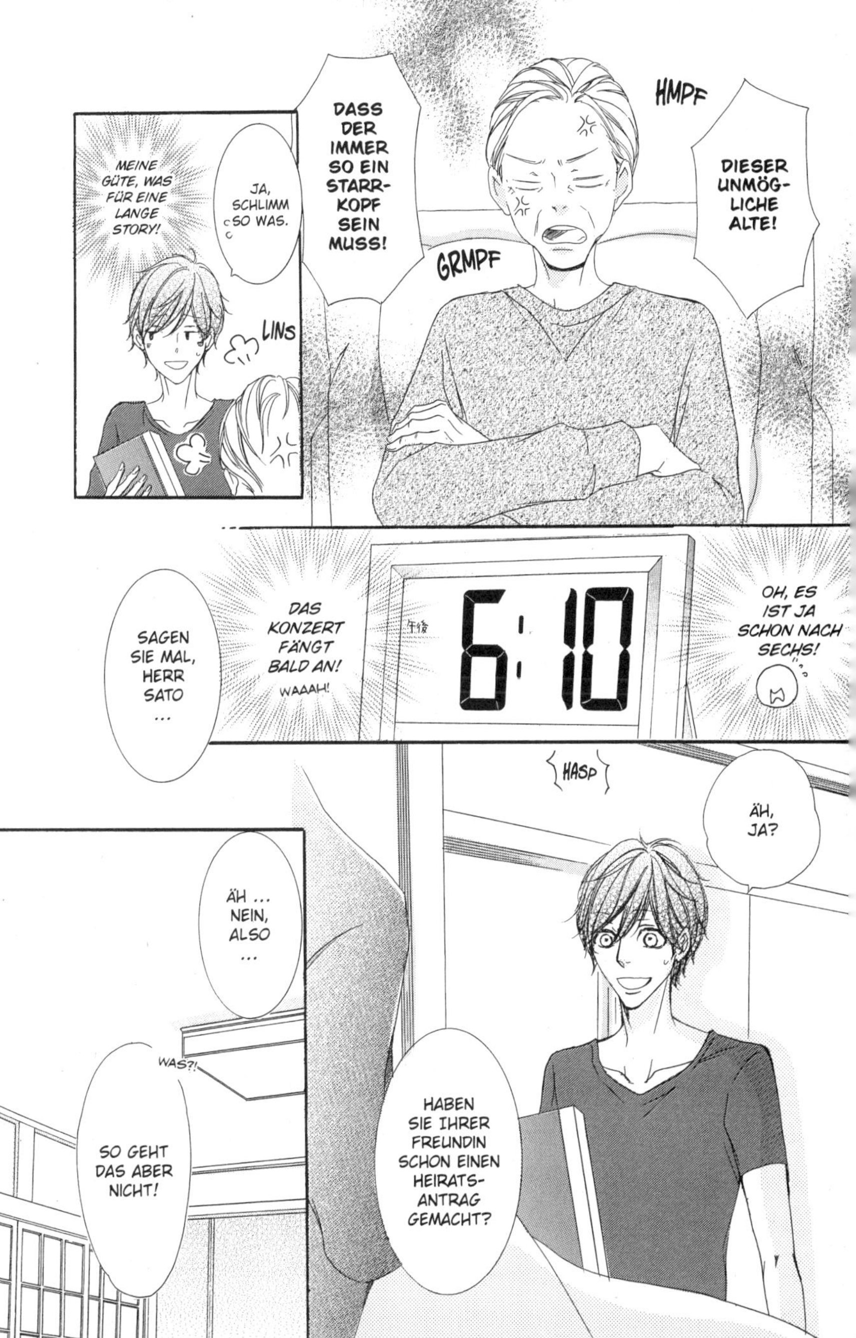
HMPF
DIESER UNMÖG-LICHE ALTE!
DASS DER IMMER SO EIN STARR-KOPF SEIN MUSS!
GRMPF
JA, SCHLIMM SO WAS.
MEINE GÜTE, WAS FÜR EINE LANGE STORY!
LINS
OH, ES IST JA SCHON NACH SECHS!
6:10
DAS KONZERT FÄNGT BALD AN!
WAAAH!
SAGEN SIE MAL, HERR SATO …
HASP
ÄH, JA?
ÄH … NEIN, ALSO …
HABEN SIE IHRER FREUNDIN SCHON EINEN HEIRATS-ANTRAG GEMACHT?
WAS?!
SO GEHT DAS ABER NICHT!

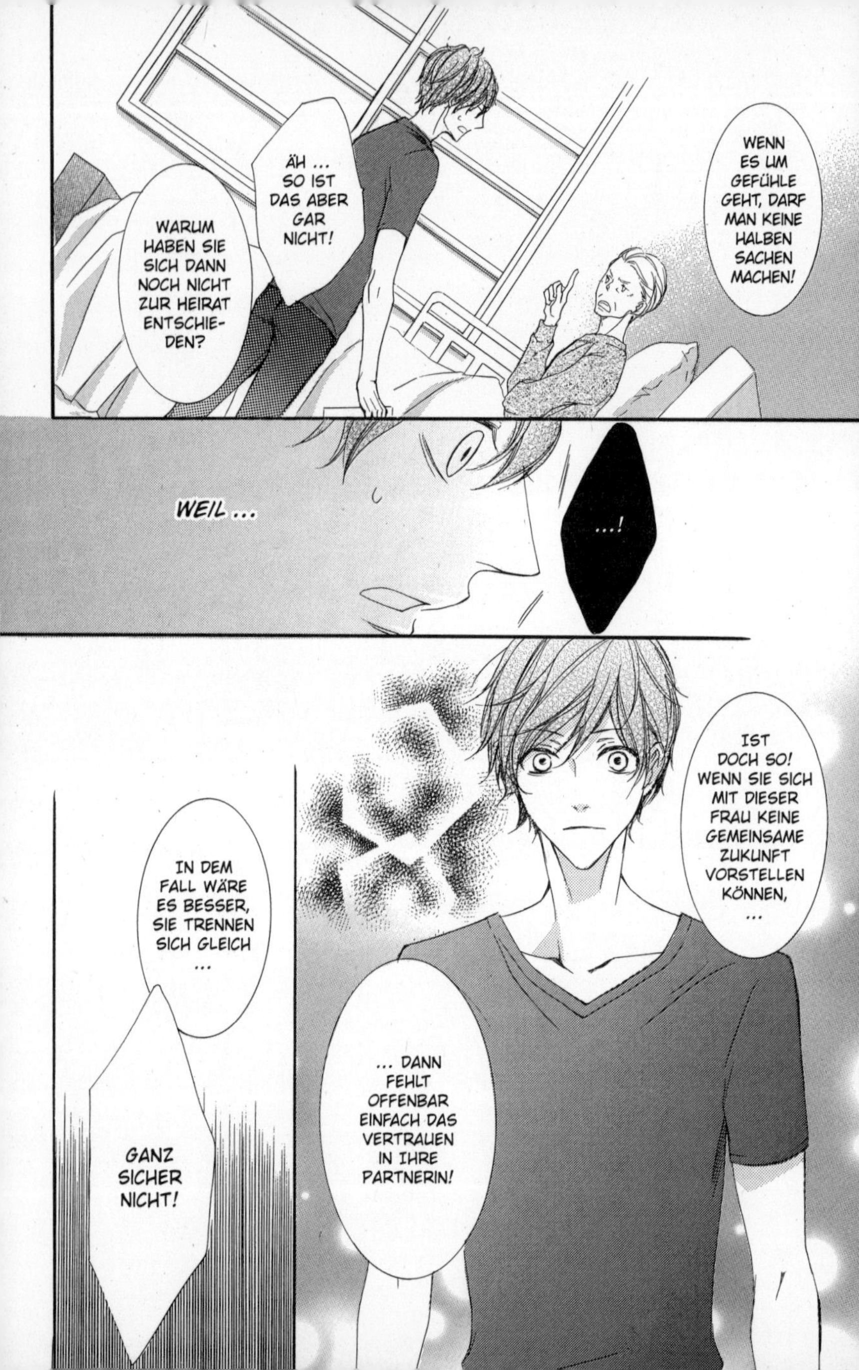
WENN ES UM GEFÜHLE GEHT, DARF MAN KEINE HALBEN SACHEN MACHEN!
ÄH … SO IST DAS ABER GAR NICHT!
WARUM HABEN SIE SICH DANN NOCH NICHT ZUR HEIRAT ENTSCHIEDEN?
…!
WEIL …
IST DOCH SO! WENN SIE SICH MIT DIESER FRAU KEINE GEMEINSAME ZUKUNFT VORSTELLEN KÖNNEN, …
… DANN FEHLT OFFENBAR EINFACH DAS VERTRAUEN IN IHRE PARTNERIN!
IN DEM FALL WÄRE ES BESSER, SIE TRENNEN SICH GLEICH …
GANZ SICHER NICHT!

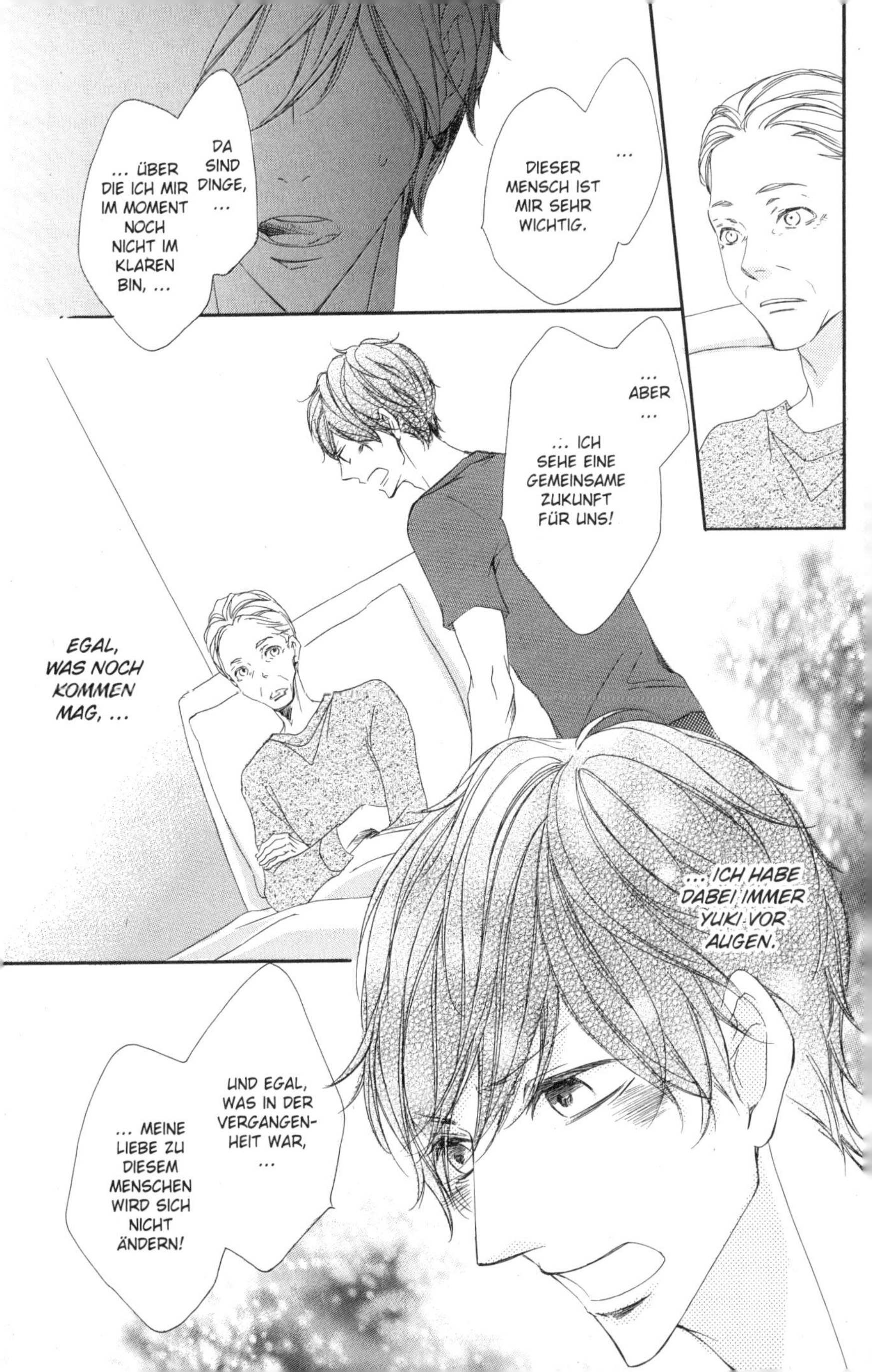
...
DIESER MENSCH IST MIR SEHR WICHTIG.
DA SIND DINGE, ...
... ÜBER DIE ICH MIR IM MOMENT NOCH NICHT IM KLAREN BIN, ...
... ABER ...
... ICH SEHE EINE GEMEINSAME ZUKUNFT FÜR UNS!
EGAL, WAS NOCH KOMMEN MAG, ...
... ICH HABE DABEI IMMER YUKI VOR AUGEN.
UND EGAL, WAS IN DER VERGANGEN-HEIT WAR, ...
... MEINE LIEBE ZU DIESEM MENSCHEN WIRD SICH NICHT ÄNDERN!

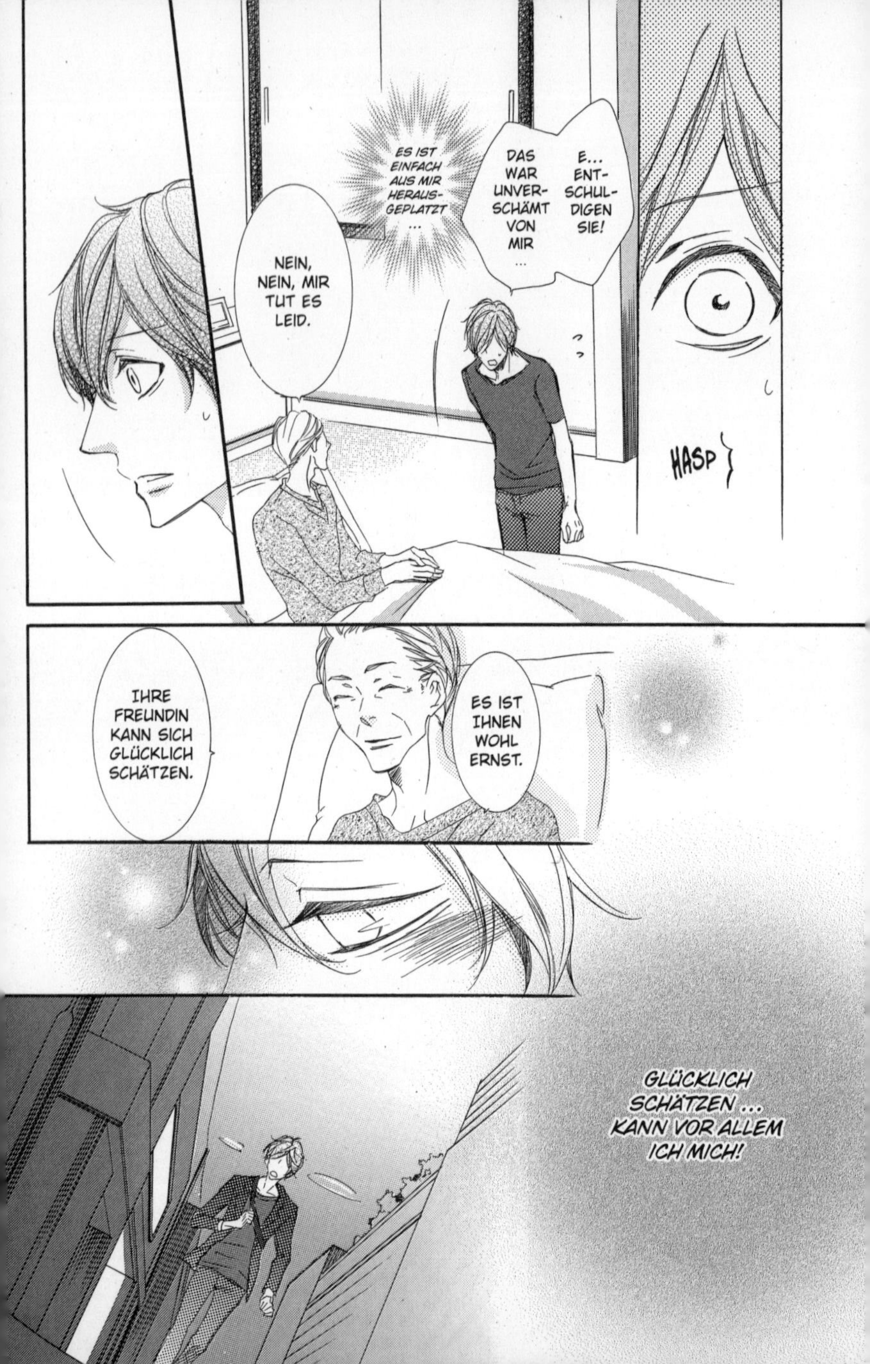
HASP
E... ENT-SCHUL-DIGEN SIE!
DAS WAR UNVER-SCHÄMT VON MIR ...
ES IST EINFACH AUS MIR HERAUS-GEPLATZT ...
NEIN, NEIN, MIR TUT ES LEID.
ES IST IHNEN WOHL ERNST.
IHRE FREUNDIN KANN SICH GLÜCKLICH SCHÄTZEN.
GLÜCKLICH SCHÄTZEN ... KANN VOR ALLEM ICH MICH!

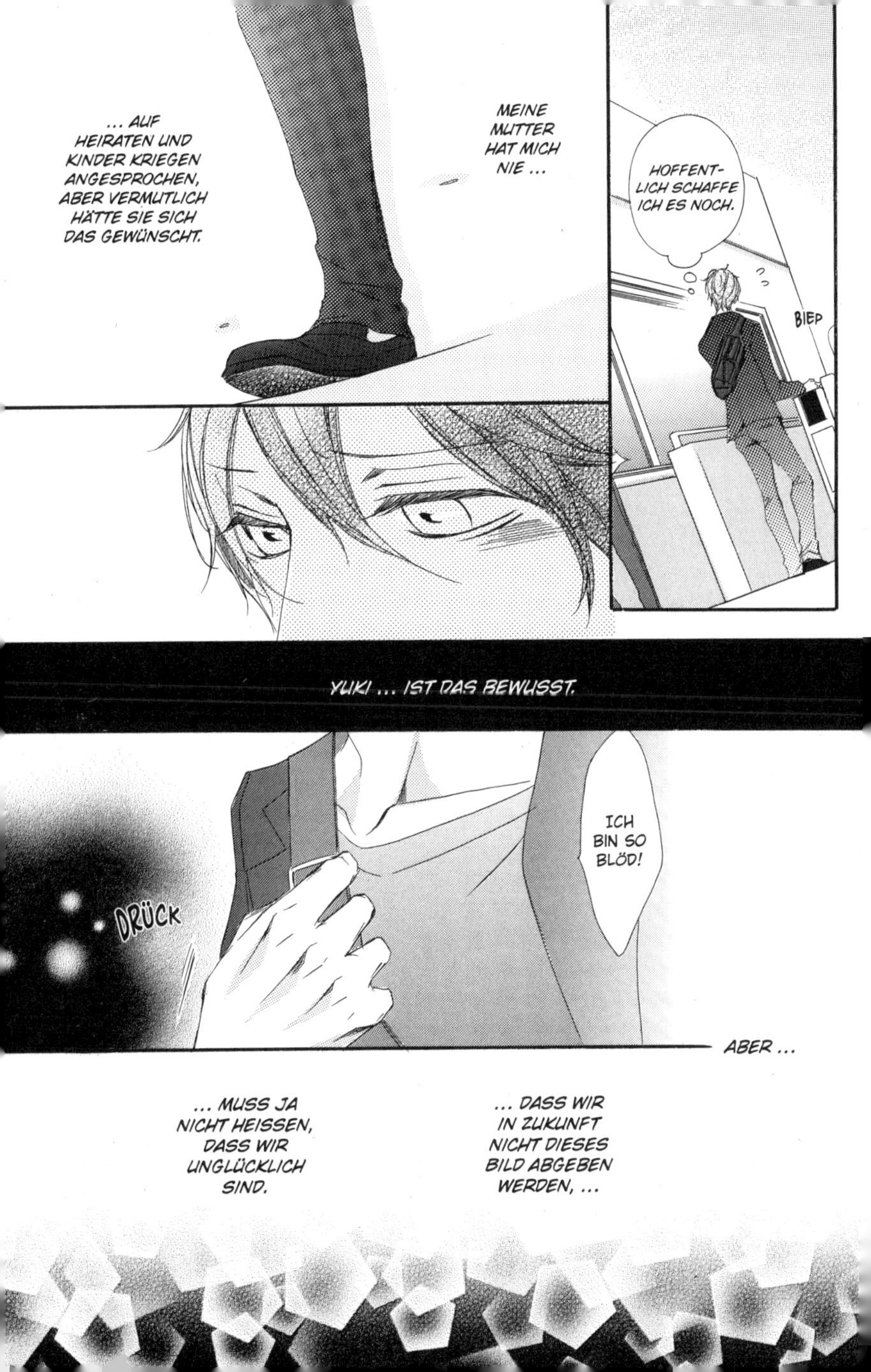

HOFFENTLICH SCHAFFE ICH ES NOCH.

BIEP

MEINE MUTTER HAT MICH NIE …

… AUF HEIRATEN UND KINDER KRIEGEN ANGESPROCHEN, ABER VERMUTLICH HÄTTE SIE SICH DAS GEWÜNSCHT.

YUKI … IST DAS BEWUSST.

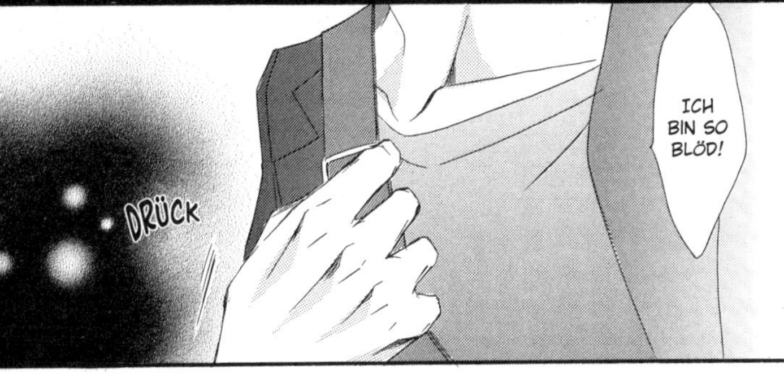

ABER …

… DASS WIR IN ZUKUNFT NICHT DIESES BILD ABGEBEN WERDEN, …

… MUSS JA NICHT HEISSEN, DASS WIR UNGLÜCKLICH SIND.

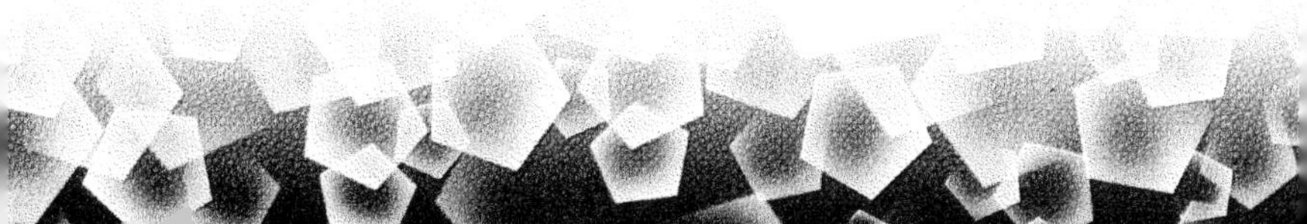

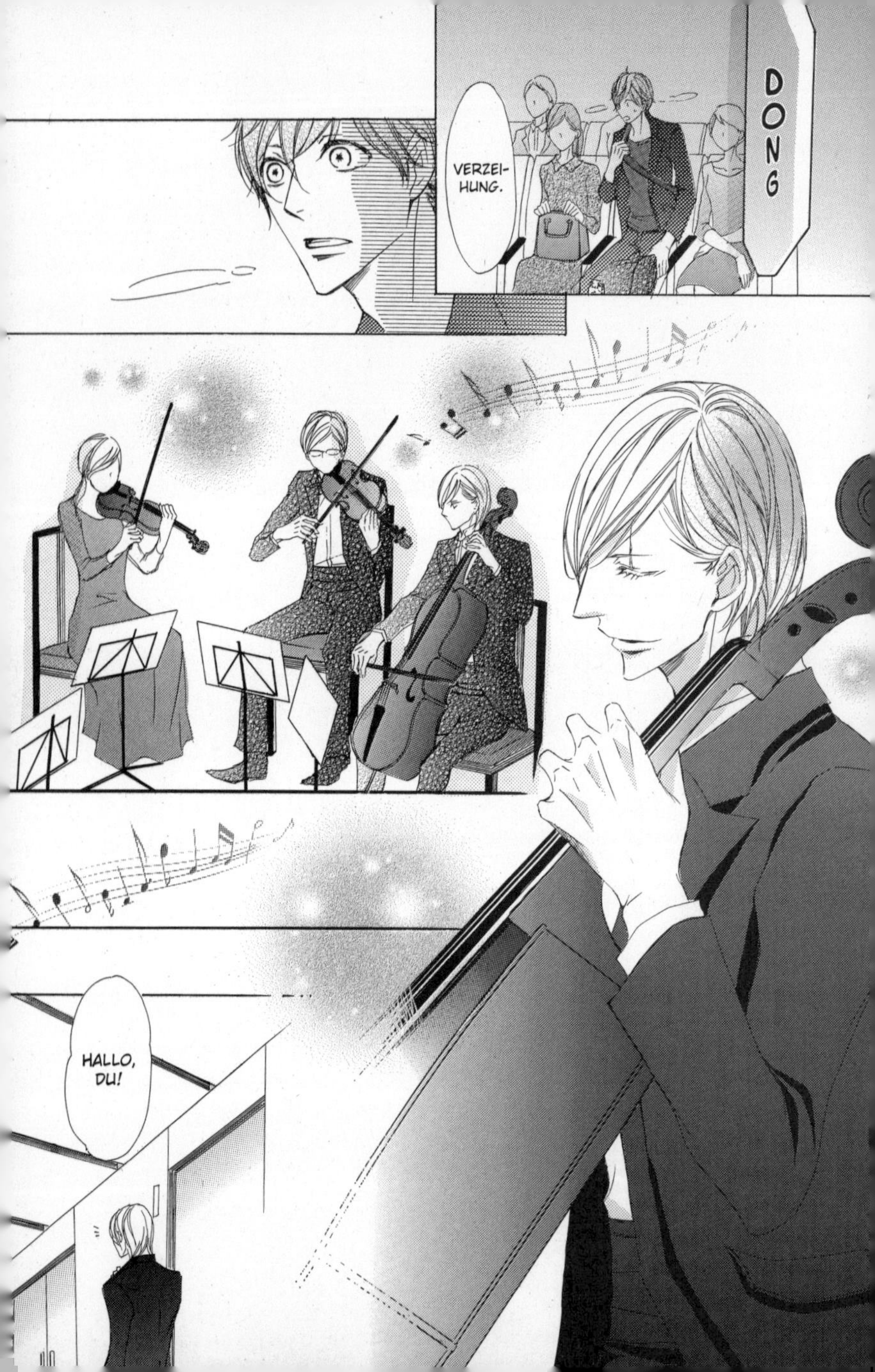
DONG
VERZEI-HUNG.
HALLO, DU!

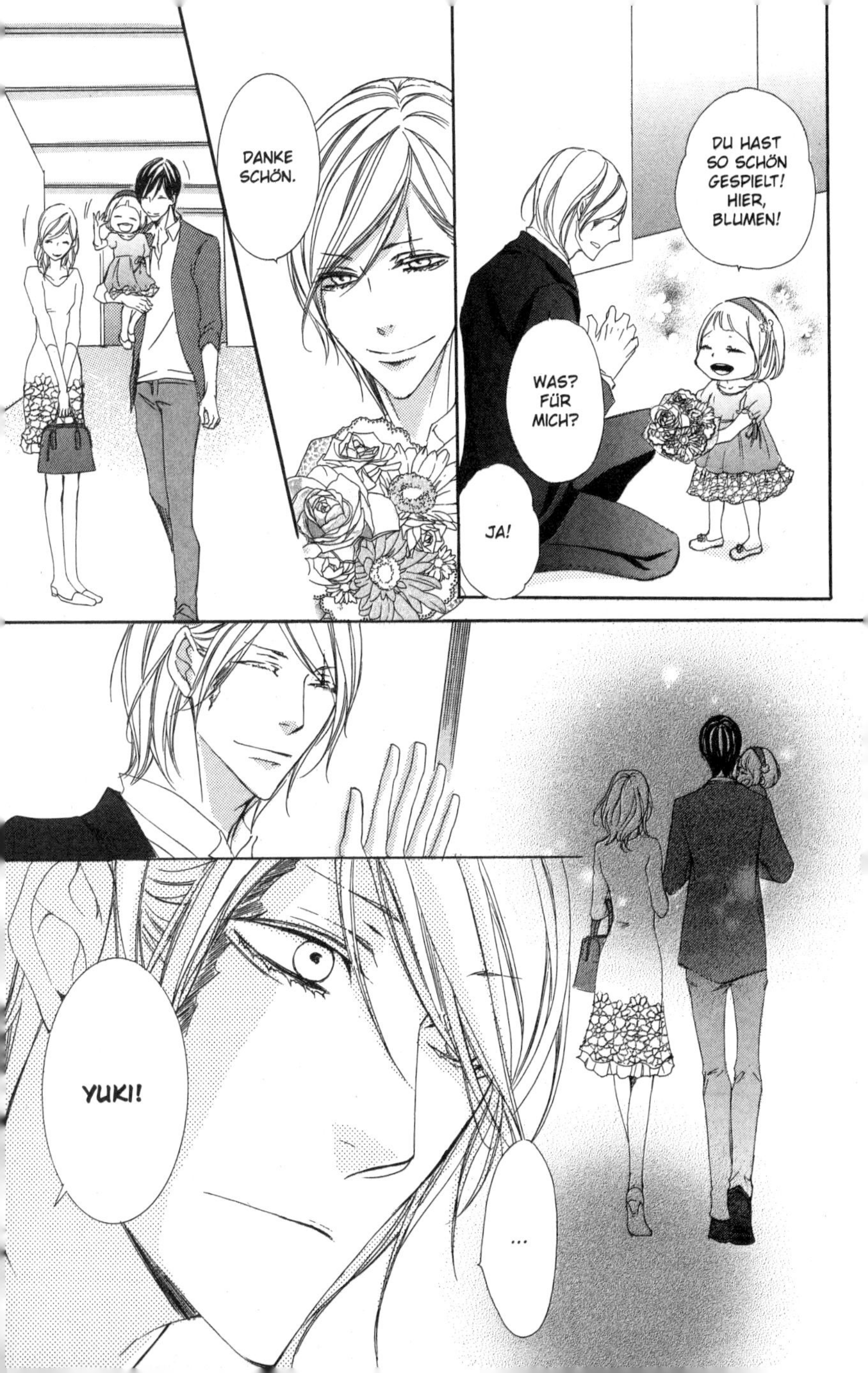
DU HAST SO SCHÖN GESPIELT! HIER, BLUMEN!
WAS? FÜR MICH?
JA!
DANKE SCHÖN.
...
YUKI!

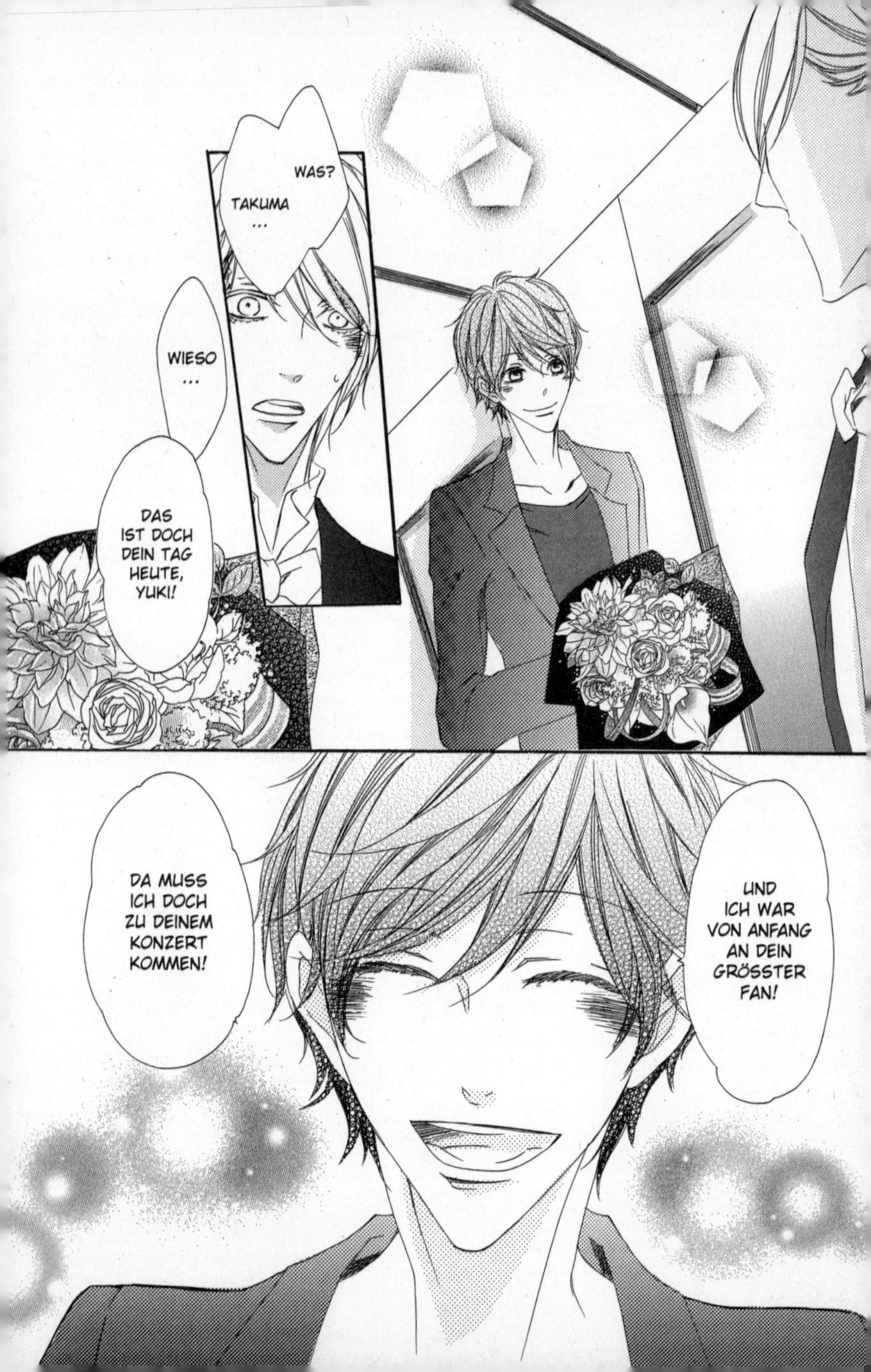

WAS?
TAKUMA ...
WIESO ...
DAS IST DOCH DEIN TAG HEUTE, YUKI!
UND ICH WAR VON ANFANG AN DEIN GRÖSSTER FAN!
DA MUSS ICH DOCH ZU DEINEM KONZERT KOMMEN!

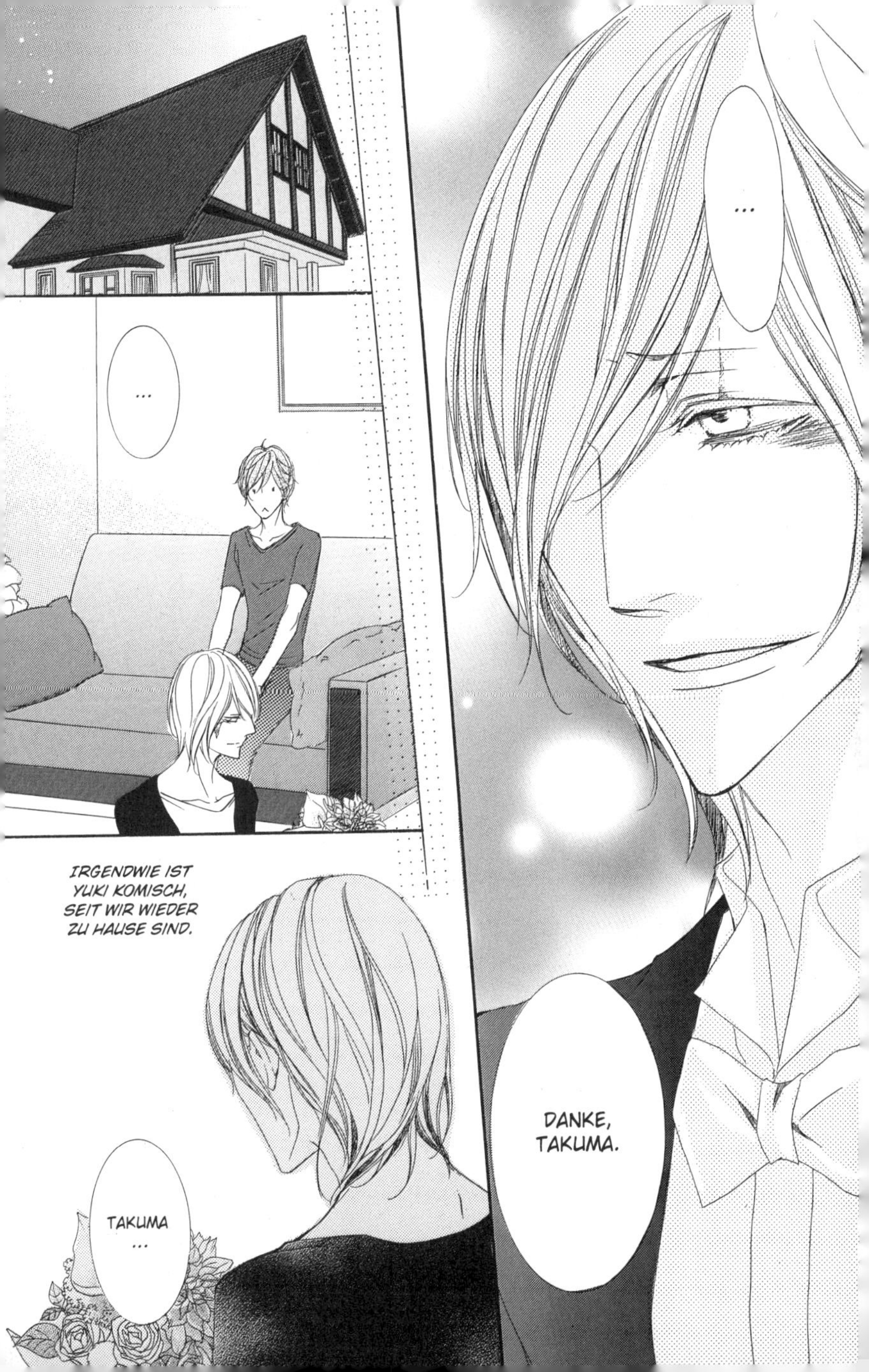
...
...
IRGENDWIE IST YUKI KOMISCH, SEIT WIR WIEDER ZU HAUSE SIND.
TAKUMA ...
DANKE, TAKUMA.

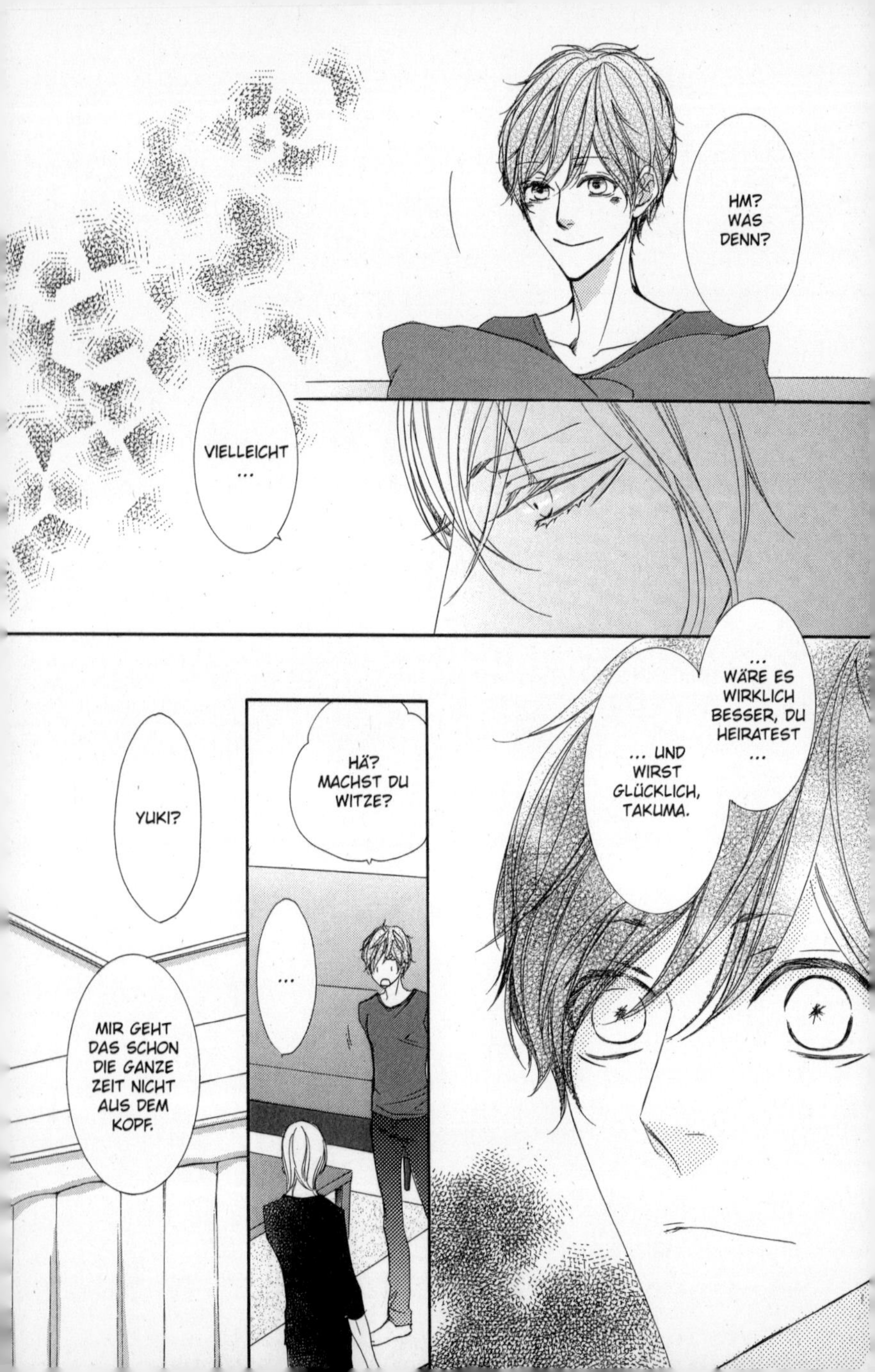
HM? WAS DENN?
VIELLEICHT …
… WÄRE ES WIRKLICH BESSER, DU HEIRATEST …
… UND WIRST GLÜCKLICH, TAKUMA.
HÄ? MACHST DU WITZE?
YUKI?
…
MIR GEHT DAS SCHON DIE GANZE ZEIT NICHT AUS DEM KOPF.

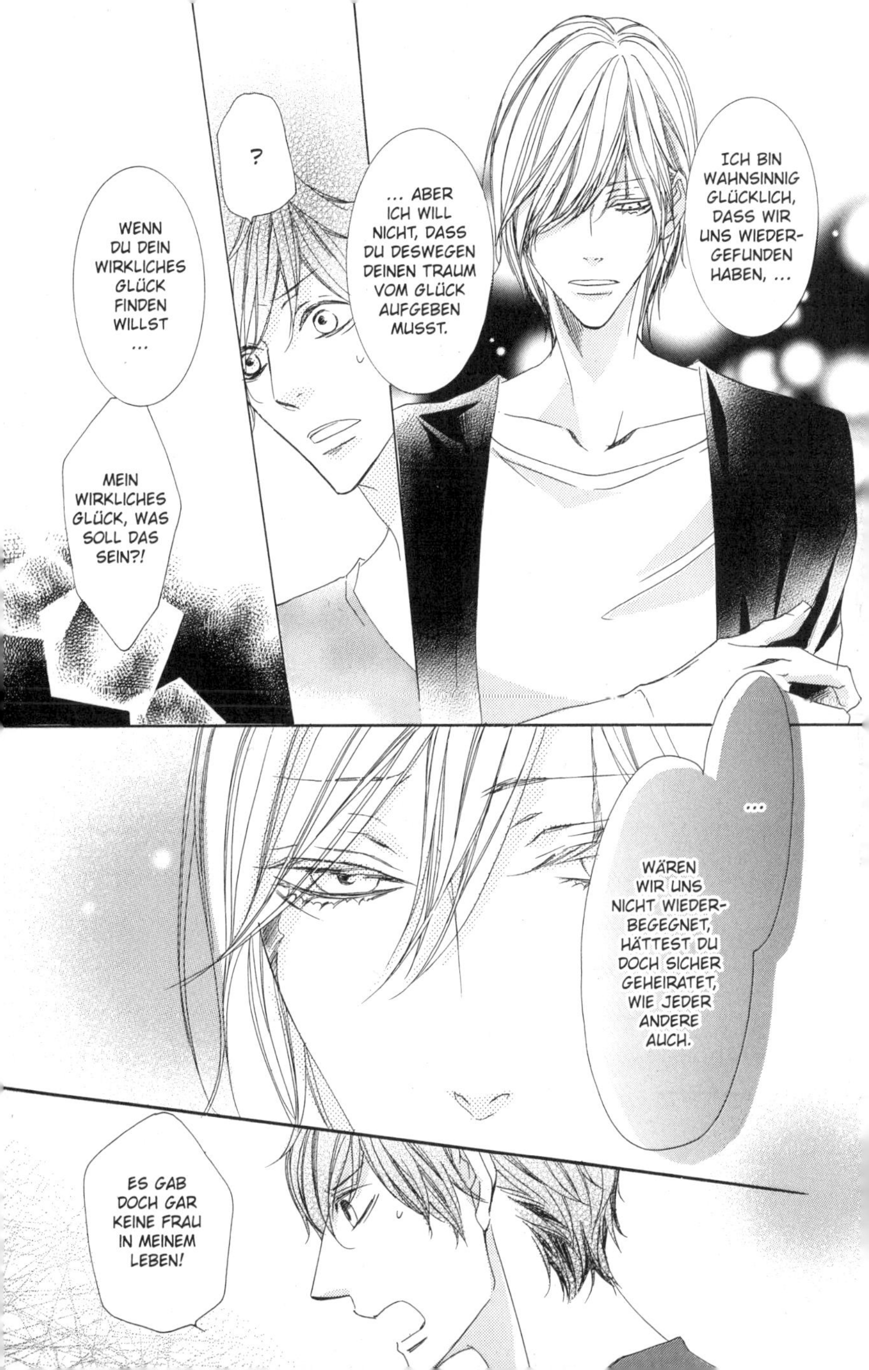
ICH BIN WAHNSINNIG GLÜCKLICH, DASS WIR UNS WIEDER-GEFUNDEN HABEN, ...
... ABER ICH WILL NICHT, DASS DU DESWEGEN DEINEN TRAUM VOM GLÜCK AUFGEBEN MUSST.
?
WENN DU DEIN WIRKLICHES GLÜCK FINDEN WILLST ...
MEIN WIRKLICHES GLÜCK, WAS SOLL DAS SEIN?!
...
WÄREN WIR UNS NICHT WIEDER-BEGEGNET, HÄTTEST DU DOCH SICHER GEHEIRATET, WIE JEDER ANDERE AUCH.
ES GAB DOCH GAR KEINE FRAU IN MEINEM LEBEN!

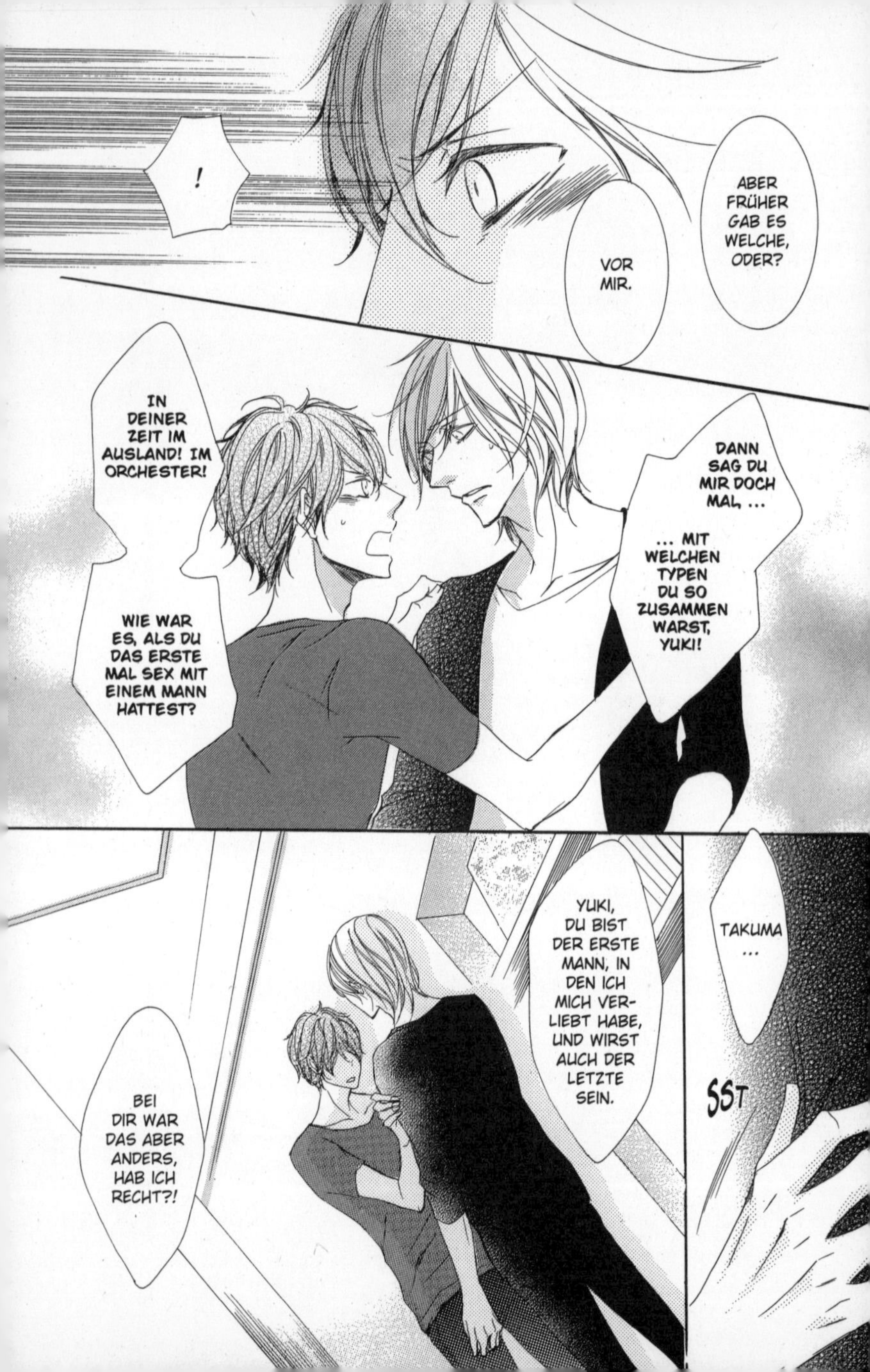
ABER FRÜHER GAB ES WELCHE, ODER?
VOR MIR.
!
DANN SAG DU MIR DOCH MAL, …
… MIT WELCHEN TYPEN DU SO ZUSAMMEN WARST, YUKI!
IN DEINER ZEIT IM AUSLAND! IM ORCHESTER!
WIE WAR ES, ALS DU DAS ERSTE MAL SEX MIT EINEM MANN HATTEST?
TAKUMA …
SST
YUKI, DU BIST DER ERSTE MANN, IN DEN ICH MICH VER-LIEBT HABE, UND WIRST AUCH DER LETZTE SEIN.
BEI DIR WAR DAS ABER ANDERS, HAB ICH RECHT?!

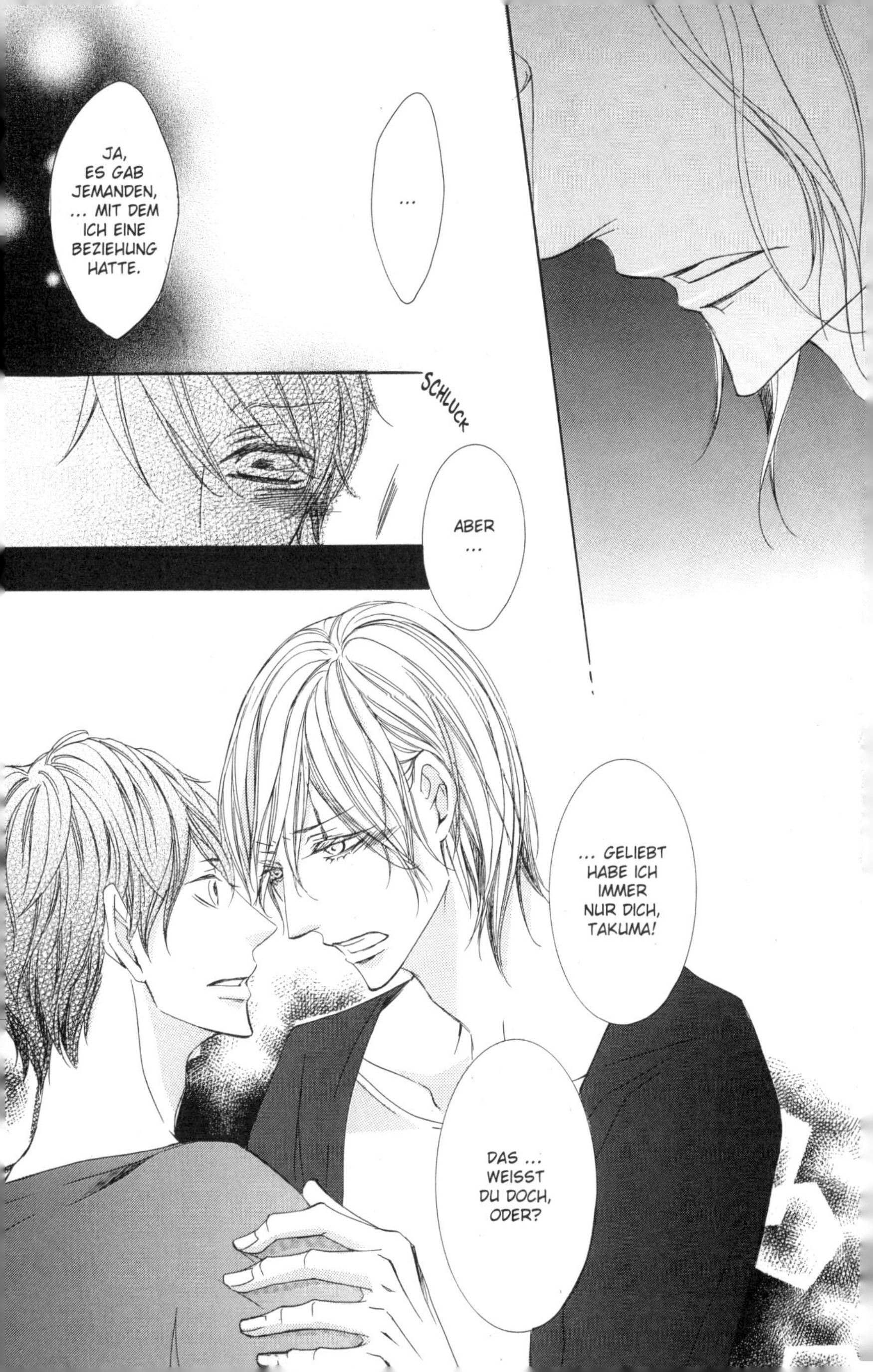
...
JA, ES GAB JEMANDEN, ... MIT DEM ICH EINE BEZIEHUNG HATTE.
SCHLUCK
ABER ...
... GELIEBT HABE ICH IMMER NUR DICH, TAKUMA!
DAS ... WEISST DU DOCH, ODER?

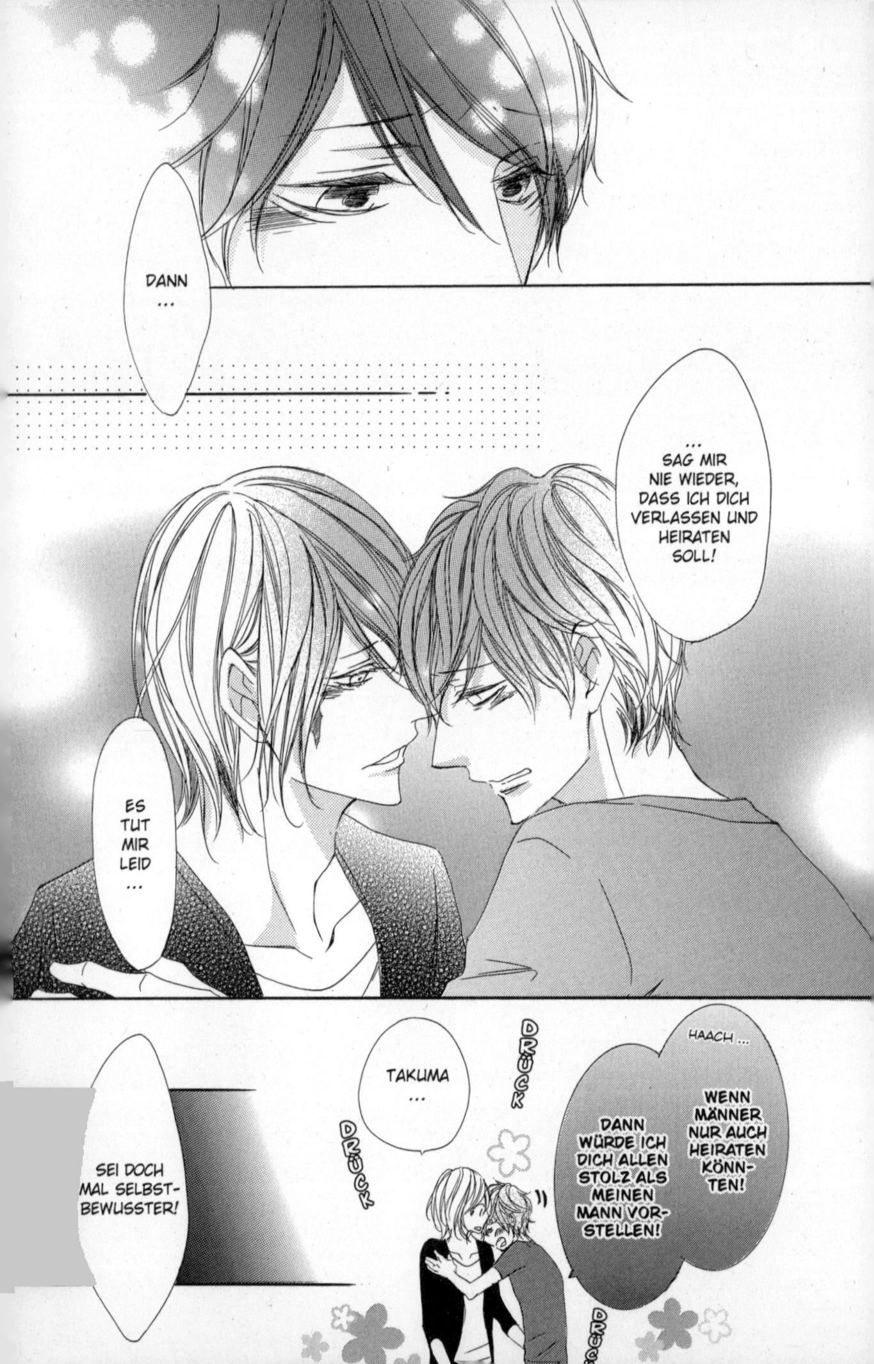
DANN ...
... SAG MIR NIE WIEDER, DASS ICH DICH VERLASSEN UND HEIRATEN SOLL!
ES TUT MIR LEID ...
HAACH ...
WENN MÄNNER NUR AUCH HEIRATEN KÖNNTEN!
DANN WÜRDE ICH DICH ALLEN STOLZ ALS MEINEN MANN VORSTELLEN!
DRÜCK
TAKUMA ...
DRÜCK
SEI DOCH MAL SELBSTBEWUSSTER!

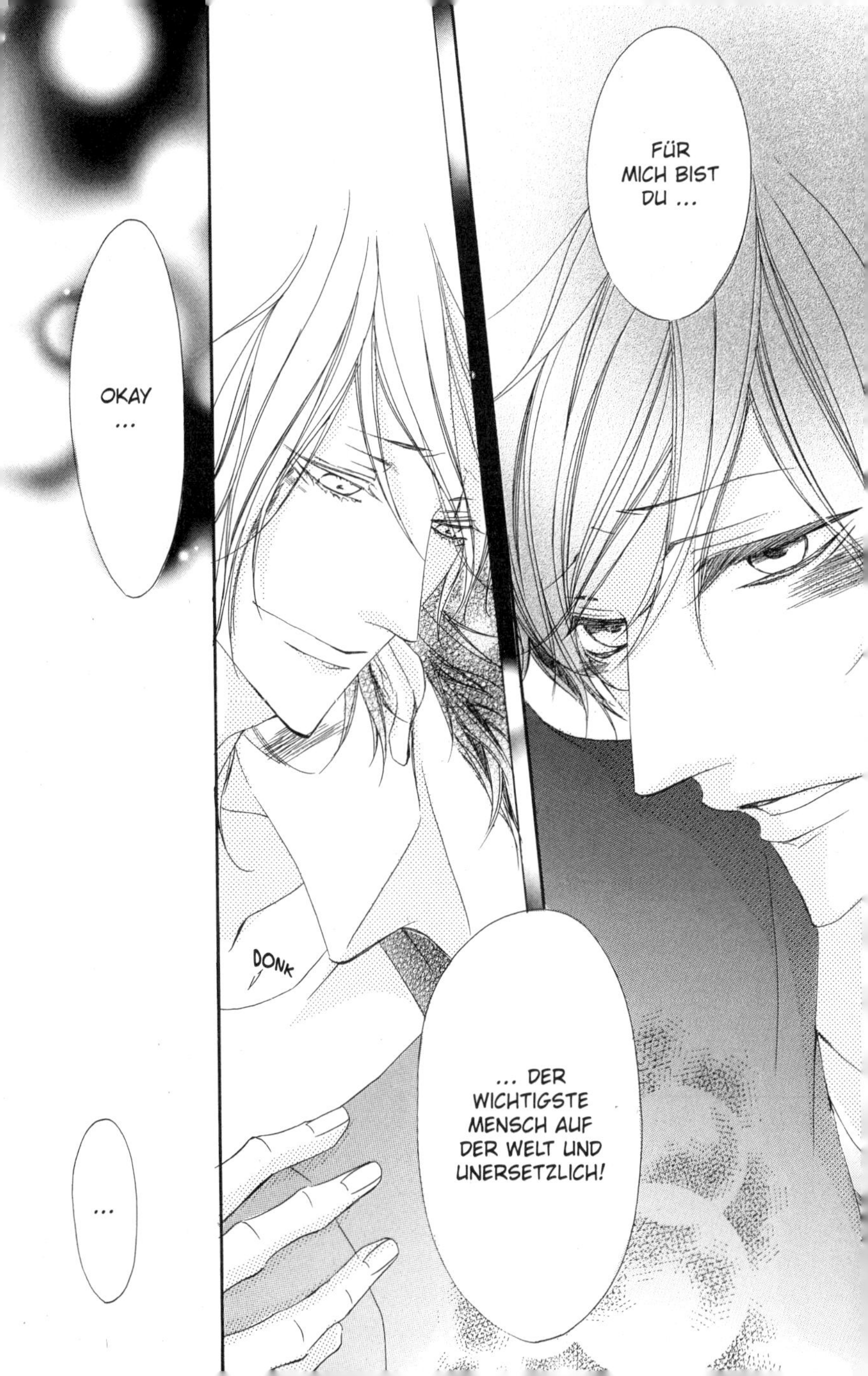
FÜR MICH BIST DU …
… DER WICHTIGSTE MENSCH AUF DER WELT UND UNERSETZLICH!
DONK
OKAY …
…

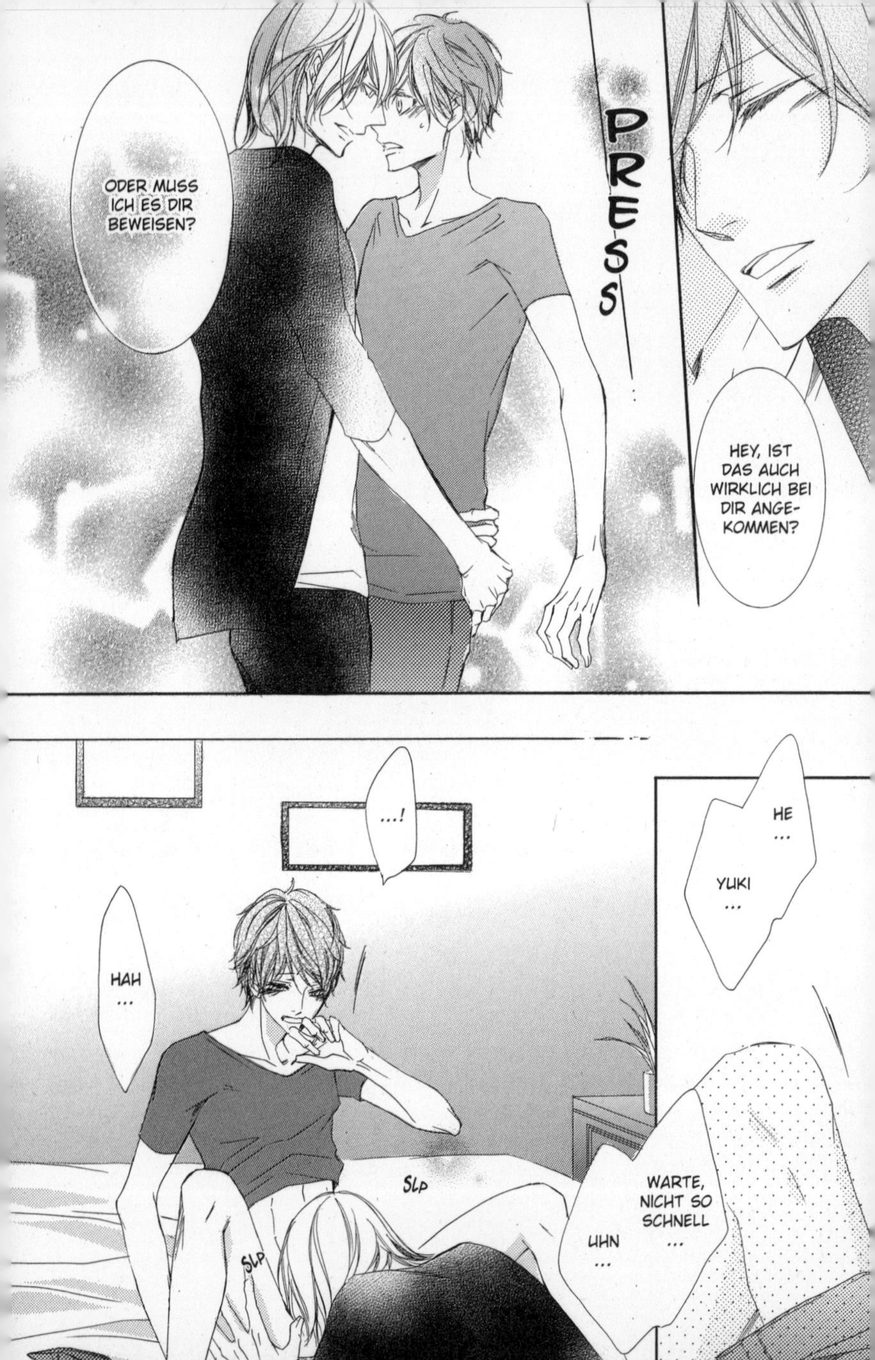
HEY, IST DAS AUCH WIRKLICH BEI DIR ANGE-KOMMEN?
PRESS
ODER MUSS ICH ES DIR BEWEISEN?
HE ... YUKI ...
...!
HAH ...
WARTE, NICHT SO SCHNELL ...
UHN ...
SLP
SLP

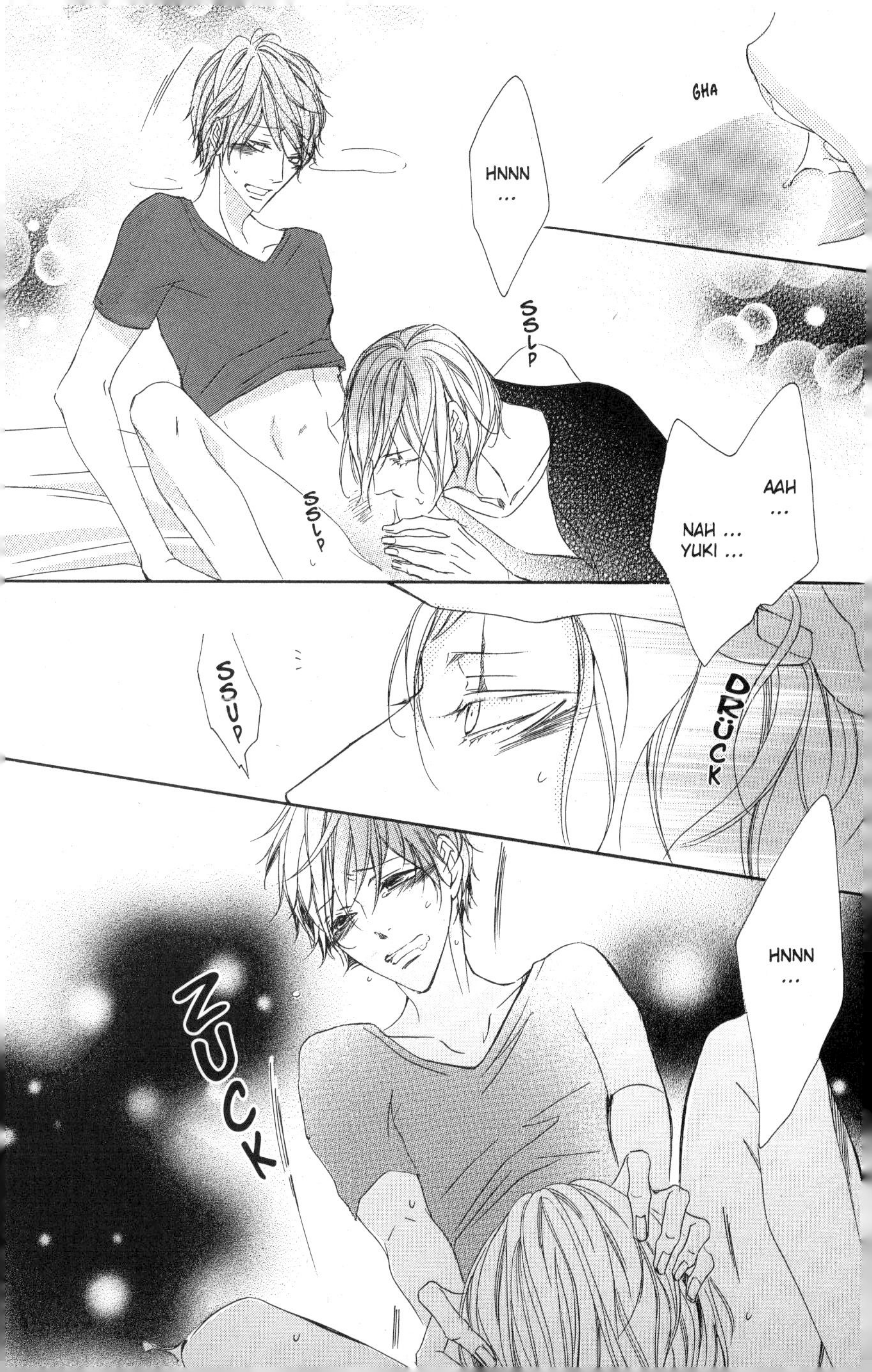
GHA
HNNN …
SSLP
AAH … NAH … YUKI …
SSLP
DRÜCK
SSUP
HNNN …
NUCK

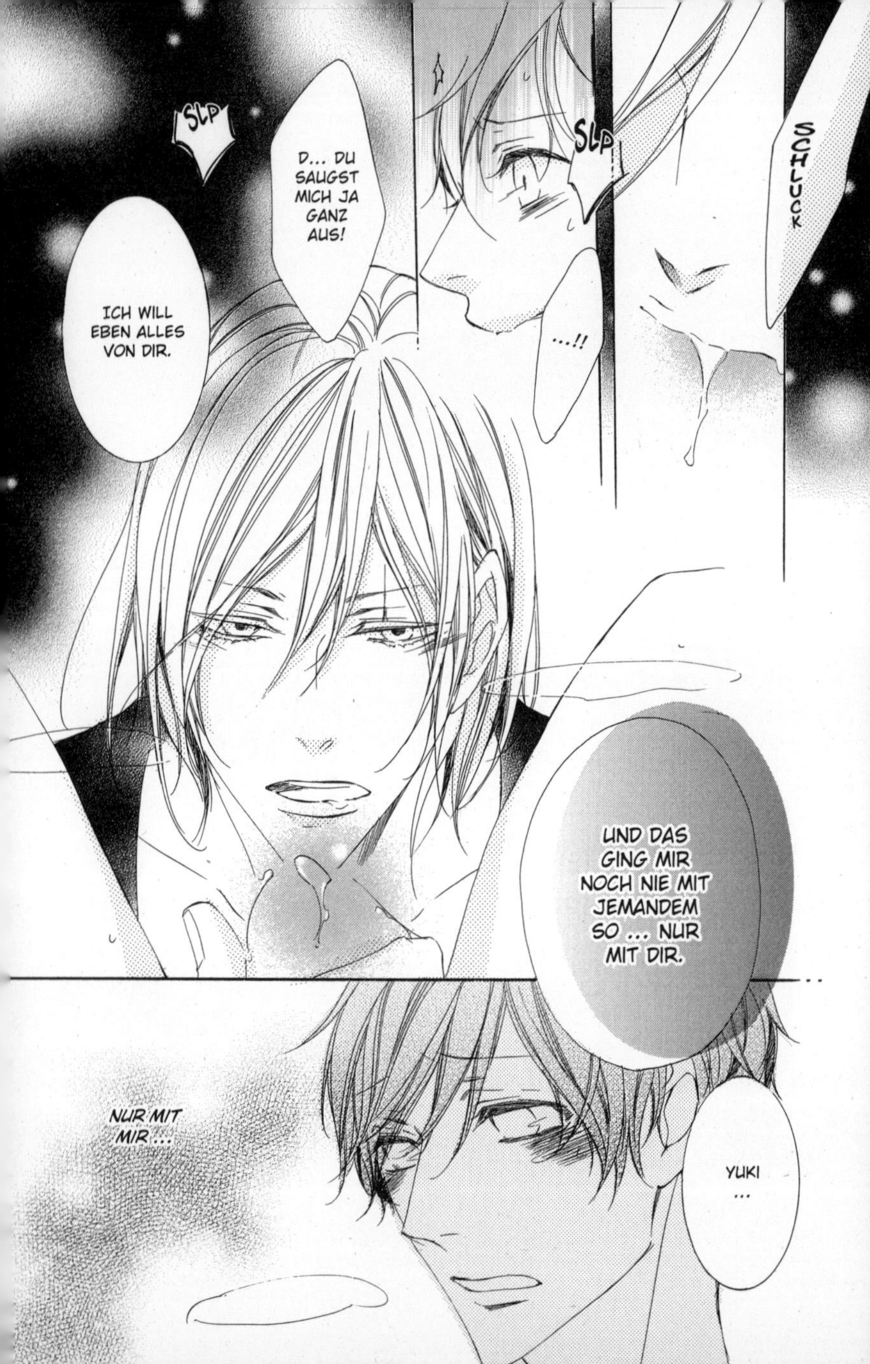
SCHLUCK
SLP
...!!
SLP
D... DU SAUGST MICH JA GANZ AUS!
ICH WILL EBEN ALLES VON DIR.
UND DAS GING MIR NOCH NIE MIT JEMANDEM SO ... NUR MIT DIR.
YUKI ...
NUR MIT MIR ...

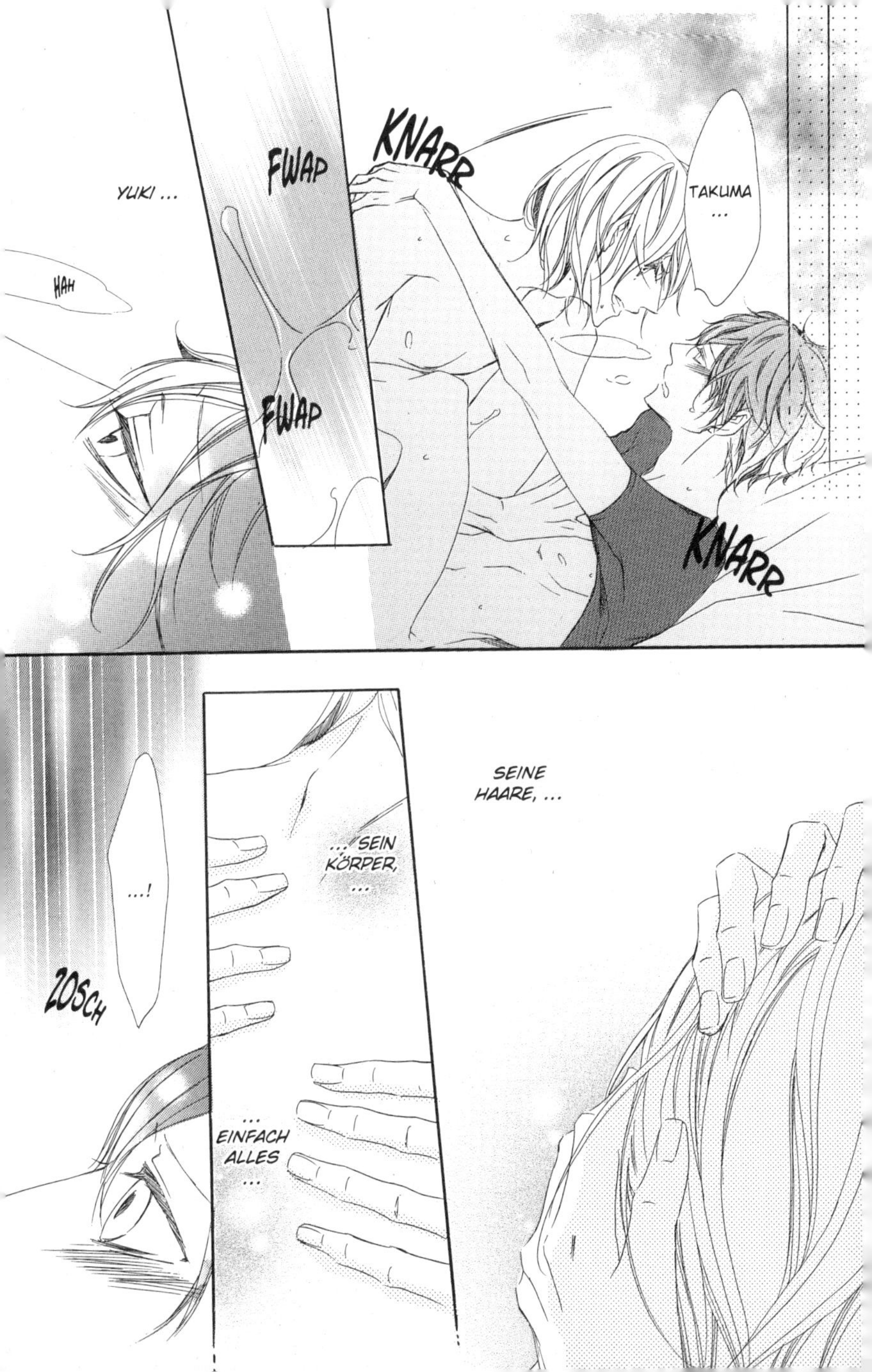
TAKUMA …
KNARR
KNARR
FWAP
FWAP
YUKI …
HAH
SEINE HAARE, …
… SEIN KÖRPER, …
… EINFACH ALLES …
…!
ZOSCH

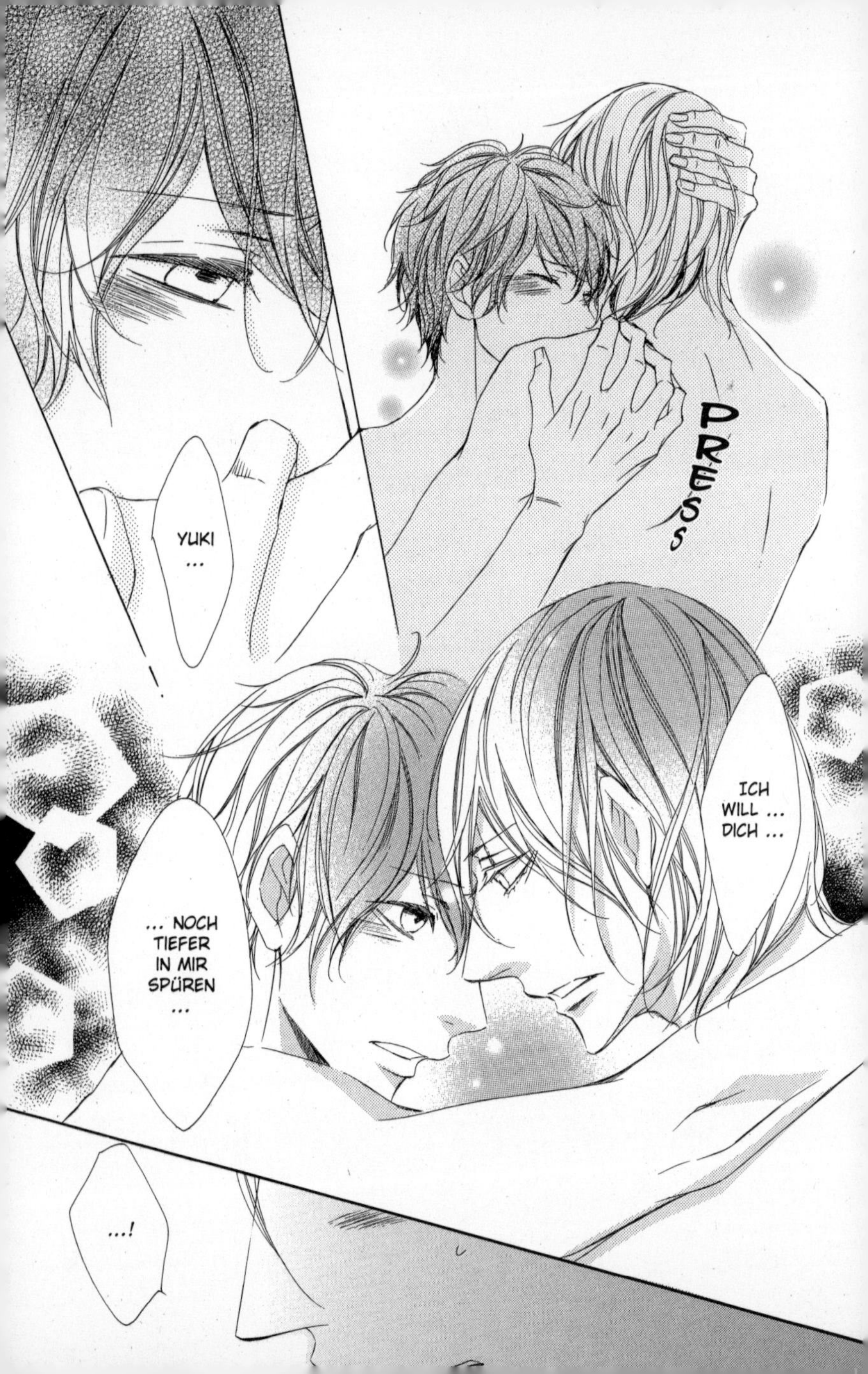
PRESS
YUKI …
ICH WILL … DICH …
… NOCH TIEFER IN MIR SPÜREN …
…!

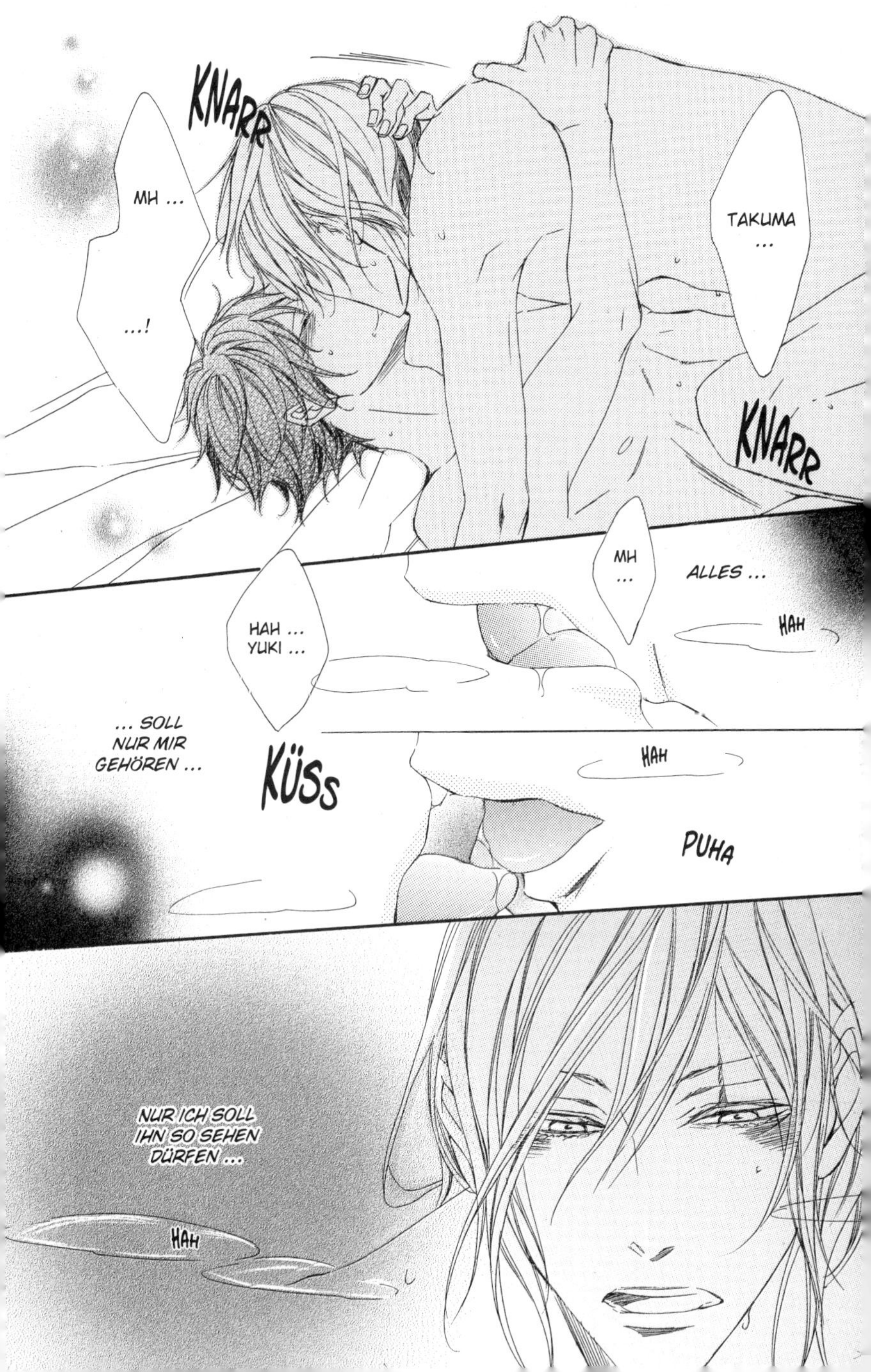
KNARR
TAKUMA …
MH …
…!
KNARR
MH …
ALLES …
HAH … YUKI …
HAH
… SOLL NUR MIR GEHÖREN …
KÜSS
HAH
PUHA
NUR ICH SOLL IHN SO SEHEN DÜRFEN …
HAH

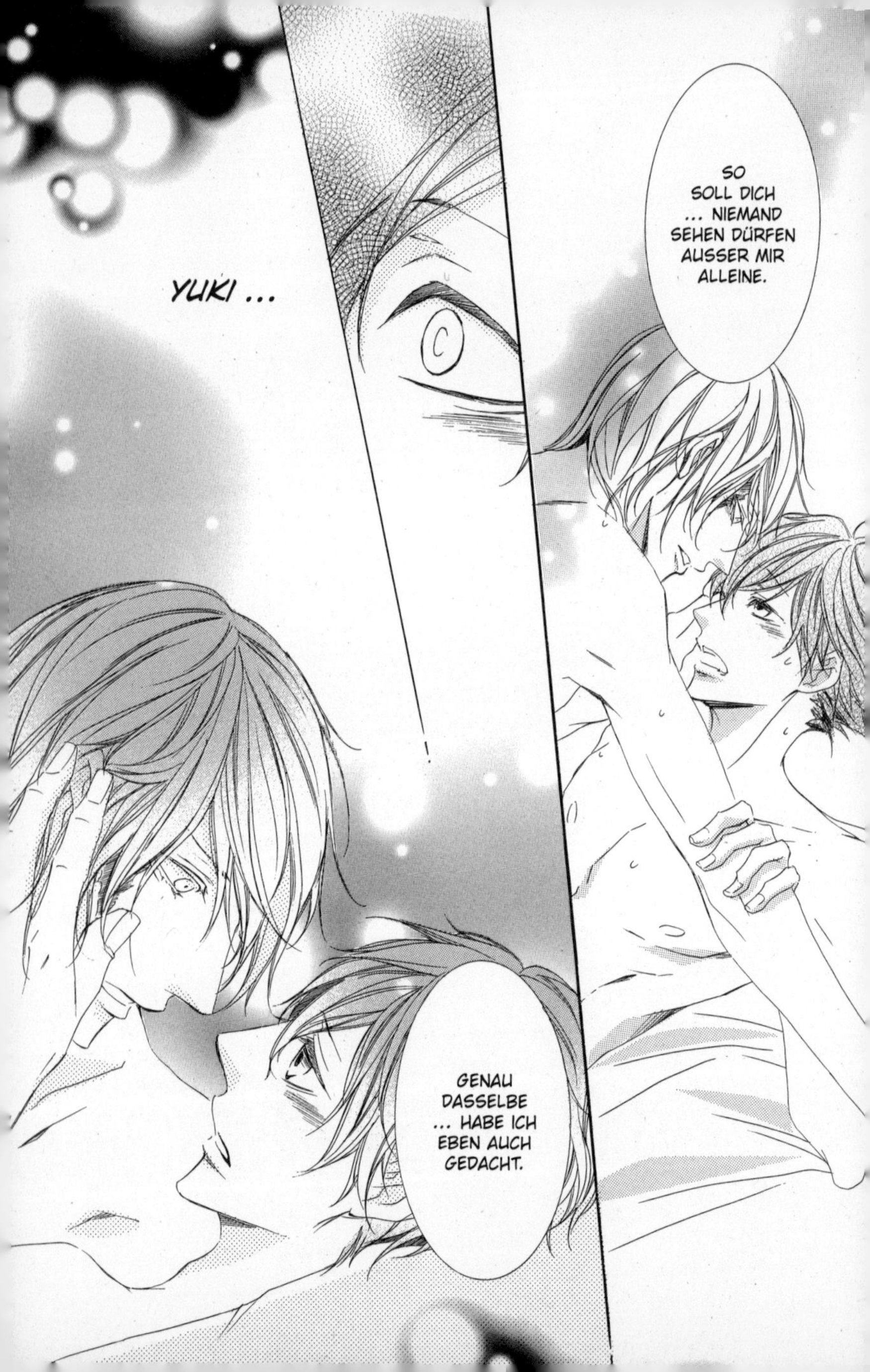
SO
SOLL DICH
... NIEMAND
SEHEN DÜRFEN
AUSSER MIR
ALLEINE.
YUKI ...
GENAU
DASSELBE
... HABE ICH
EBEN AUCH
GEDACHT.

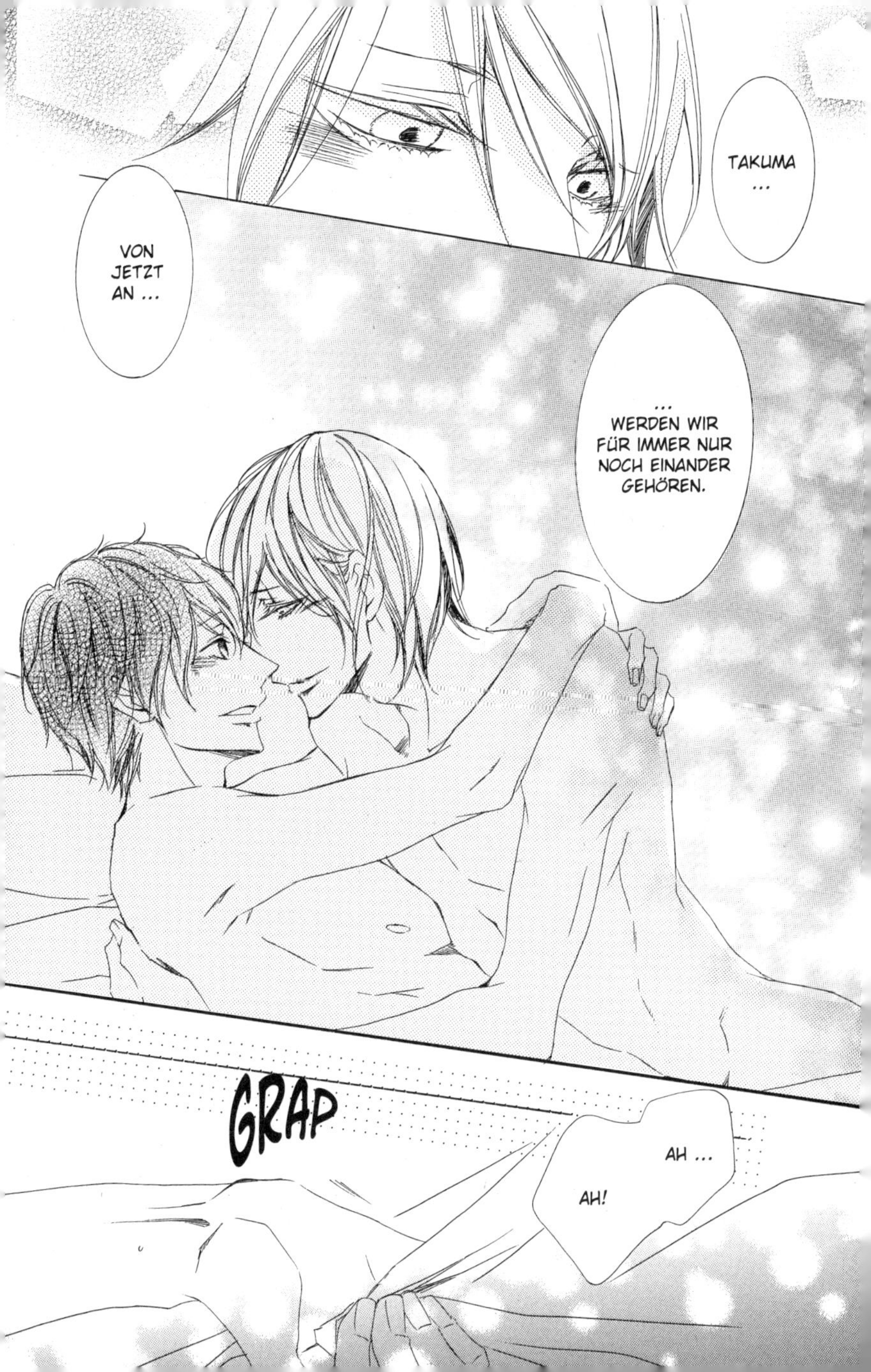
TAKUMA …
VON JETZT AN …
… WERDEN WIR FÜR IMMER NUR NOCH EINANDER GEHÖREN.
GRAP
AH …
AH!

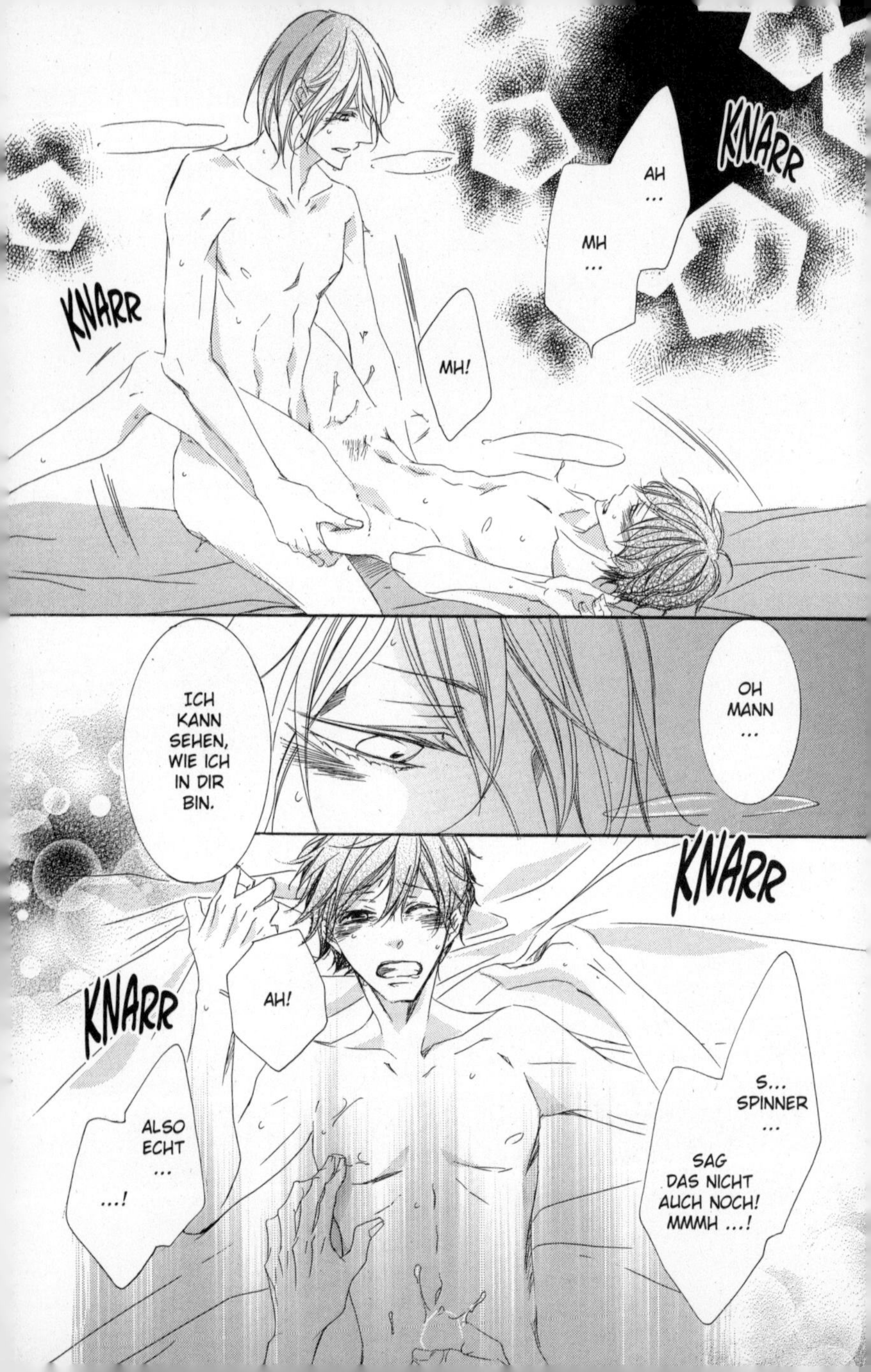
KNARR
AH … MH …
MH!
KNARR
OH MANN …
ICH KANN SEHEN, WIE ICH IN DIR BIN.
KNARR
S… SPINNER … SAG DAS NICHT AUCH NOCH! MMMH …!
AH!
KNARR
ALSO ECHT … …!

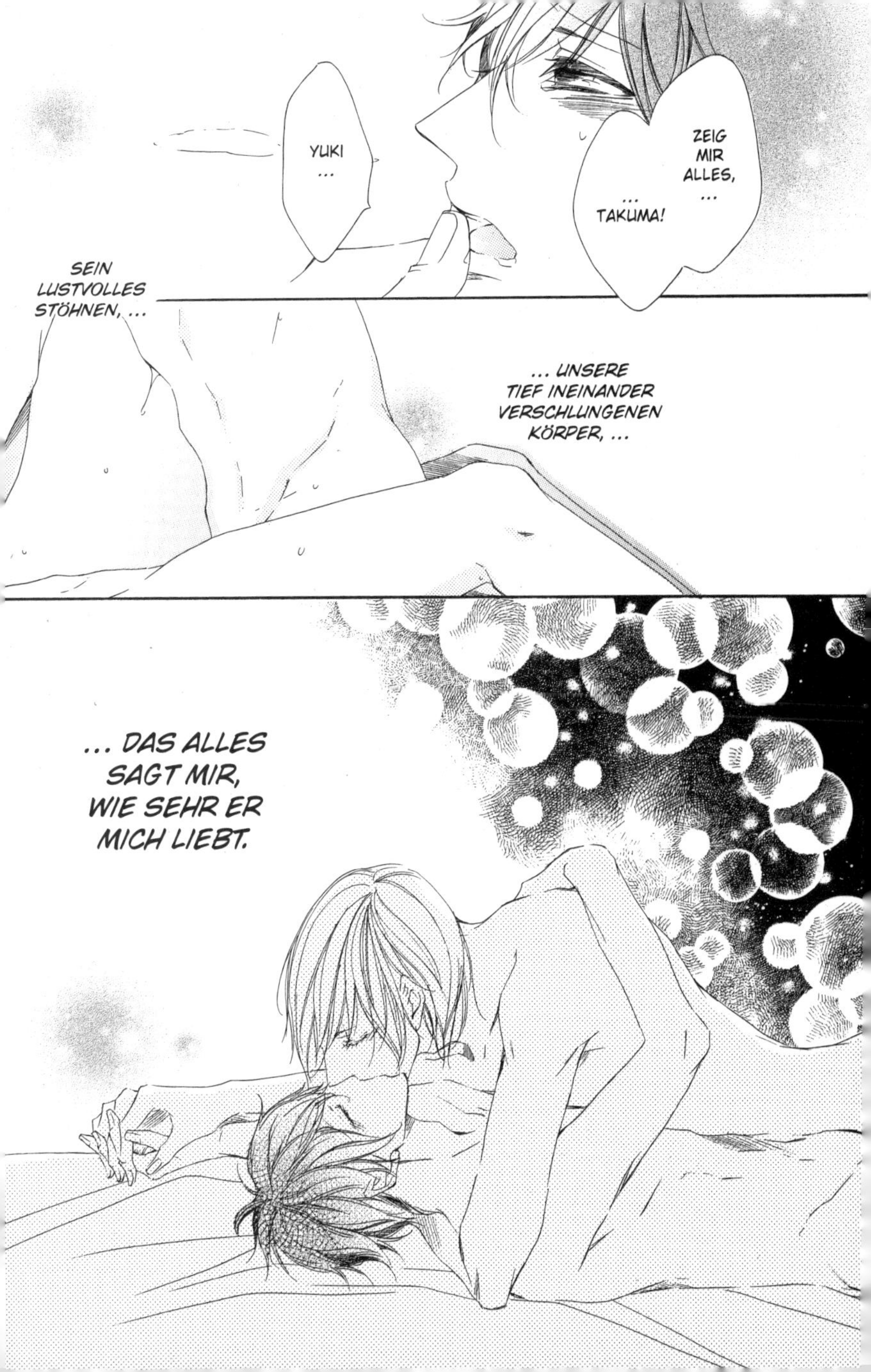
ZEIG MIR ALLES, ... TAKUMA!
YUKI ...
SEIN LUSTVOLLES STÖHNEN, ...
... UNSERE TIEF INEINANDER VERSCHLUNGENEN KÖRPER, ...
... DAS ALLES SAGT MIR, WIE SEHR ER MICH LIEBT.

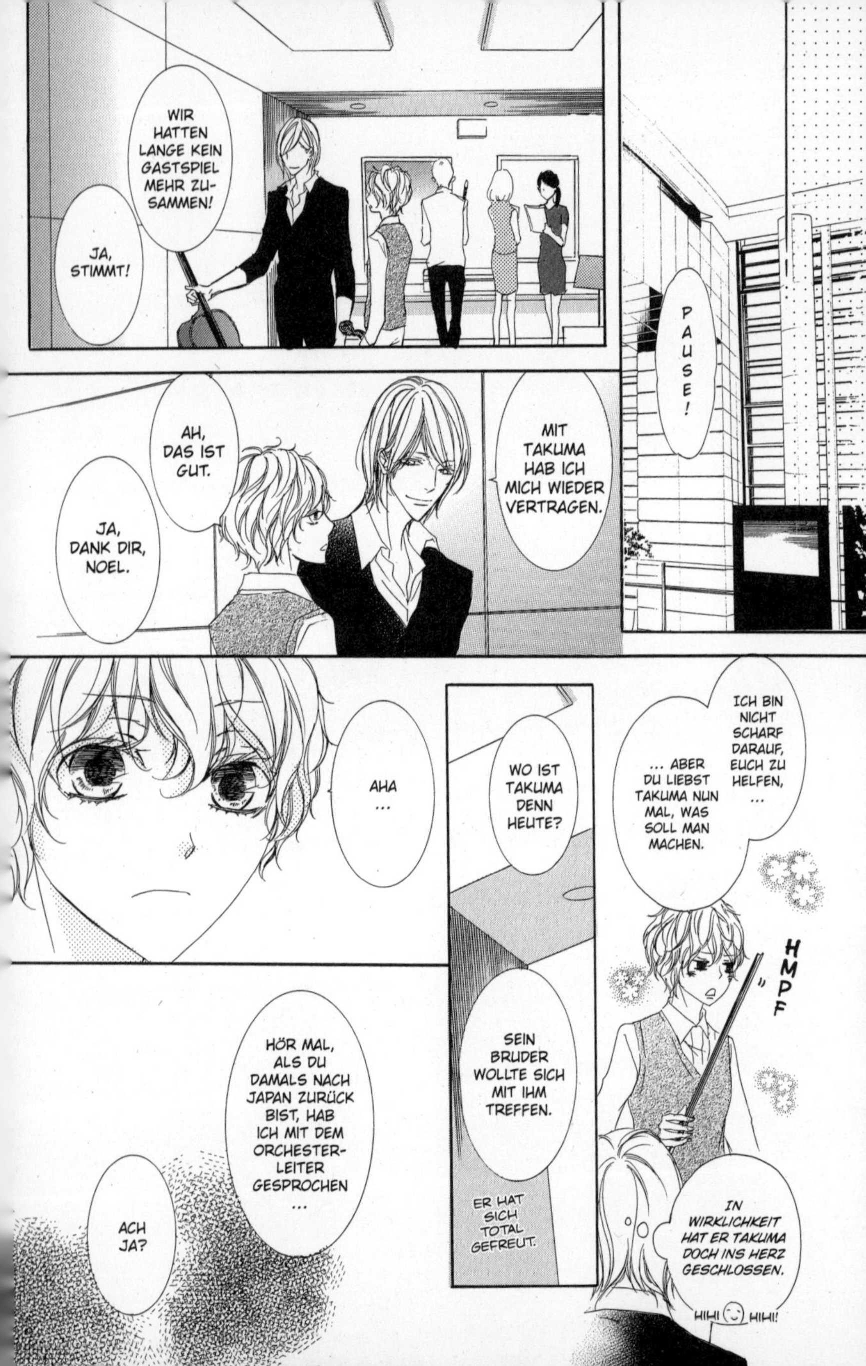
PAUSE!
WIR HATTEN LANGE KEIN GASTSPIEL MEHR ZUSAMMEN!
JA, STIMMT!
MIT TAKUMA HAB ICH MICH WIEDER VERTRAGEN.
AH, DAS IST GUT.
JA, DANK DIR, NOEL.
ICH BIN NICHT SCHARF DARAUF, EUCH ZU HELFEN, ...
... ABER DU LIEBST TAKUMA NUN MAL, WAS SOLL MAN MACHEN.
HMPF
WO IST TAKUMA DENN HEUTE?
AHA ...
SEIN BRUDER WOLLTE SICH MIT IHM TREFFEN.
ER HAT SICH TOTAL GEFREUT.
IN WIRKLICHKEIT HAT ER TAKUMA DOCH INS HERZ GESCHLOSSEN.
HIHI HIHI!
HÖR MAL, ALS DU DAMALS NACH JAPAN ZURÜCK BIST, HAB ICH MIT DEM ORCHESTERLEITER GESPROCHEN ...
ACH JA?

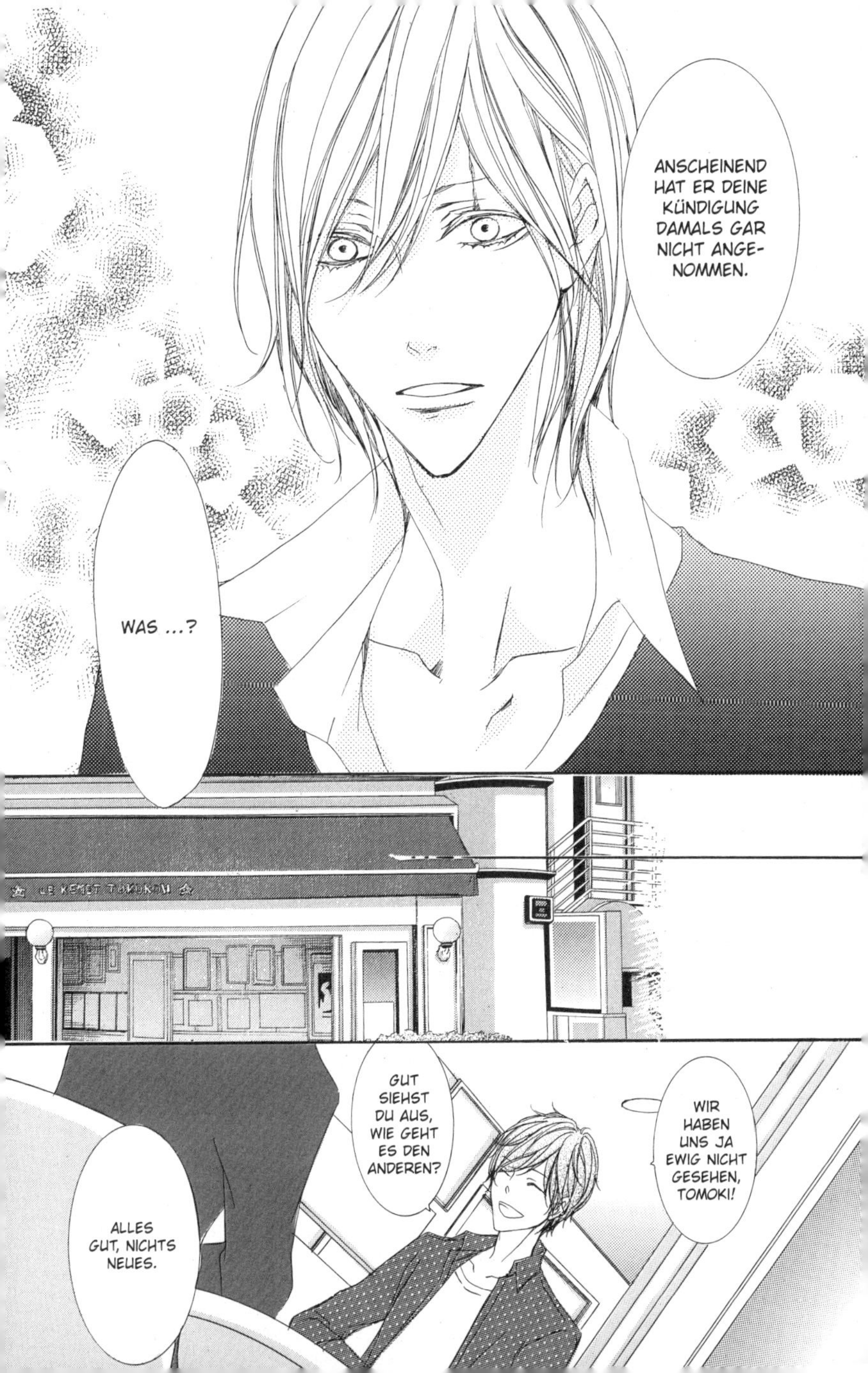
ANSCHEINEND HAT ER DEINE KÜNDIGUNG DAMALS GAR NICHT ANGE-NOMMEN.
WAS ...?
WIR HABEN UNS JA EWIG NICHT GESEHEN, TOMOKI!
GUT SIEHST DU AUS, WIE GEHT ES DEN ANDEREN?
ALLES GUT, NICHTS NEUES.

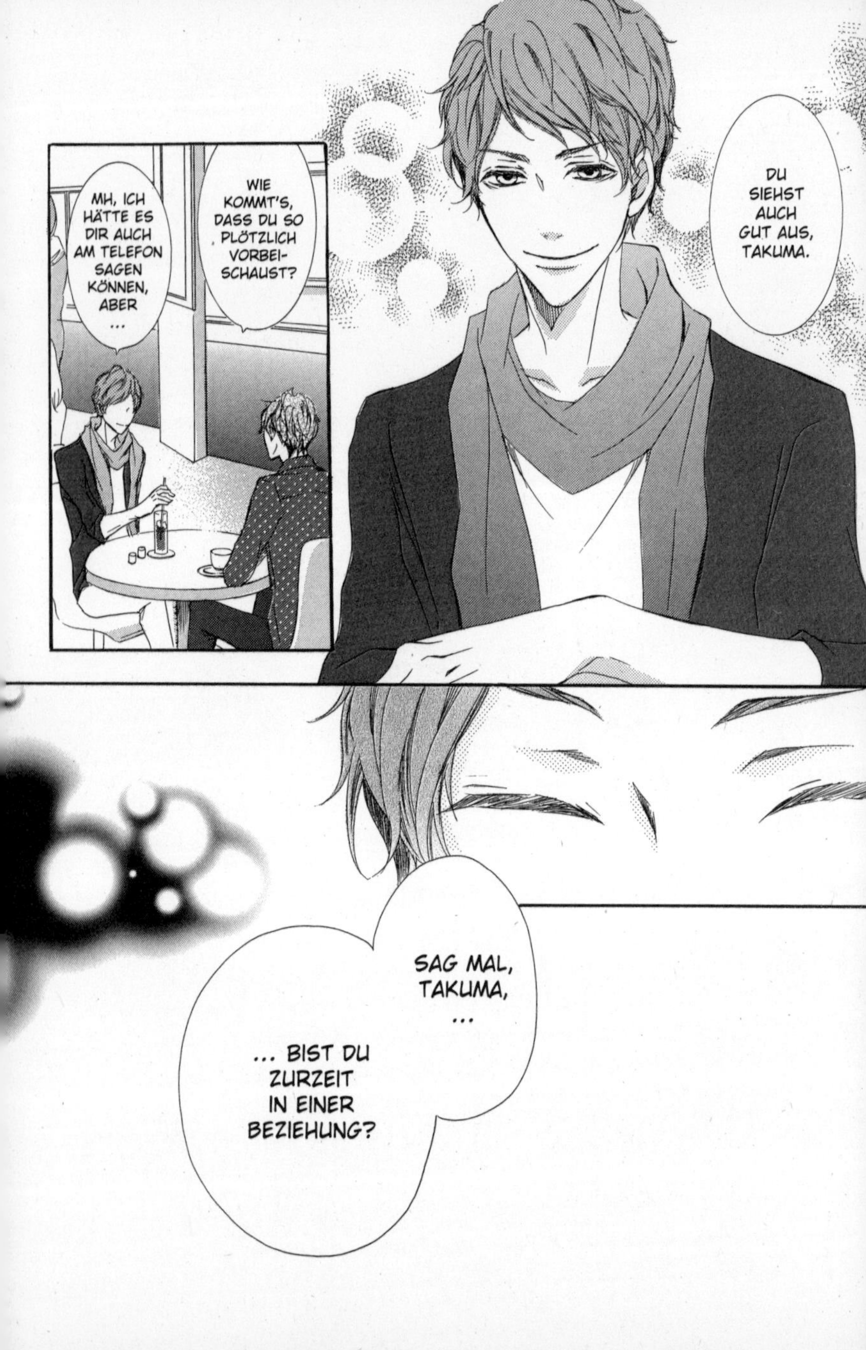
DU SIEHST AUCH GUT AUS, TAKUMA.
WIE KOMMT'S, DASS DU SO PLÖTZLICH VORBEI-SCHAUST?
MH, ICH HÄTTE ES DIR AUCH AM TELEFON SAGEN KÖNNEN, ABER ...
SAG MAL, TAKUMA, ...
... BIST DU ZURZEIT IN EINER BEZIEHUNG?

FORTSETZUNG IN „DER KLANG MEINES HERZENS“ BAND 3

Auf den folgenden Seiten findet ihr ein Special von „Der Klang meines Herzens"! Viel Spaß mit unserem perfekten Urlaubstag! ♪

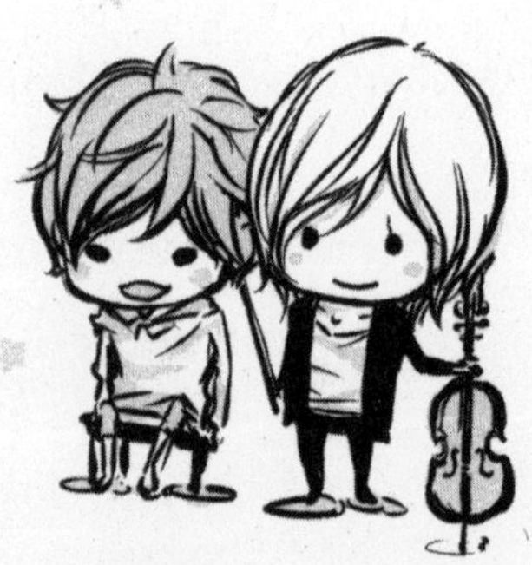

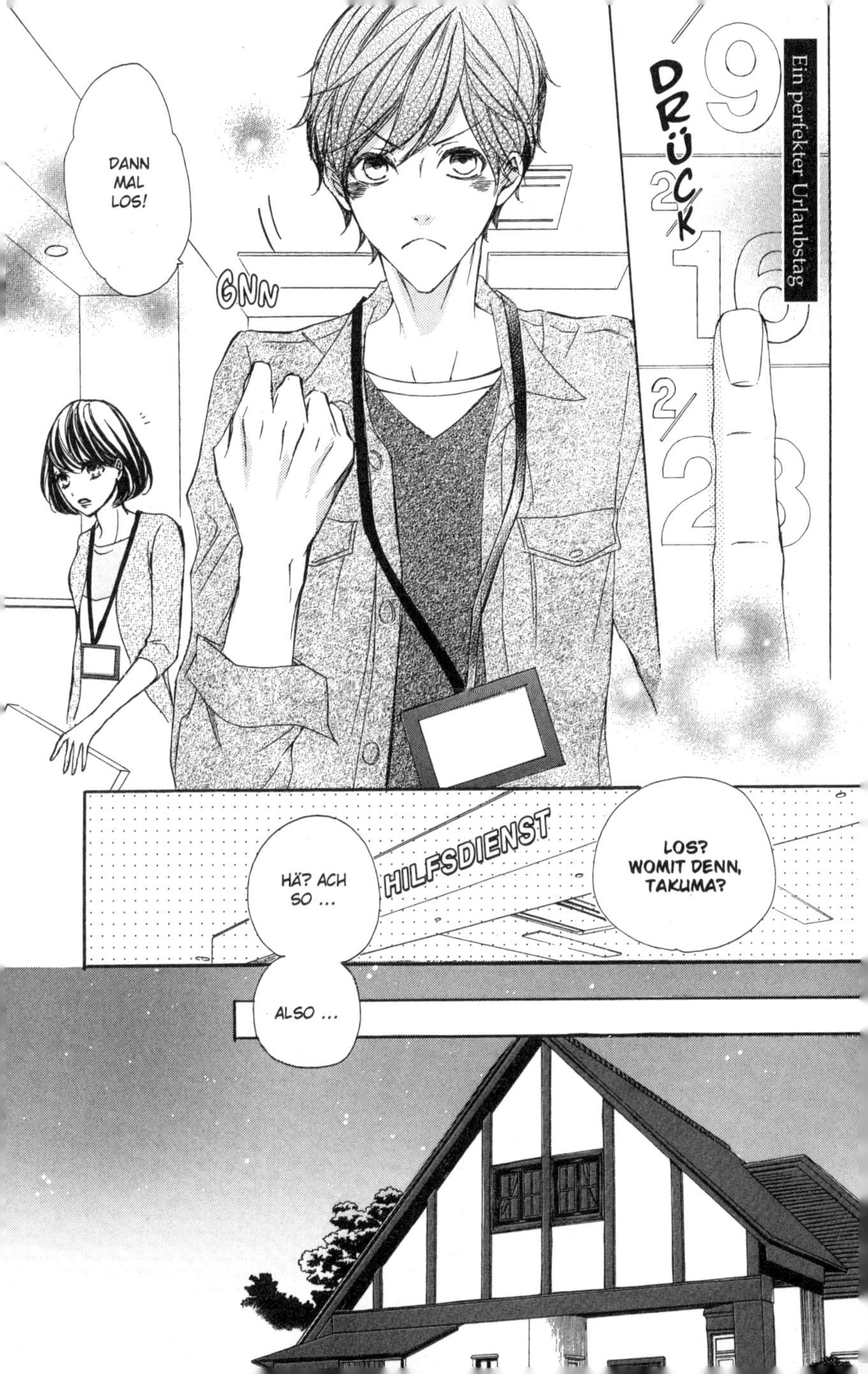
Ein perfekter Urlaubstag
DRÜCK
DANN MAL LOS!
GNN
LOS? WOMIT DENN, TAKUMA?
HILFSDIENST
HÄ? ACH SO …
ALSO …

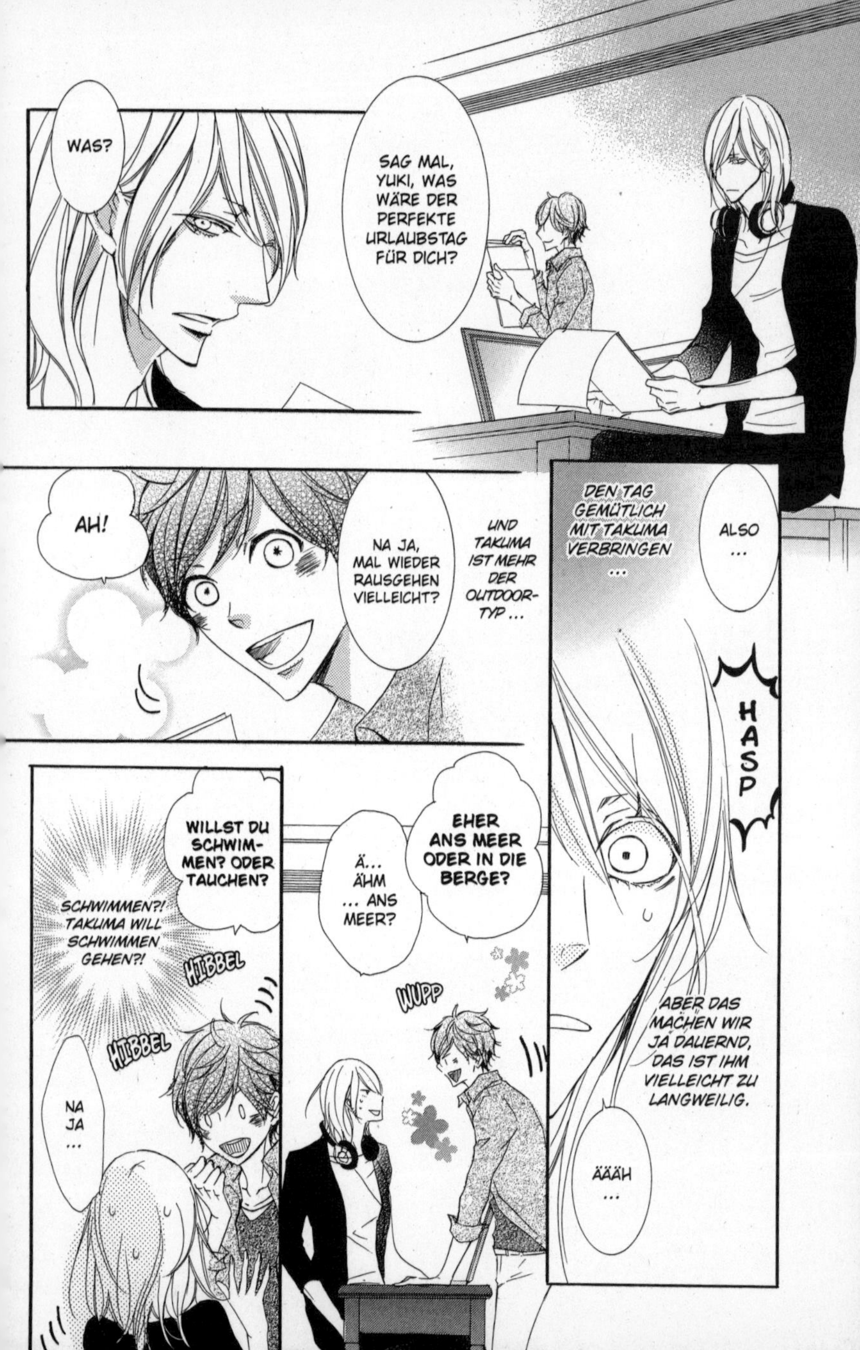
SAG MAL, YUKI, WAS WÄRE DER PERFEKTE URLAUBSTAG FÜR DICH?
WAS?
ALSO ...
DEN TAG GEMÜTLICH MIT TAKUMA VERBRINGEN ...
HASP
ABER DAS MACHEN WIR JA DAUERND, DAS IST IHM VIELLEICHT ZU LANGWEILIG.
ÄÄÄH ...
UND TAKUMA IST MEHR DER OUTDOOR-TYP ...
NA JA, MAL WIEDER RAUSGEHEN VIELLEICHT?
AH!
EHER ANS MEER ODER IN DIE BERGE?
Ä... ÄHM ... ANS MEER?
WUPP
WILLST DU SCHWIM-MEN? ODER TAUCHEN?
SCHWIMMEN?! TAKUMA WILL SCHWIMMEN GEHEN?!
HIBBEL
HIBBEL
NA JA ...

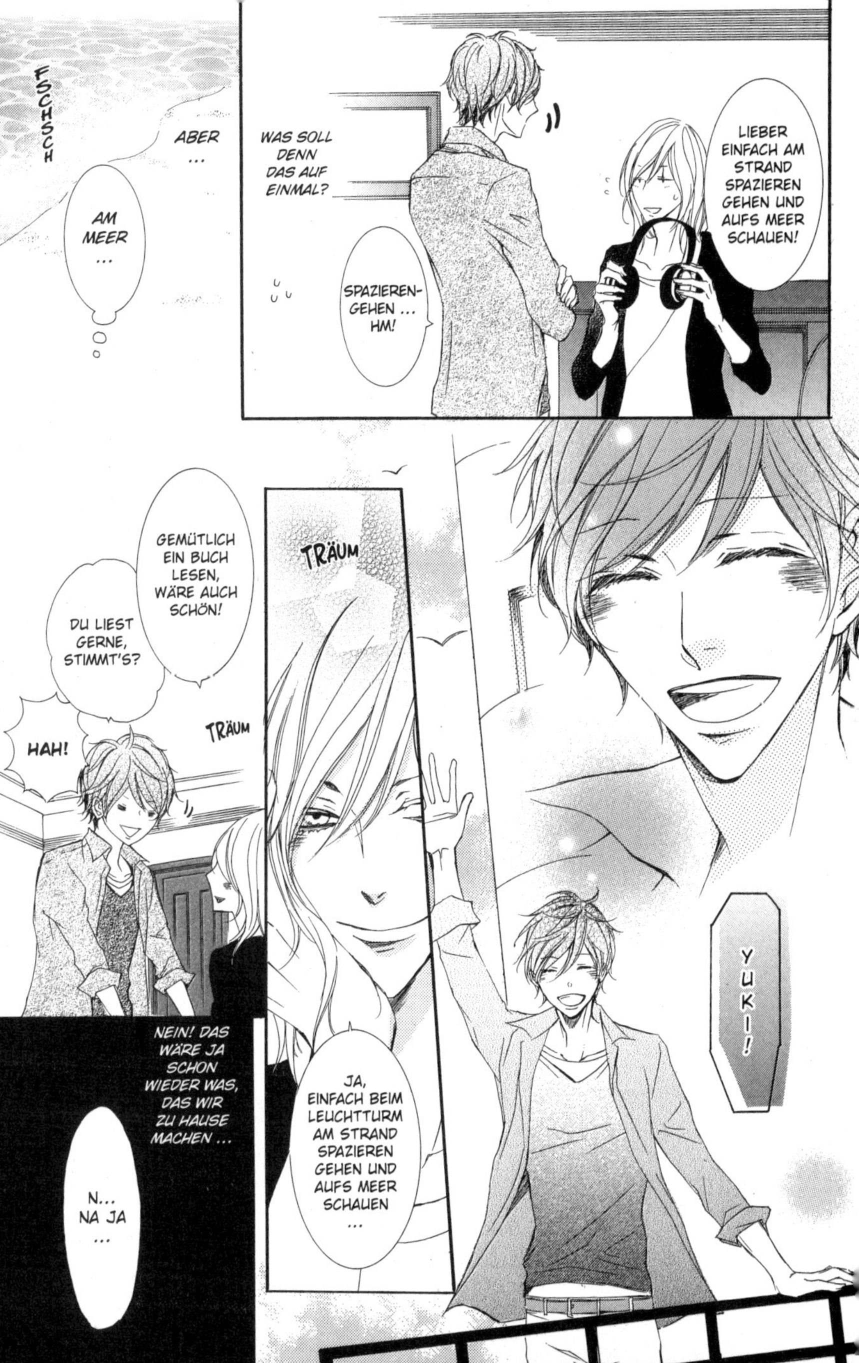
LIEBER EINFACH AM STRAND SPAZIEREN GEHEN UND AUFS MEER SCHAUEN!
WAS SOLL DENN DAS AUF EINMAL?
SPAZIEREN-GEHEN … HM!
FSCHSCH
ABER …
AM MEER …
YUKI!
JA, EINFACH BEIM LEUCHTTURM AM STRAND SPAZIEREN GEHEN UND AUFS MEER SCHAUEN …
TRÄUM
GEMÜTLICH EIN BUCH LESEN, WÄRE AUCH SCHÖN!
DU LIEST GERNE, STIMMT'S?
TRÄUM
HAH!
NEIN! DAS WÄRE JA SCHON WIEDER WAS, DAS WIR ZU HAUSE MACHEN …
N… NA JA …

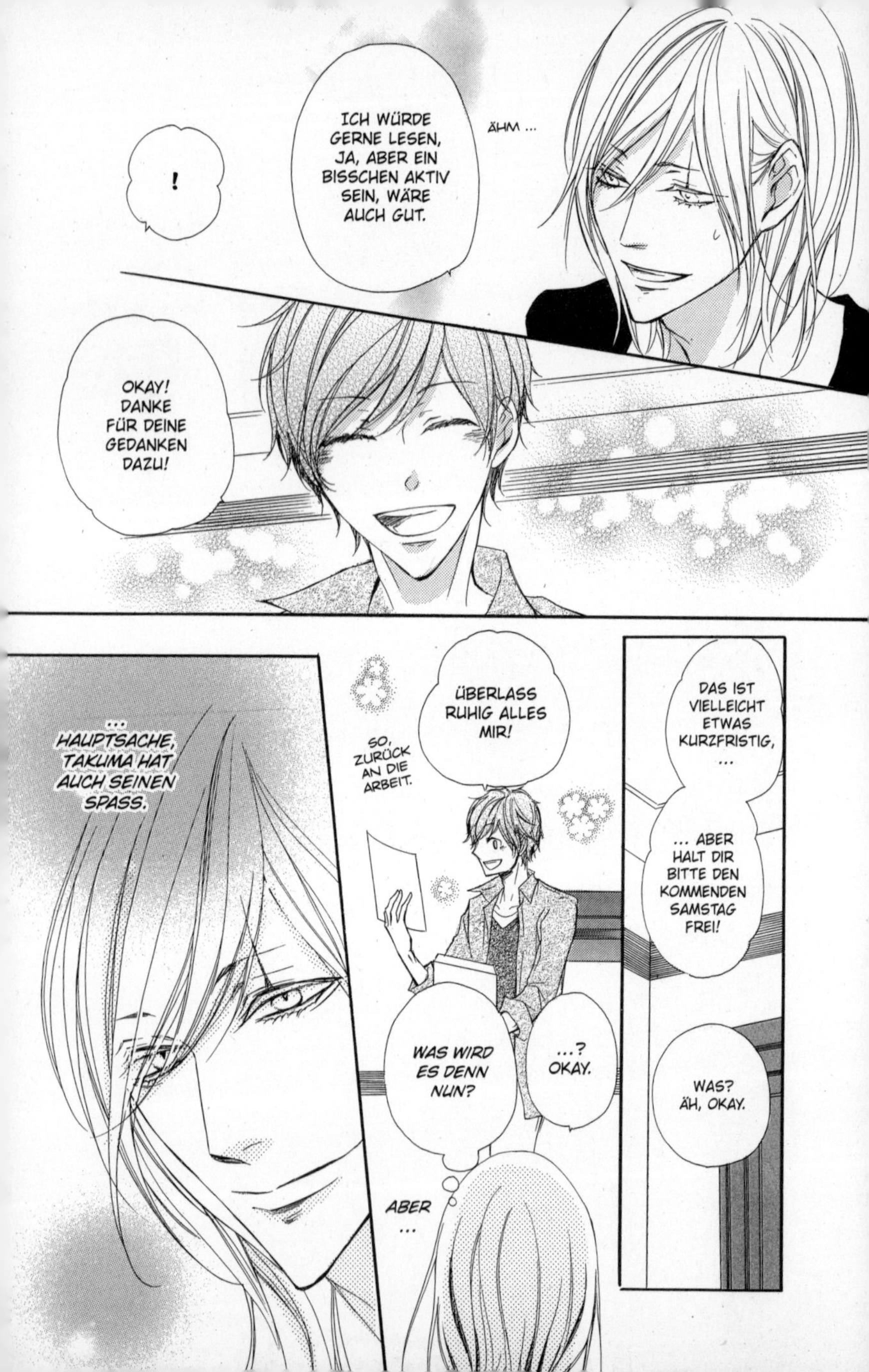
ÄHM ...
ICH WÜRDE GERNE LESEN, JA, ABER EIN BISSCHEN AKTIV SEIN, WÄRE AUCH GUT.
!
OKAY! DANKE FÜR DEINE GEDANKEN DAZU!
DAS IST VIELLEICHT ETWAS KURZFRISTIG, ...
... ABER HALT DIR BITTE DEN KOMMENDEN SAMSTAG FREI!
WAS? ÄH, OKAY.
ÜBERLASS RUHIG ALLES MIR!
SO, ZURÜCK AN DIE ARBEIT.
...? OKAY.
WAS WIRD ES DENN NUN?
ABER ...
... HAUPTSACHE, TAKUMA HAT AUCH SEINEN SPASS.

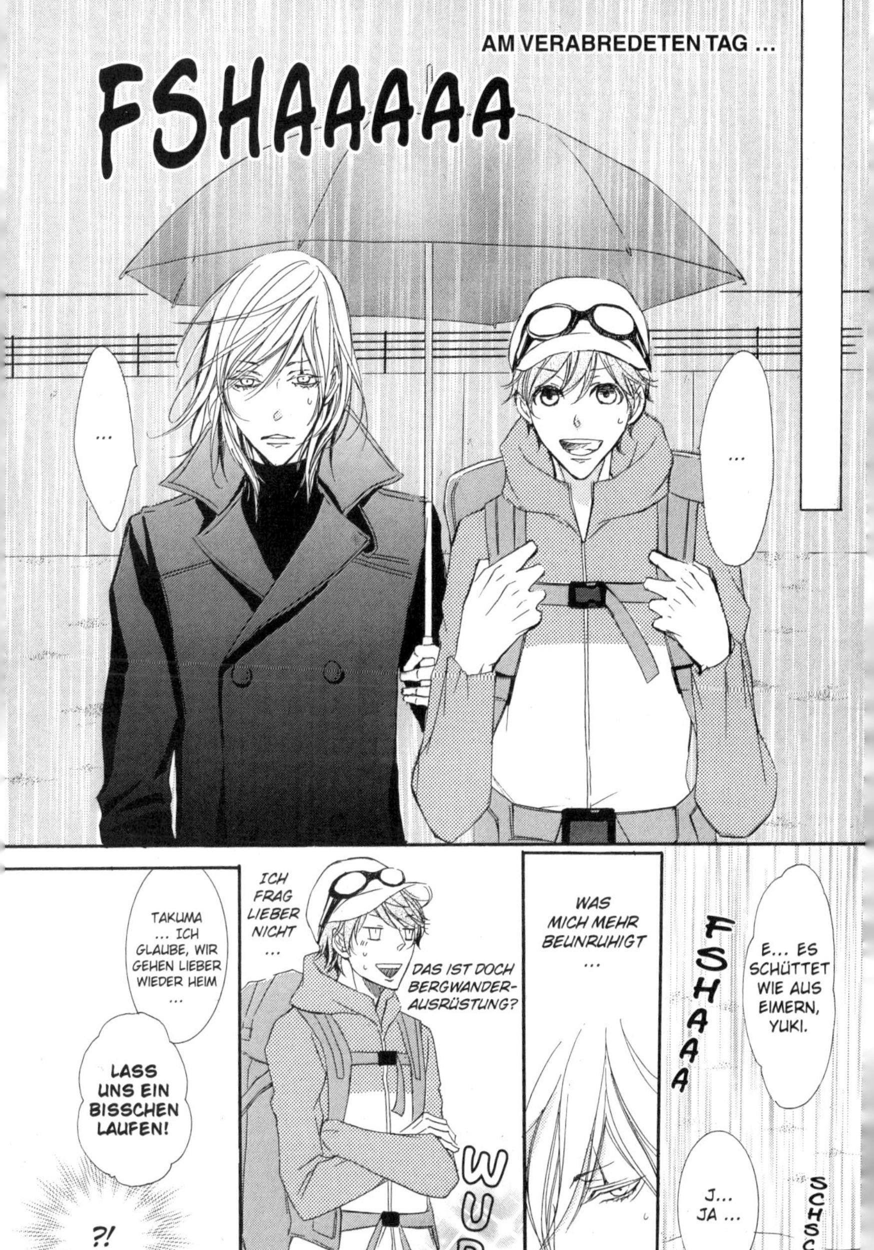
AM VERABREDETEN TAG …
FSHAAAAA
…
…
E… ES SCHÜTTET WIE AUS EIMERN, YUKI.
FSHAAAA
J… JA …
SCHSCH
WAS MICH MEHR BEUNRUHIGT …
LINS
ICH FRAG LIEBER NICHT …
DAS IST DOCH BERGWANDER-AUSRÜSTUNG?
WUPP
TAKUMA … ICH GLAUBE, WIR GEHEN LIEBER WIEDER HEIM …
LASS UNS EIN BISSCHEN LAUFEN!
?!
LAUFEN?!

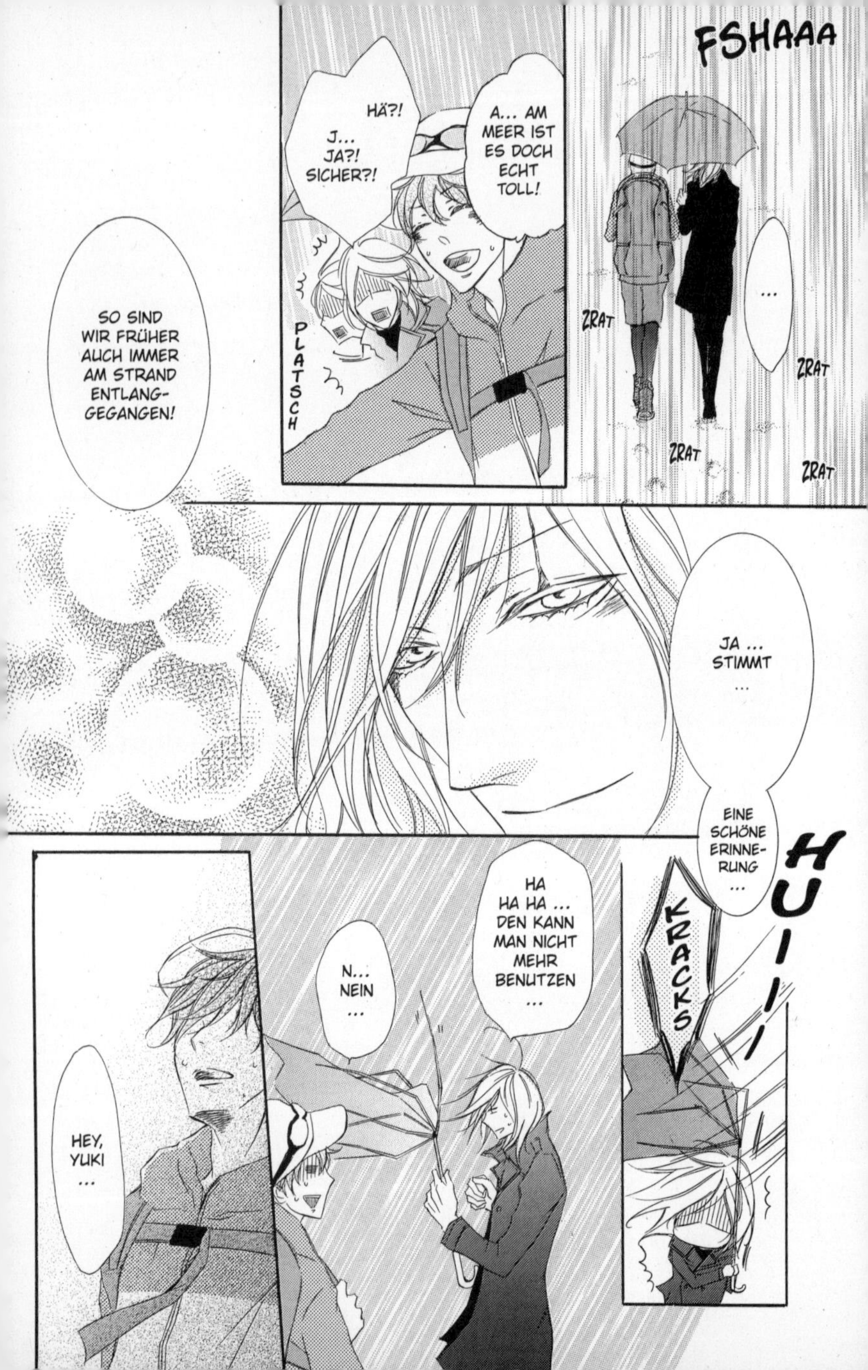
FSHAAA
…
ZRAT
ZRAT
ZRAT
ZRAT
A… AM MEER IST ES DOCH ECHT TOLL!
HÄ?!
J… JA?! SICHER?!
PLATSCH
SO SIND WIR FRÜHER AUCH IMMER AM STRAND ENTLANG-GEGANGEN!
JA … STIMMT …
EINE SCHÖNE ERINNE-RUNG …
HUI!!!
KRACKS
HA HA HA … DEN KANN MAN NICHT MEHR BENUTZEN …
N… NEIN …
HEY, YUKI …

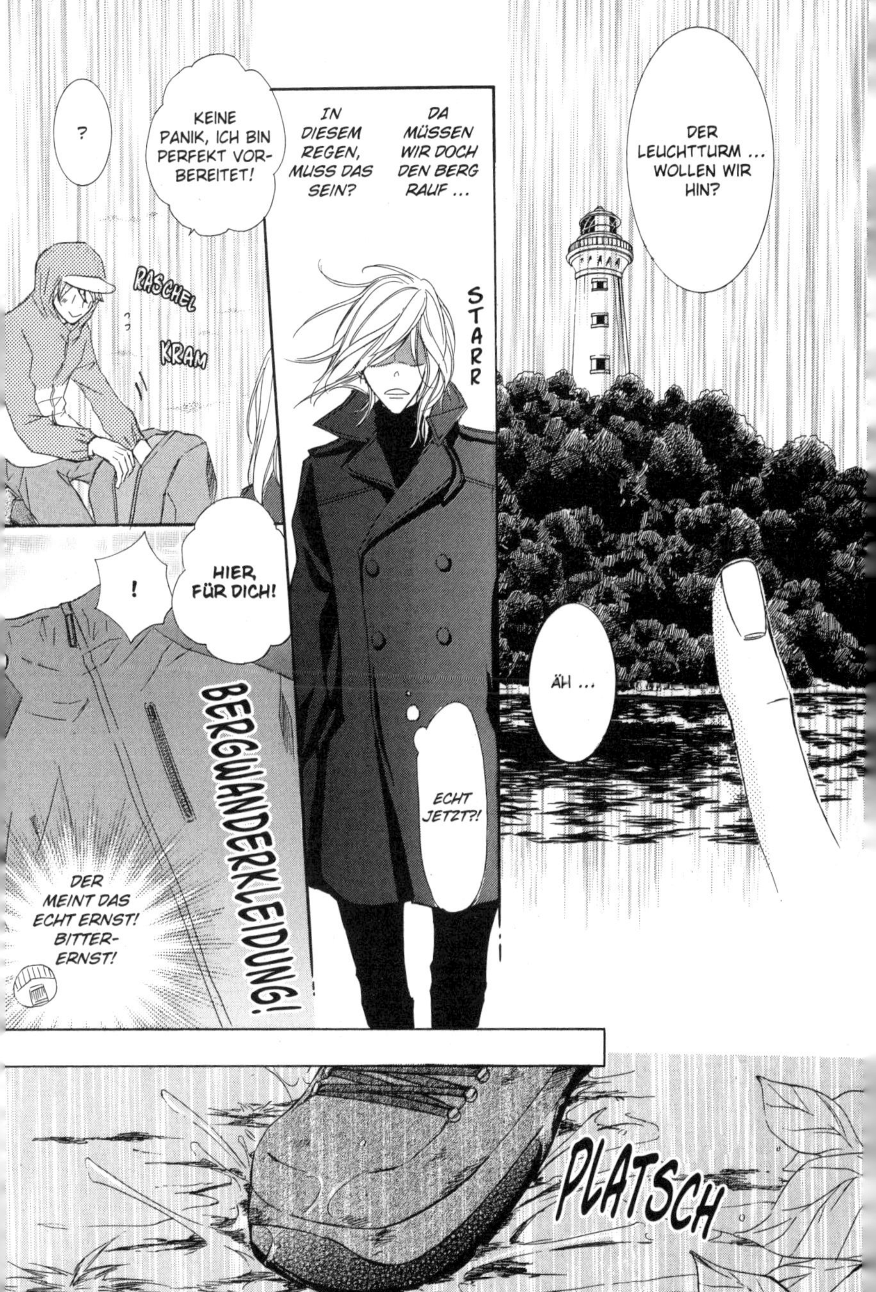
DER LEUCHTTURM … WOLLEN WIR HIN?
ÄH …
DA MÜSSEN WIR DOCH DEN BERG RAUF …
IN DIESEM REGEN, MUSS DAS SEIN?
STARR
ECHT JETZT?!
KEINE PANIK, ICH BIN PERFEKT VORBEREITET!
?
RASCHEL
KRAM
HIER, FÜR DICH!
!
BERGWANDERKLEIDUNG!
DER MEINT DAS ECHT ERNST! BITTER-ERNST!
PLATSCH

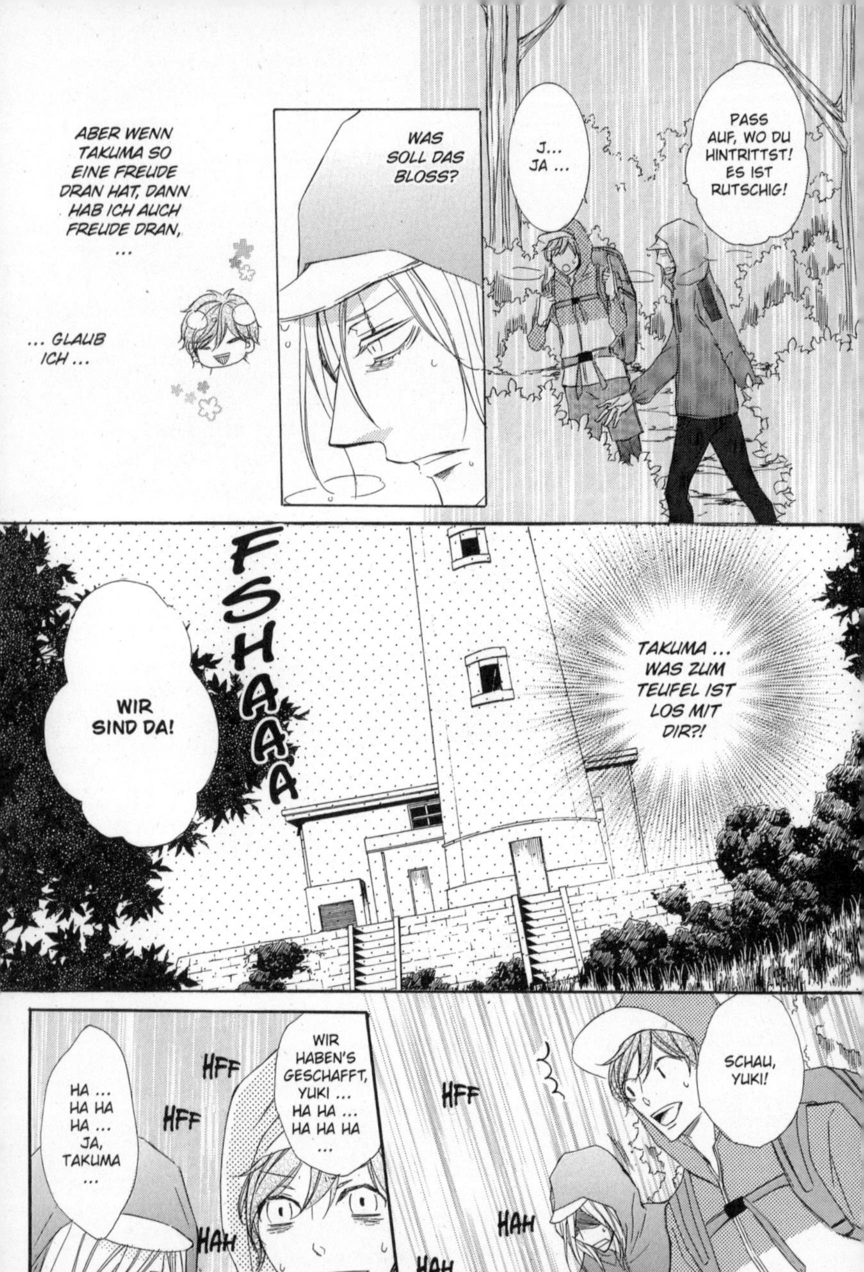
PASS AUF, WO DU HINTRITTST! ES IST RUTSCHIG!
J... JA ...
WAS SOLL DAS BLOSS?
ABER WENN TAKUMA SO EINE FREUDE DRAN HAT, DANN HAB ICH AUCH FREUDE DRAN, ...
... GLAUB ICH ...
TAKUMA ... WAS ZUM TEUFEL IST LOS MIT DIR?!
FSHAAAA
WIR SIND DA!
SCHAU, YUKI!
HFF
WIR HABEN'S GESCHAFFT, YUKI ... HA HA ... HA HA HA ...
HFF
HFF
HA ... HA HA HA ... JA, TAKUMA ...
HAH
HAH
HAH

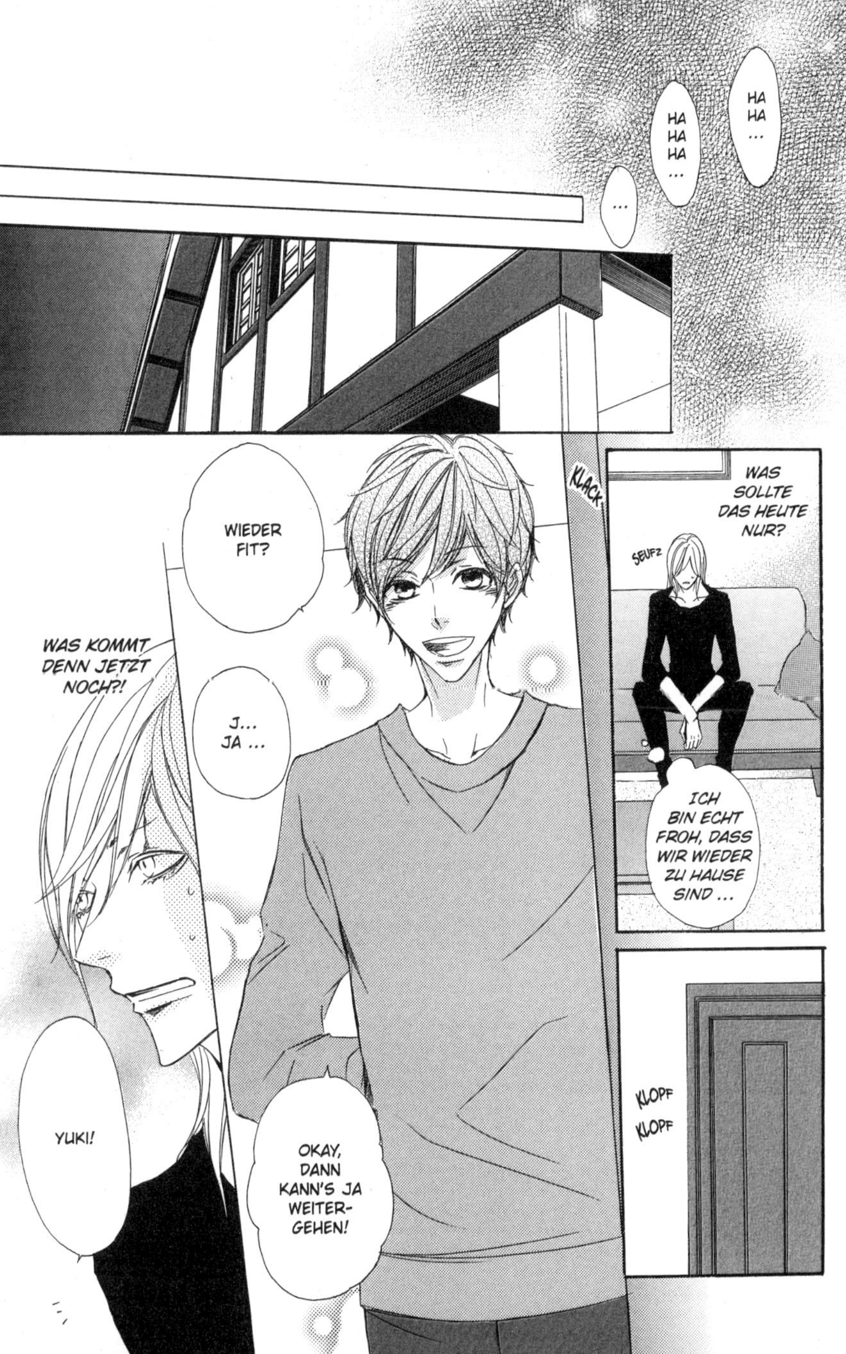
HA HA …
HA HA HA …
…
WAS SOLLTE DAS HEUTE NUR?
SEUFZ
ICH BIN ECHT FROH, DASS WIR WIEDER ZU HAUSE SIND …
KLOPF KLOPF
KLACK
WIEDER FIT?
WAS KOMMT DENN JETZT NOCH?!
J… JA …
OKAY, DANN KANN'S JA WEITER-GEHEN!
YUKI!

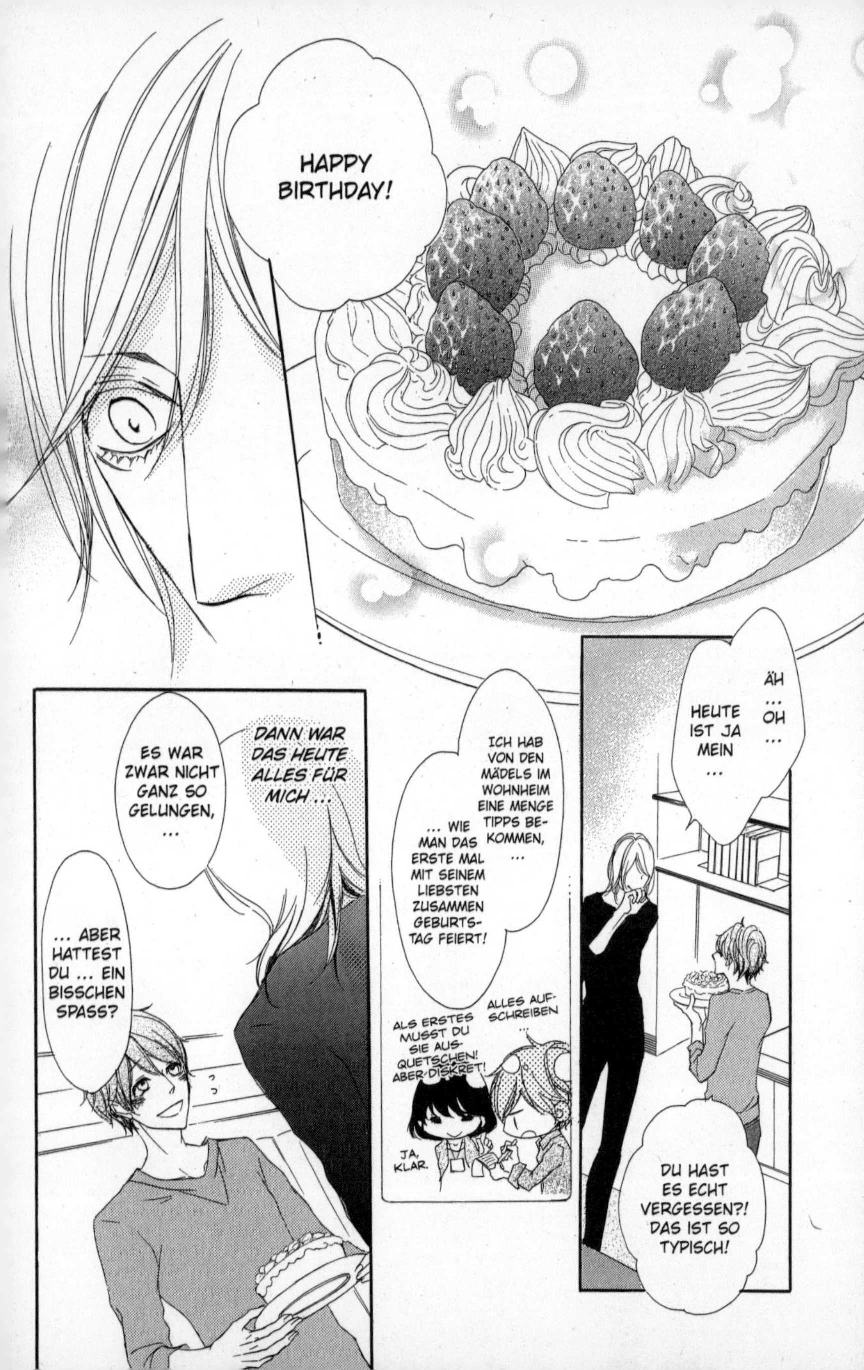
HAPPY BIRTHDAY!
ÄH ... OH ...
HEUTE IST JA MEIN ...
DU HAST ES ECHT VERGESSEN?! DAS IST SO TYPISCH!
ICH HAB VON DEN MÄDELS IM WOHNHEIM EINE MENGE TIPPS BEKOMMEN, ...
... WIE MAN DAS ERSTE MAL MIT SEINEM LIEBSTEN ZUSAMMEN GEBURTSTAG FEIERT!
ALLES AUFSCHREIBEN ...
ALS ERSTES MUSST DU SIE AUSQUETSCHEN! ABER DISKRET!
JA, KLAR.
DANN WAR DAS HEUTE ALLES FÜR MICH ...
ES WAR ZWAR NICHT GANZ SO GELUNGEN, ...
... ABER HATTEST DU ... EIN BISSCHEN SPASS?

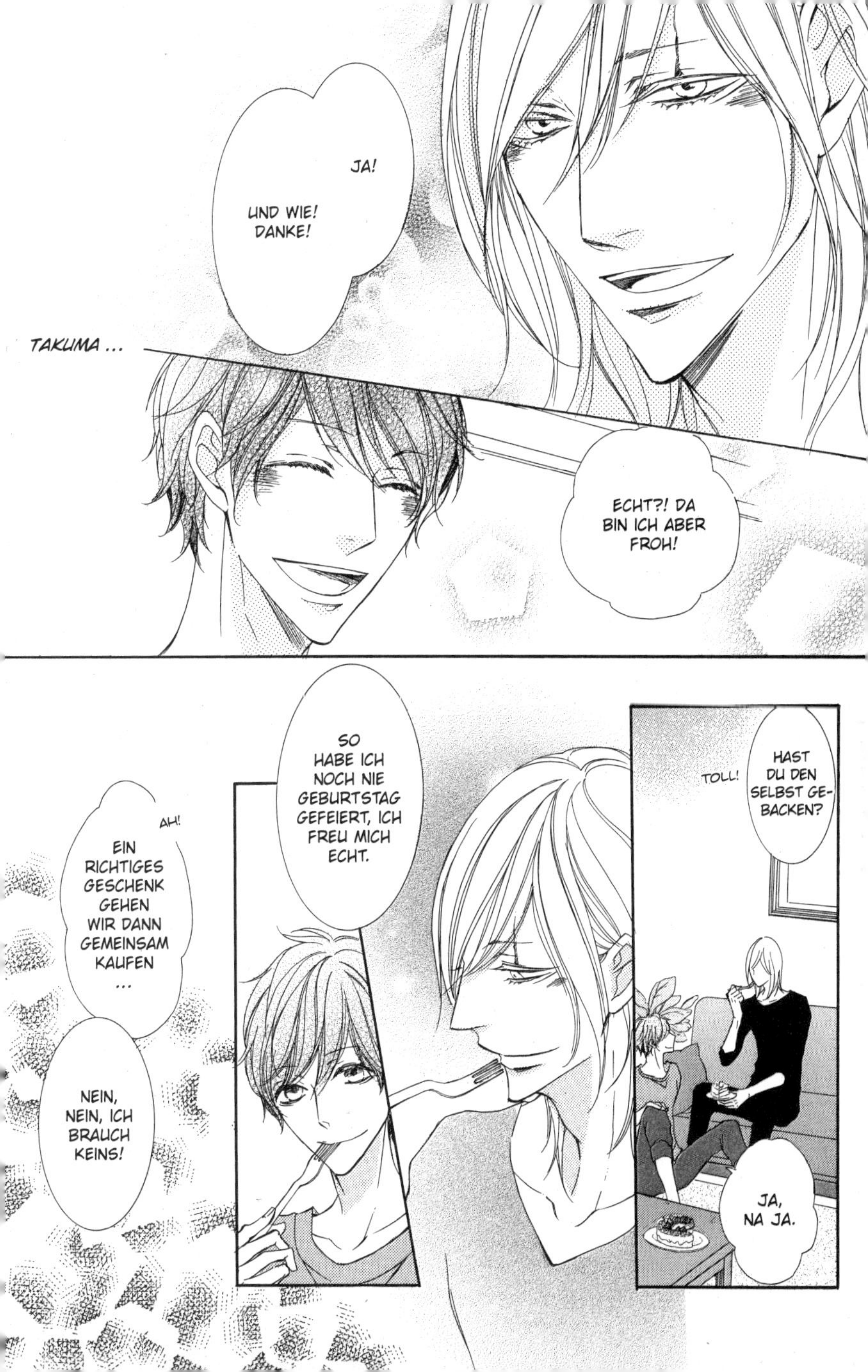
JA! UND WIE! DANKE!
TAKUMA ...
ECHT?! DA BIN ICH ABER FROH!
TOLL!
HAST DU DEN SELBST GEBACKEN?
JA, NA JA.
SO HABE ICH NOCH NIE GEBURTSTAG GEFEIERT, ICH FREU MICH ECHT.
AH!
EIN RICHTIGES GESCHENK GEHEN WIR DANN GEMEINSAM KAUFEN ...
NEIN, NEIN, ICH BRAUCH KEINS!

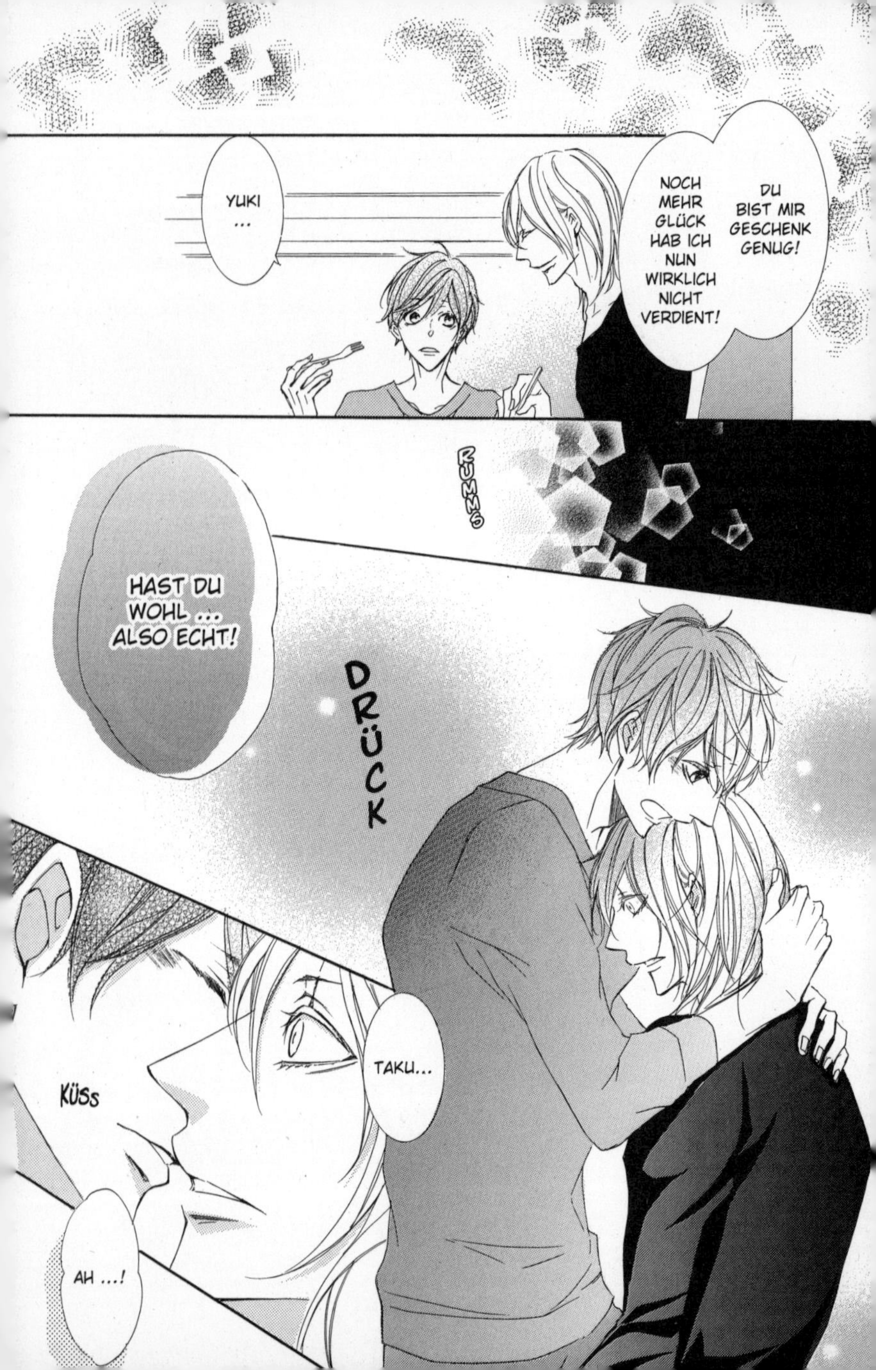
DU BIST MIR GESCHENK GENUG!
NOCH MEHR GLÜCK HAB ICH NUN WIRKLICH NICHT VERDIENT!
YUKI …
RUMMS
HAST DU WOHL … ALSO ECHT!
DRÜCK
TAKU…
KÜSS
AH …!

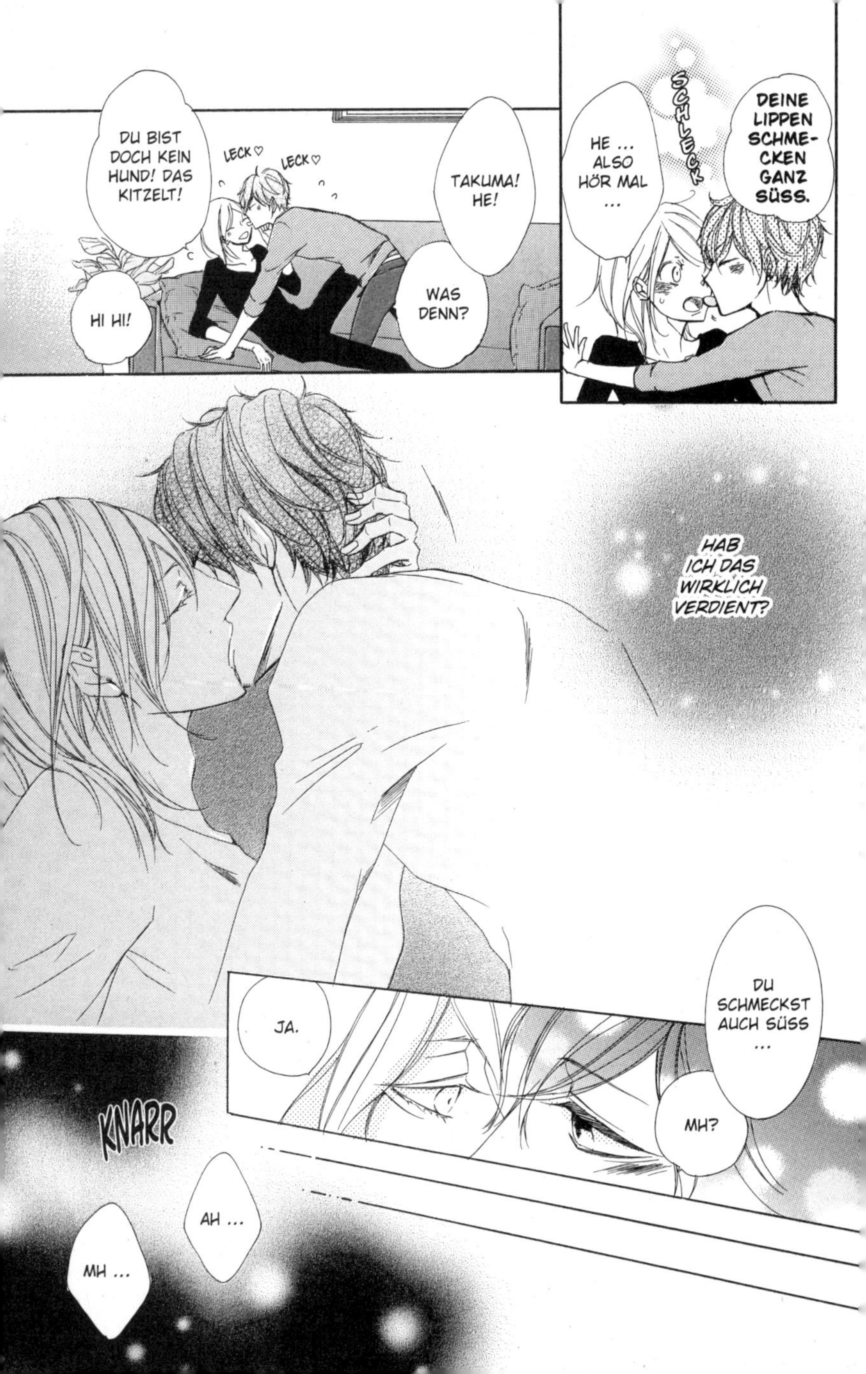
DEINE LIPPEN SCHMECKEN GANZ SÜSS.
SCHLECK
HE ... ALSO HÖR MAL ...
TAKUMA! HE!
WAS DENN?
LECK♡
LECK♡
DU BIST DOCH KEIN HUND! DAS KITZELT!
HI HI!
HAB ICH DAS WIRKLICH VERDIENT?
DU SCHMECKST AUCH SÜSS ...
MH?
JA.
KNARR
AH ...
MH ...

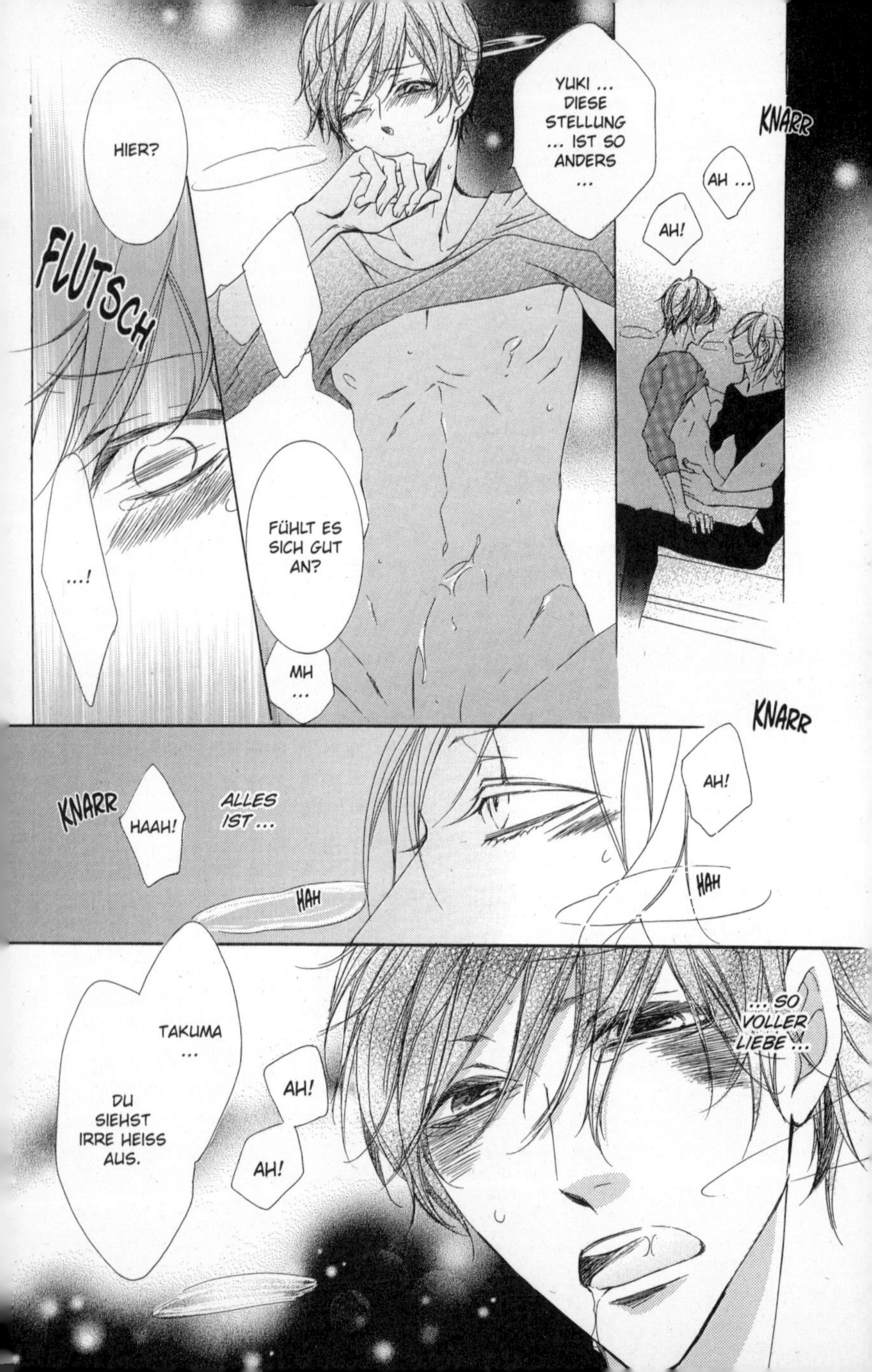
KNARR
AH ...
AH!
YUKI ... DIESE STELLUNG ... IST SO ANDERS ...
FÜHLT ES SICH GUT AN?
MH ...
HIER?
FLUTSCH
...!
KNARR
AH!
HAH
ALLES IST ...
HAAH!
KNARR
HAH
... SO VOLLER LIEBE ...
AH!
AH!
TAKUMA ...
DU SIEHST IRRE HEISS AUS.

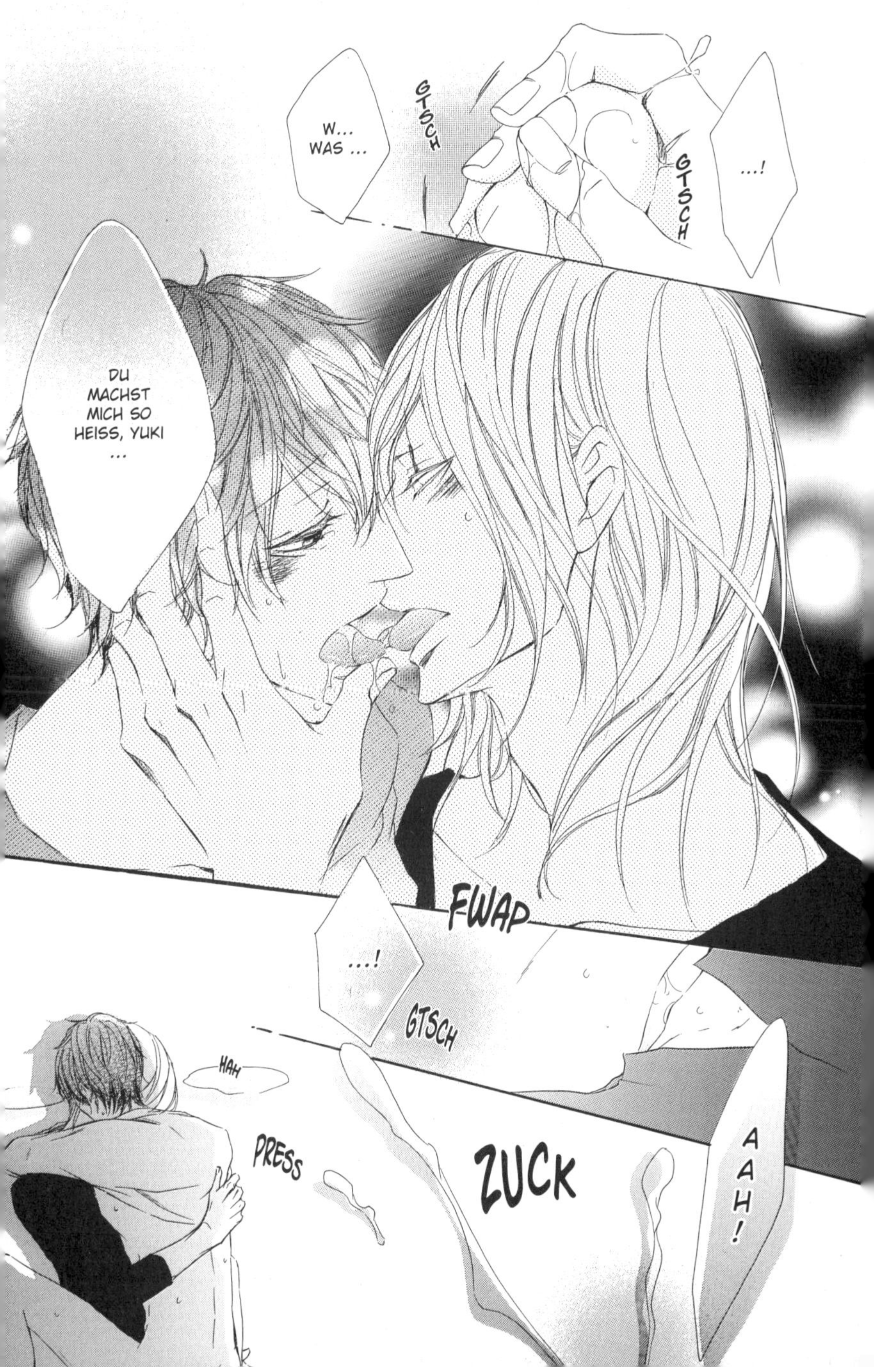
...!
GTSCH
GTSCH
W...
WAS ...
DU
MACHST
MICH SO
HEISS, YUKI
...
FWAP
...!
GTSCH
AAH!
ZUCK
PRESS
HAH

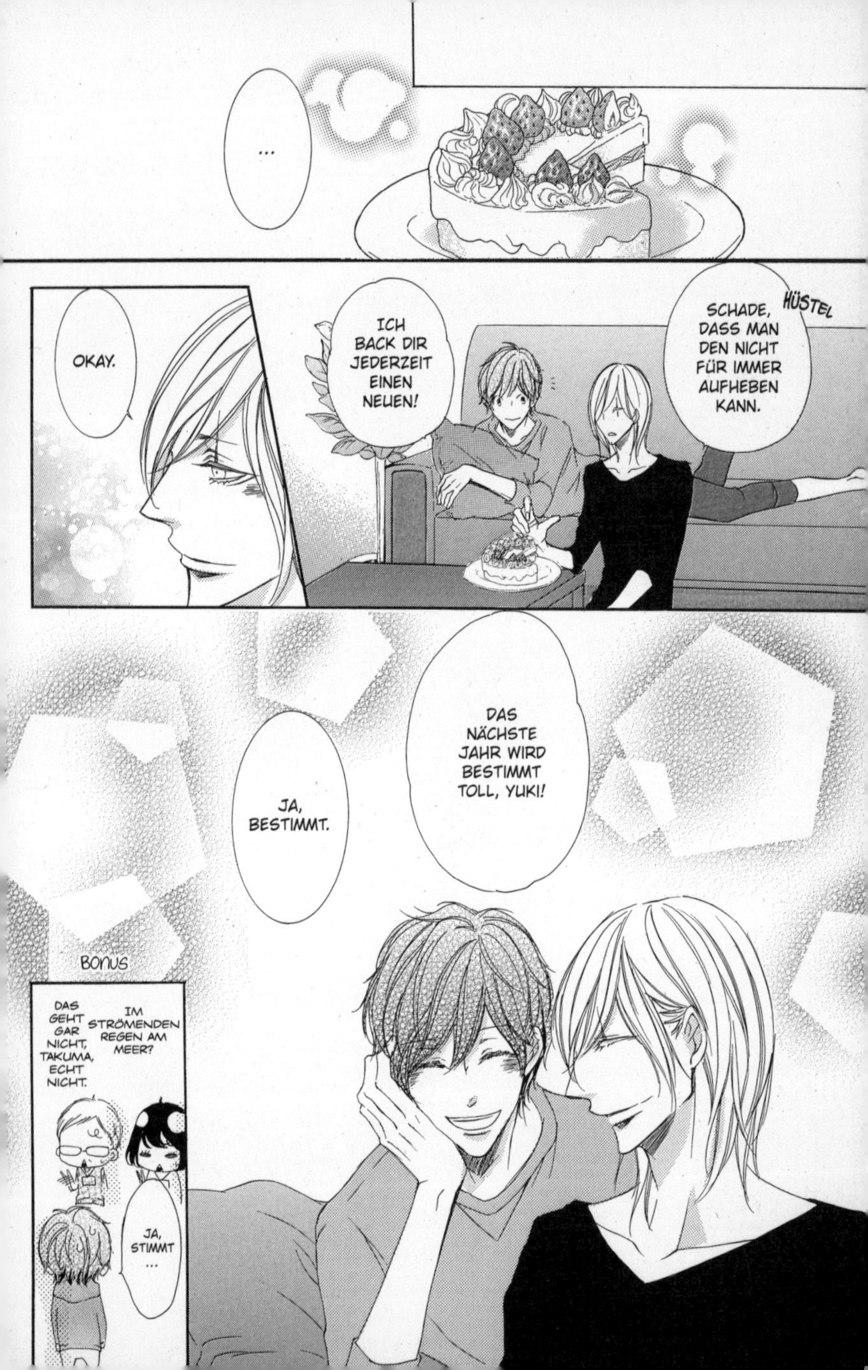
...
SCHADE, DASS MAN DEN NICHT FÜR IMMER AUFHEBEN KANN.
HÜSTEL
ICH BACK DIR JEDERZEIT EINEN NEUEN!
OKAY.
DAS NÄCHSTE JAHR WIRD BESTIMMT TOLL, YUKI!
JA, BESTIMMT.
BONUS
IM STRÖMENDEN REGEN AM MEER?
DAS GEHT GAR NICHT, TAKUMA, ECHT NICHT.
JA, STIMMT ...

Der Klang meines Herzens

Der Klang meines Herzens

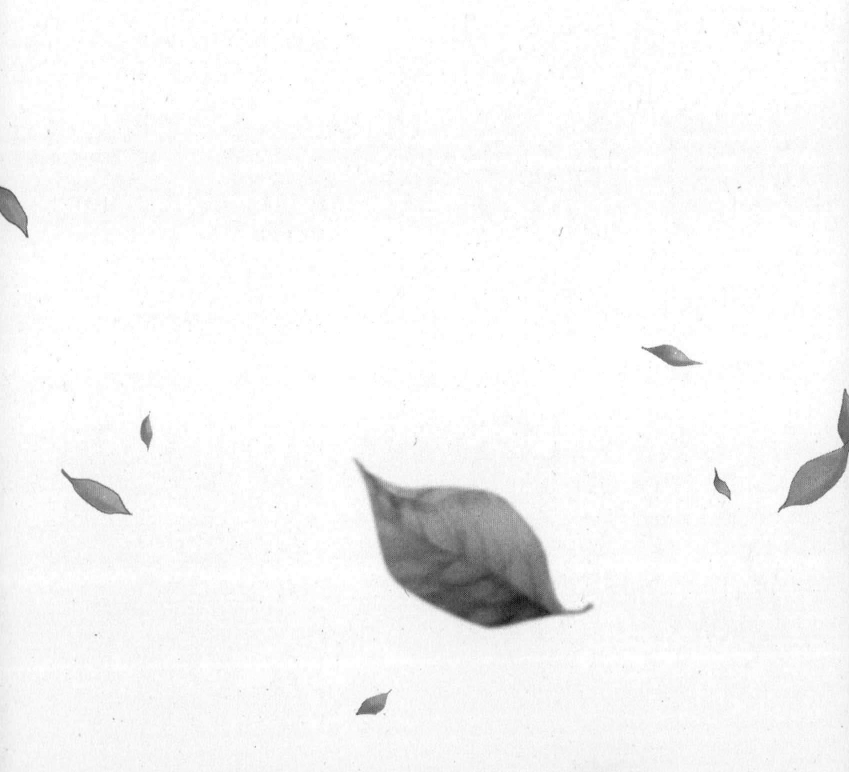

Der Geiger und sein Manager

OB KATSUYUKI WOHL DA IST?

RASCHEL

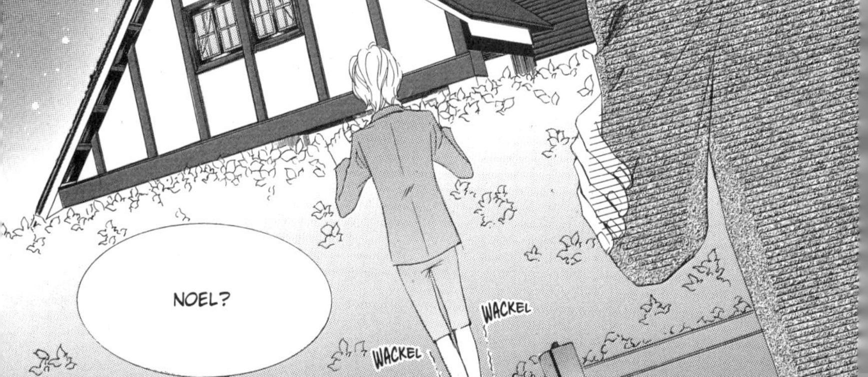

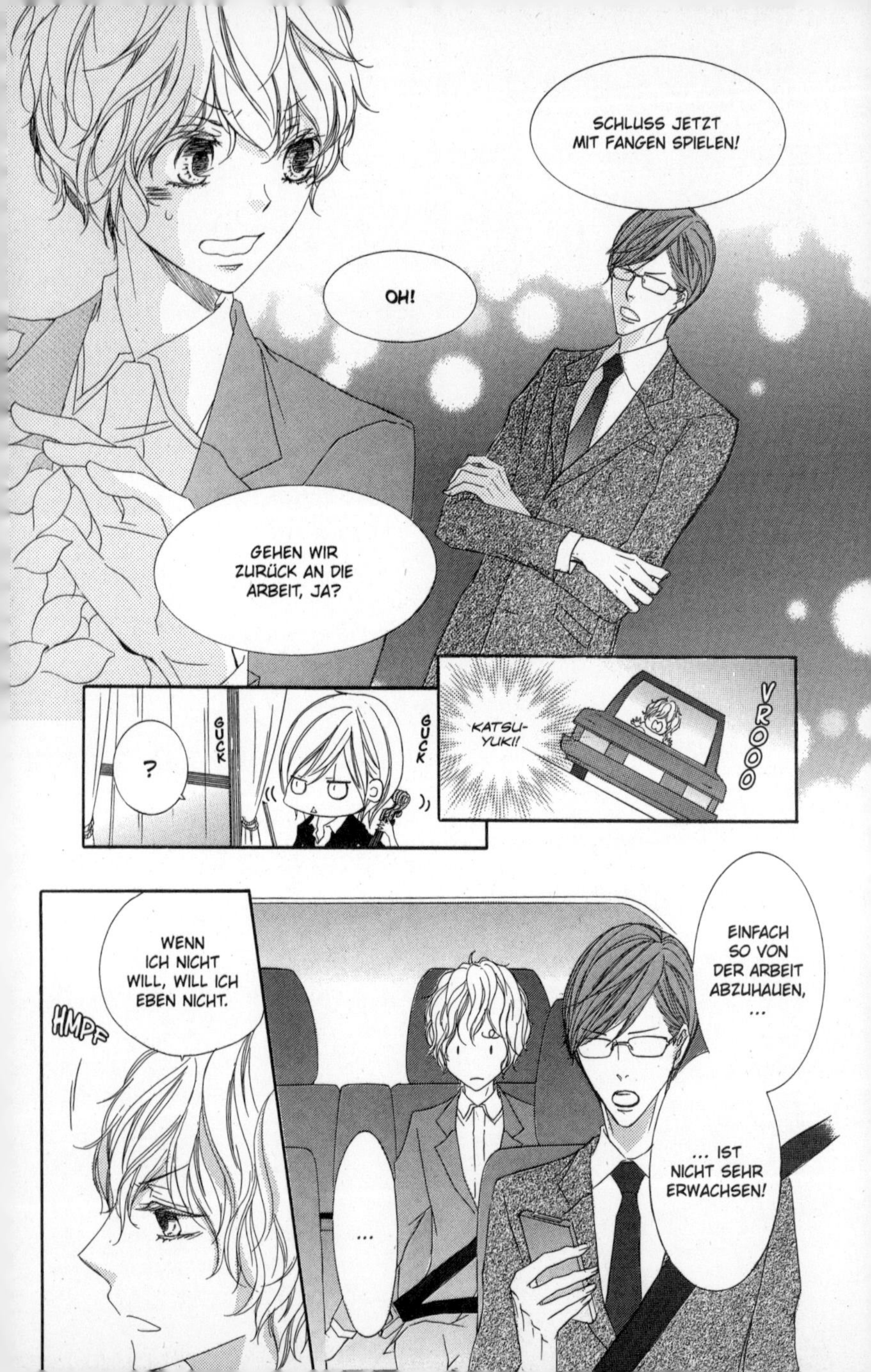
SCHLUSS JETZT
MIT FANGEN SPIELEN!
OH!
GEHEN WIR ZURÜCK AN DIE ARBEIT, JA?
VROOO
KATSU-YUKI!
GUCK
GUCK
?
EINFACH SO VON DER ARBEIT ABZUHAUEN, ...
WENN ICH NICHT WILL, WILL ICH EBEN NICHT.
HMPF
... IST NICHT SEHR ERWACHSEN!
...

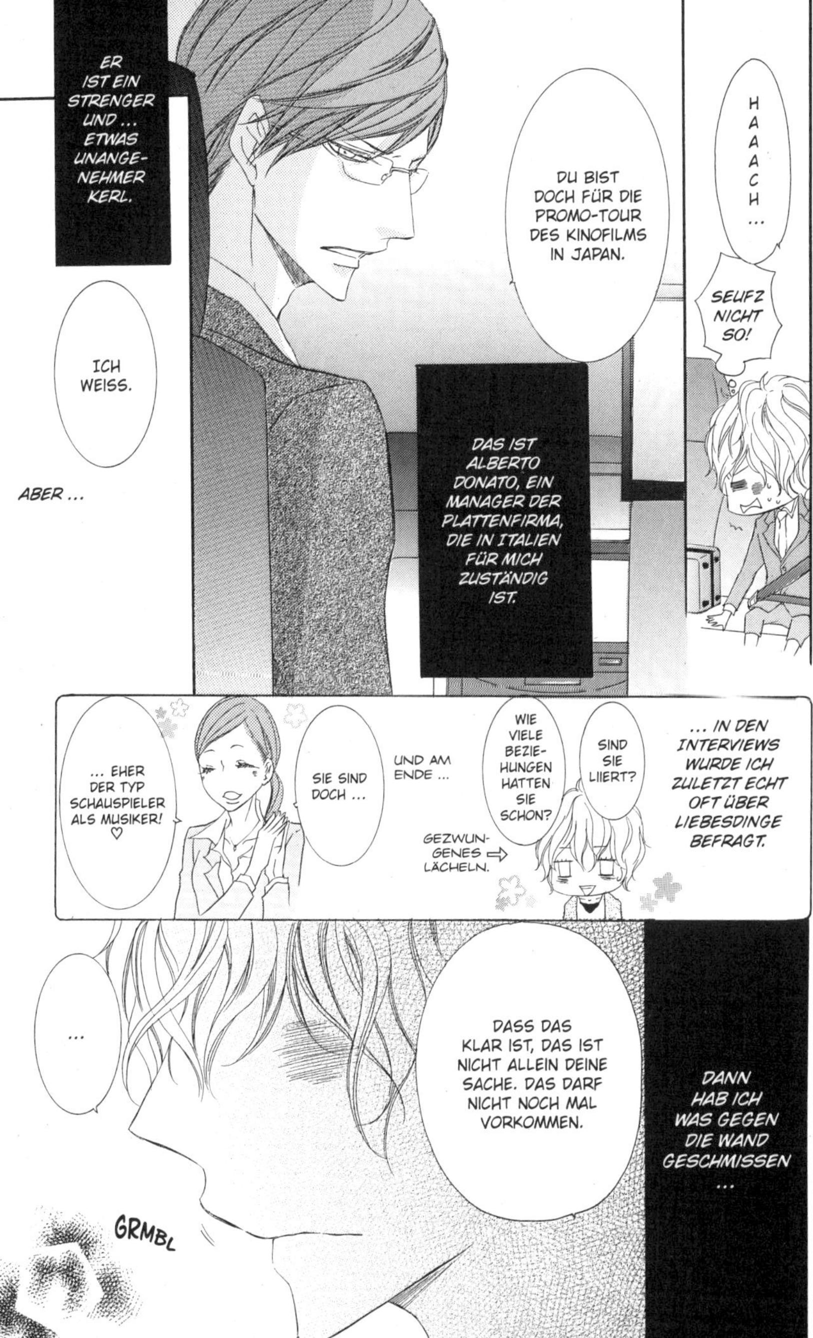
HAAACH ...
SEUFZ NICHT SO!
DU BIST DOCH FÜR DIE PROMO-TOUR DES KINOFILMS IN JAPAN.
DAS IST ALBERTO DONATO, EIN MANAGER DER PLATTENFIRMA, DIE IN ITALIEN FÜR MICH ZUSTÄNDIG IST.
ER IST EIN STRENGER UND ... ETWAS UNANGE-NEHMER KERL.
ICH WEISS.
ABER ...
... IN DEN INTERVIEWS WURDE ICH ZULETZT ECHT OFT ÜBER LIEBESDINGE BEFRAGT.
SIND SIE LIIERT?
WIE VIELE BEZIE-HUNGEN HATTEN SIE SCHON?
GEZWUN-GENES ⇨ LÄCHELN.
UND AM ENDE ...
SIE SIND DOCH ...
... EHER DER TYP SCHAUSPIELER ALS MUSIKER! ♡
DANN HAB ICH WAS GEGEN DIE WAND GESCHMISSEN ...
DASS DAS KLAR IST, DAS IST NICHT ALLEIN DEINE SACHE. DAS DARF NICHT NOCH MAL VORKOMMEN.
...
GRMBL

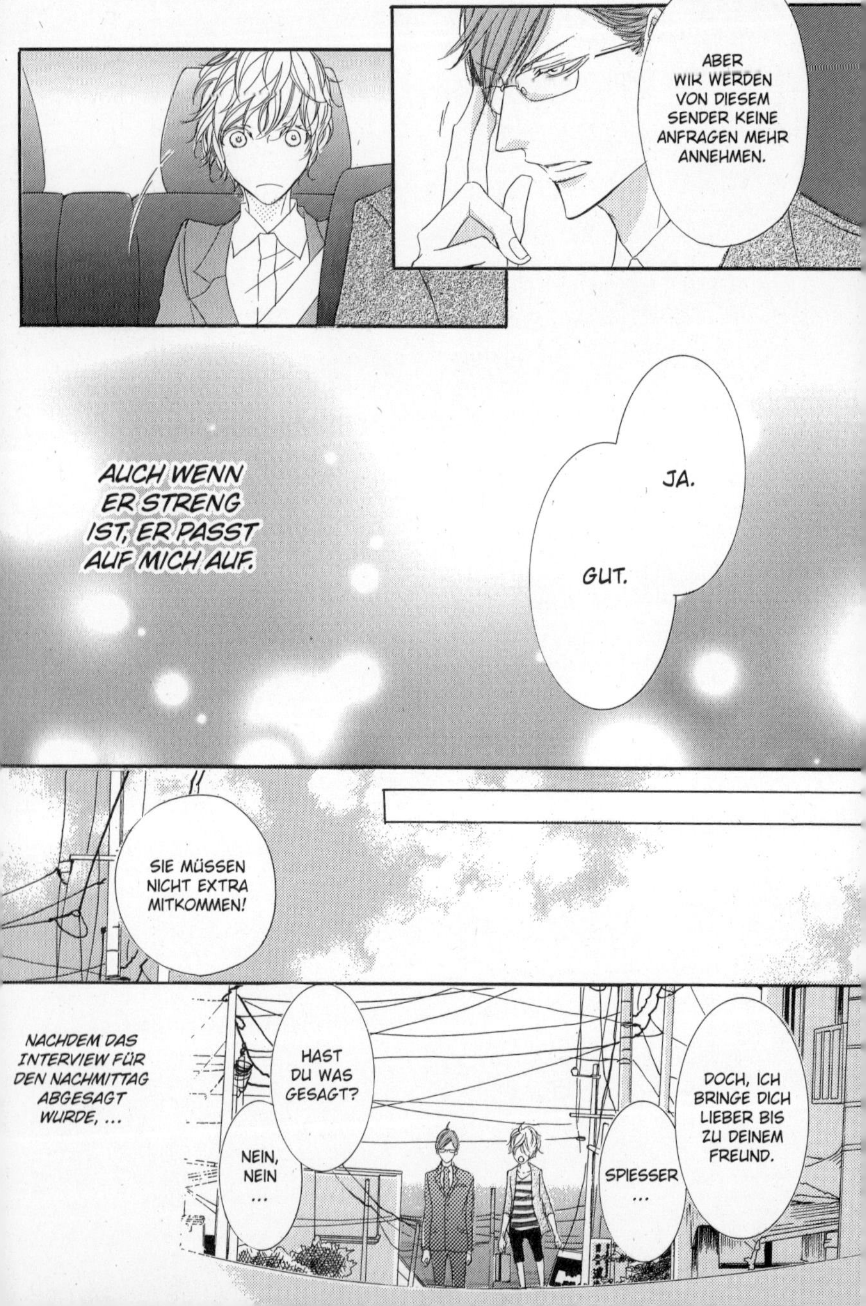

ABER
WIR WERDEN
VON DIESEM
SENDER KEINE
ANFRAGEN MEHR
ANNEHMEN.

JA.

GUT.

AUCH WENN
ER STRENG
IST, ER PASST
AUF MICH AUF.

SIE MÜSSEN
NICHT EXTRA
MITKOMMEN!

DOCH, ICH
BRINGE DICH
LIEBER BIS
ZU DEINEM
FREUND.

SPIESSER
...

HAST
DU WAS
GESAGT?

NEIN,
NEIN
...

NACHDEM DAS
INTERVIEW FÜR
DEN NACHMITTAG
ABGESAGT
WURDE, ...

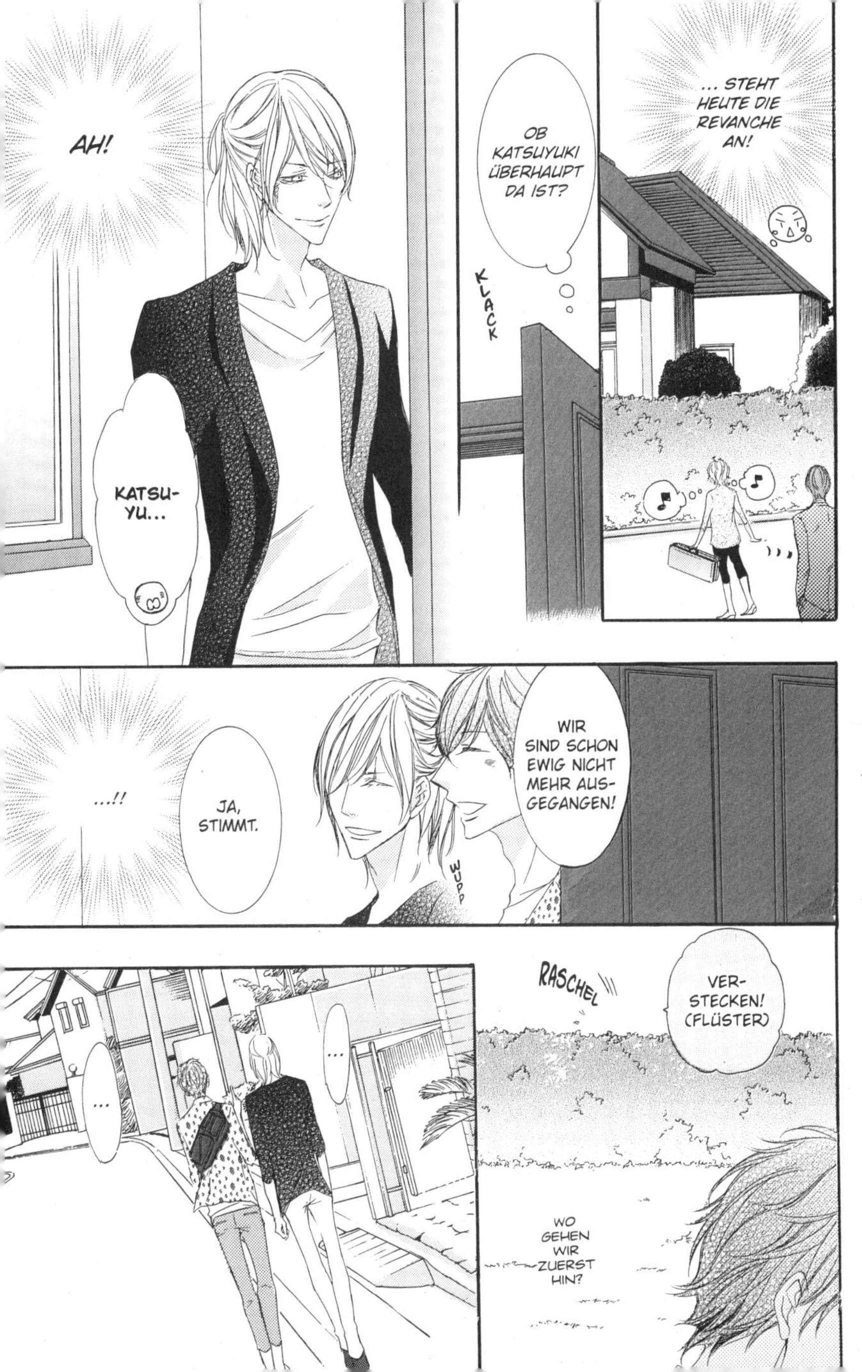
... STEHT HEUTE DIE REVANCHE AN!
OB KATSUYUKI ÜBERHAUPT DA IST?
KLACK
AH!
KATSU-YU...
WIR SIND SCHON EWIG NICHT MEHR AUS-GEGANGEN!
WUPP
JA, STIMMT.
...!!
RASCHEL
VER-STECKEN! (FLÜSTER)
WO GEHEN WIR ZUERST HIN?
...
...

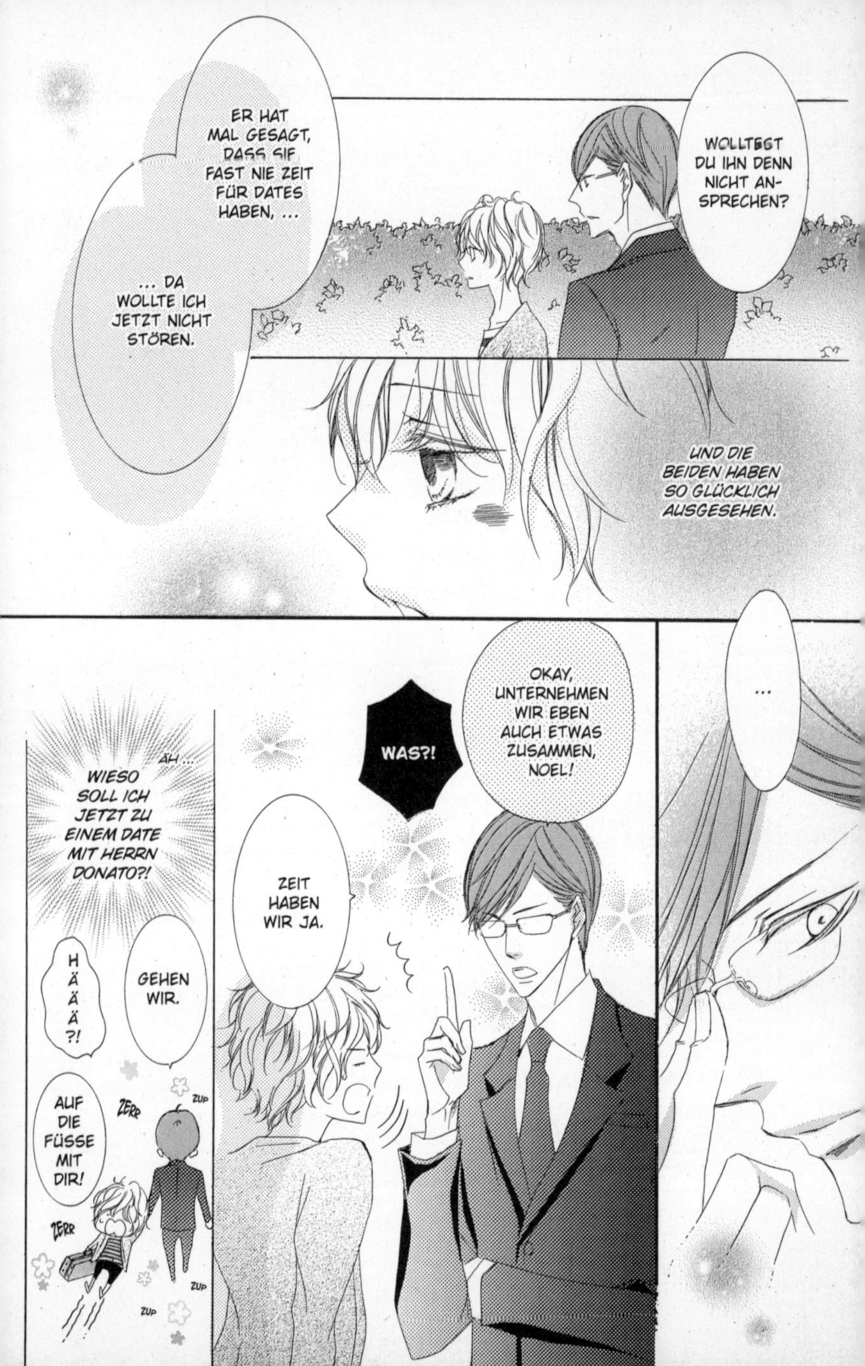
WOLLTEST DU IHN DENN NICHT ANSPRECHEN?
ER HAT MAL GESAGT, DASS SIE FAST NIE ZEIT FÜR DATES HABEN, ...
... DA WOLLTE ICH JETZT NICHT STÖREN.
UND DIE BEIDEN HABEN SO GLÜCKLICH AUSGESEHEN.
...
OKAY, UNTERNEHMEN WIR EBEN AUCH ETWAS ZUSAMMEN, NOEL!
WAS?!
ZEIT HABEN WIR JA.
ÄH ...
WIESO SOLL ICH JETZT ZU EINEM DATE MIT HERRN DONATO?!
GEHEN WIR.
HÄÄÄ?!
AUF DIE FÜSSE MIT DIR!
ZERR
ZUP
ZERR
ZUP
ZUP

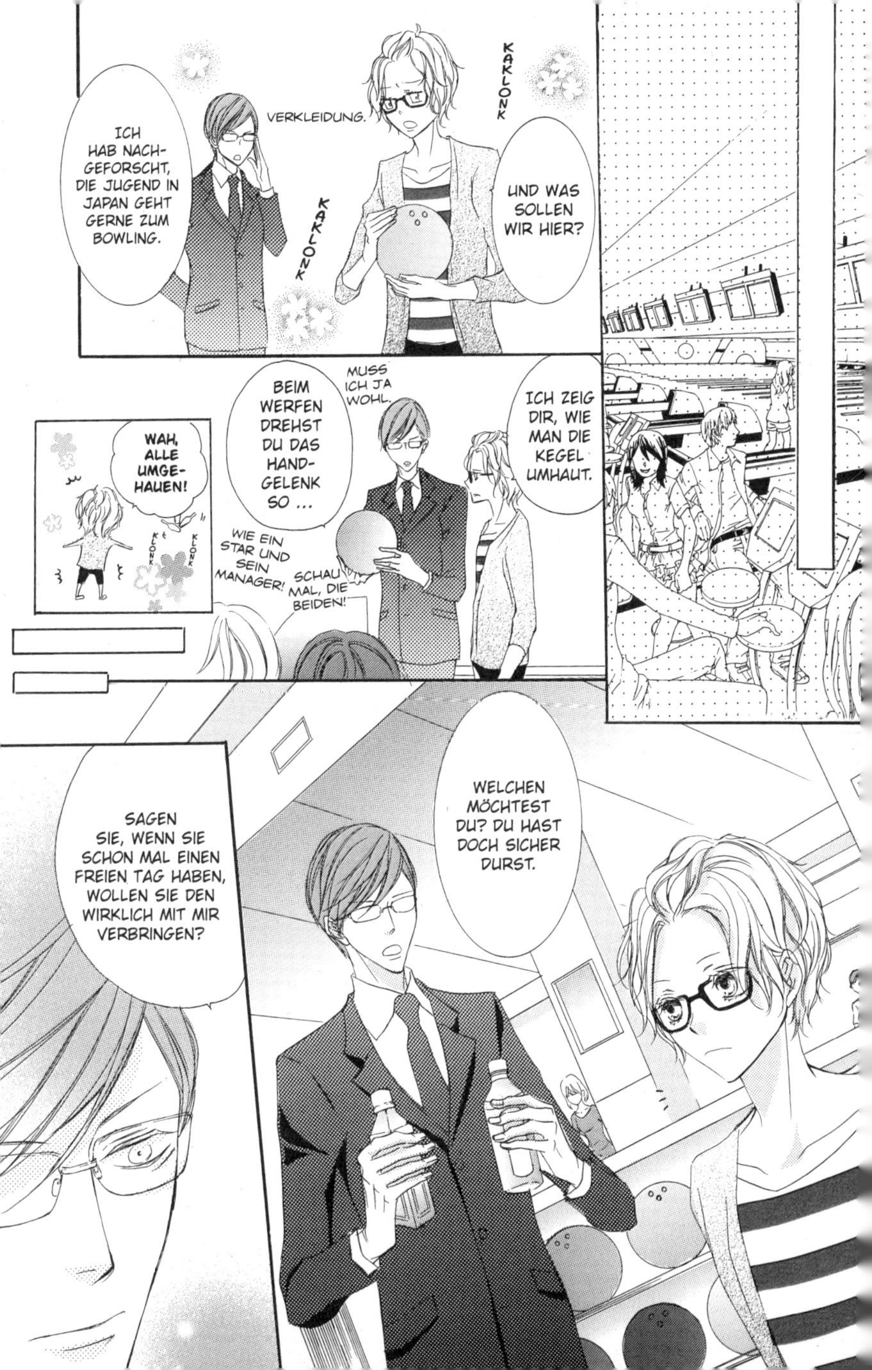
KAKLONK
UND WAS SOLLEN WIR HIER?
VERKLEIDUNG.
KAKLONK
ICH HAB NACHGEFORSCHT, DIE JUGEND IN JAPAN GEHT GERNE ZUM BOWLING.
ICH ZEIG DIR, WIE MAN DIE KEGEL UMHAUT.
MUSS ICH JA WOHL.
BEIM WERFEN DREHST DU DAS HANDGELENK SO …
SCHAU MAL, DIE BEIDEN!
WIE EIN STAR UND SEIN MANAGER!
WAH, ALLE UMGEHAUEN!
KLONK
KLONK
WELCHEN MÖCHTEST DU? DU HAST DOCH SICHER DURST.
SAGEN SIE, WENN SIE SCHON MAL EINEN FREIEN TAG HABEN, WOLLEN SIE DEN WIRKLICH MIT MIR VERBRINGEN?

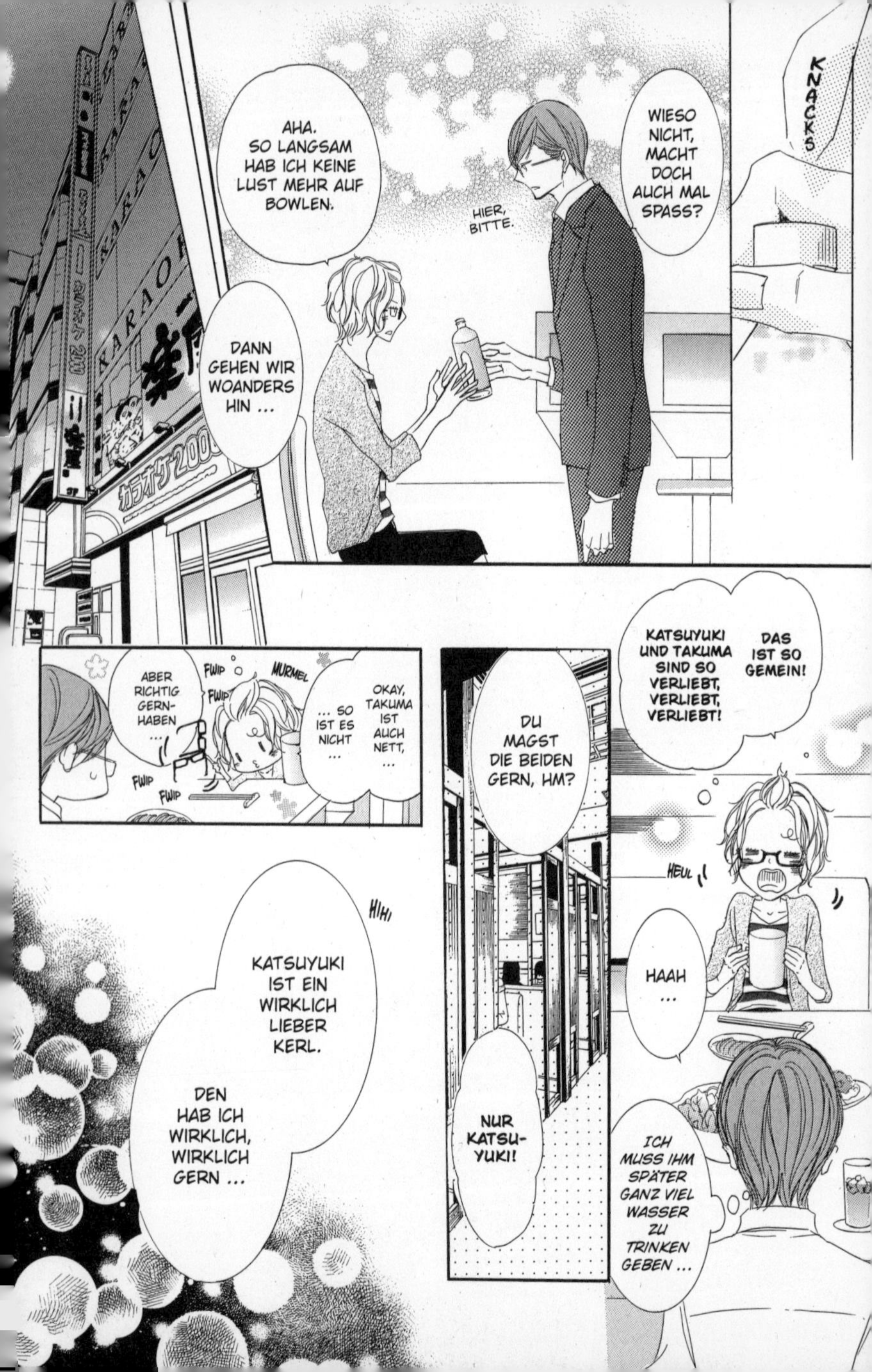

KNACKS
WIESO NICHT, MACHT DOCH AUCH MAL SPASS?
HIER, BITTE.
AHA. SO LANGSAM HAB ICH KEINE LUST MEHR AUF BOWLEN.
DANN GEHEN WIR WOANDERS HIN …
DAS IST SO GEMEIN!
KATSUYUKI UND TAKUMA SIND SO VERLIEBT, VERLIEBT, VERLIEBT!
HEUL
HAAH …
ICH MUSS IHM SPÄTER GANZ VIEL WASSER ZU TRINKEN GEBEN …
DU MAGST DIE BEIDEN GERN, HM?
NUR KATSU-YUKI!
MURMEL
OKAY, TAKUMA IST AUCH NETT, …
… SO IST ES NICHT …
FWIP
FWIP
ABER RICHTIG GERN-HABEN …
FWIP
FWIP
HIHI
KATSUYUKI IST EIN WIRKLICH LIEBER KERL.
DEN HAB ICH WIRKLICH, WIRKLICH GERN …

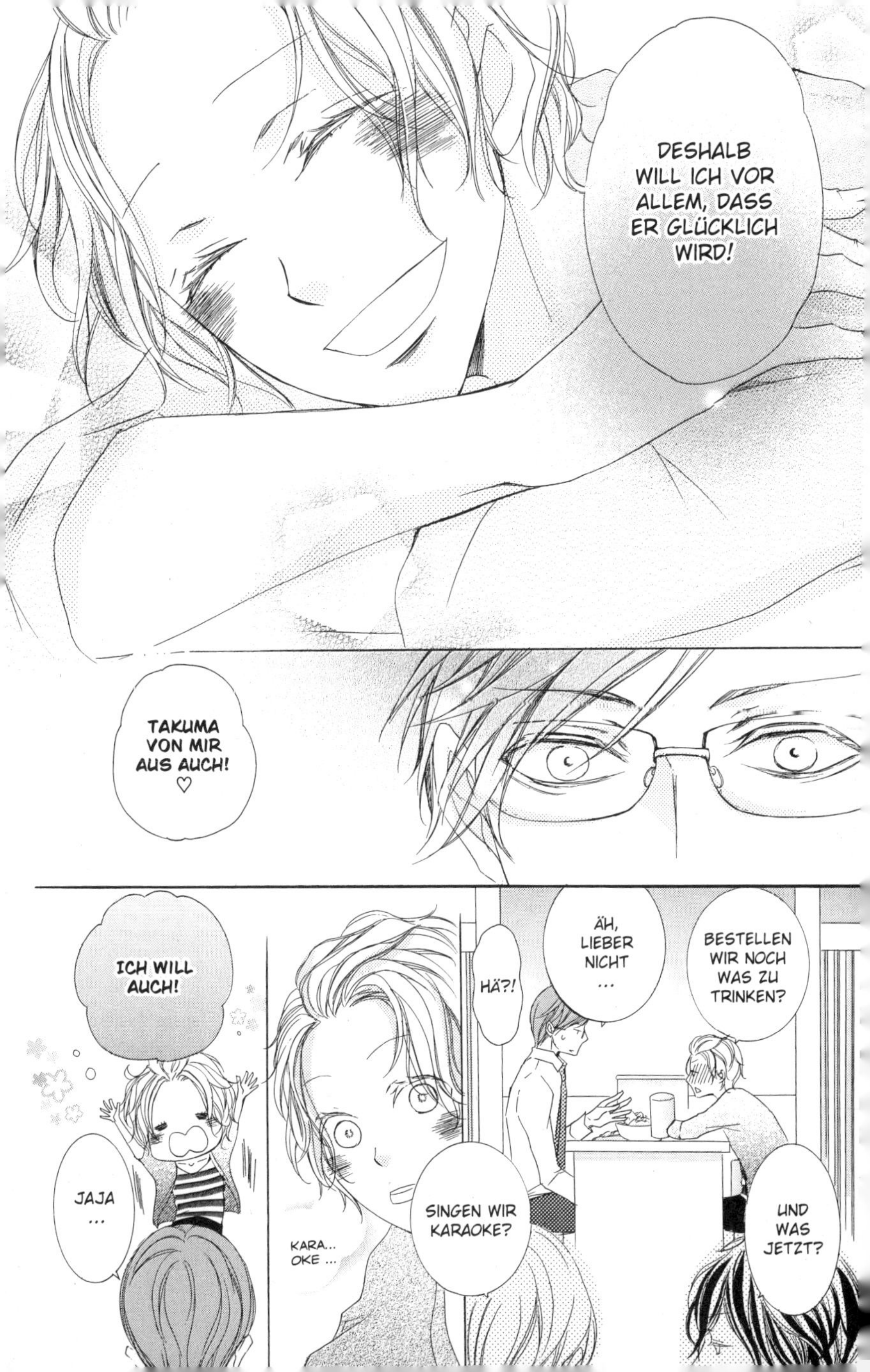
DESHALB WILL ICH VOR ALLEM, DASS ER GLÜCKLICH WIRD!
TAKUMA VON MIR AUS AUCH! ♡
BESTELLEN WIR NOCH WAS ZU TRINKEN?
ÄH, LIEBER NICHT ...
HÄ?!
UND WAS JETZT?
SINGEN WIR KARAOKE?
KARA... OKE ...
ICH WILL AUCH!
JAJA ...

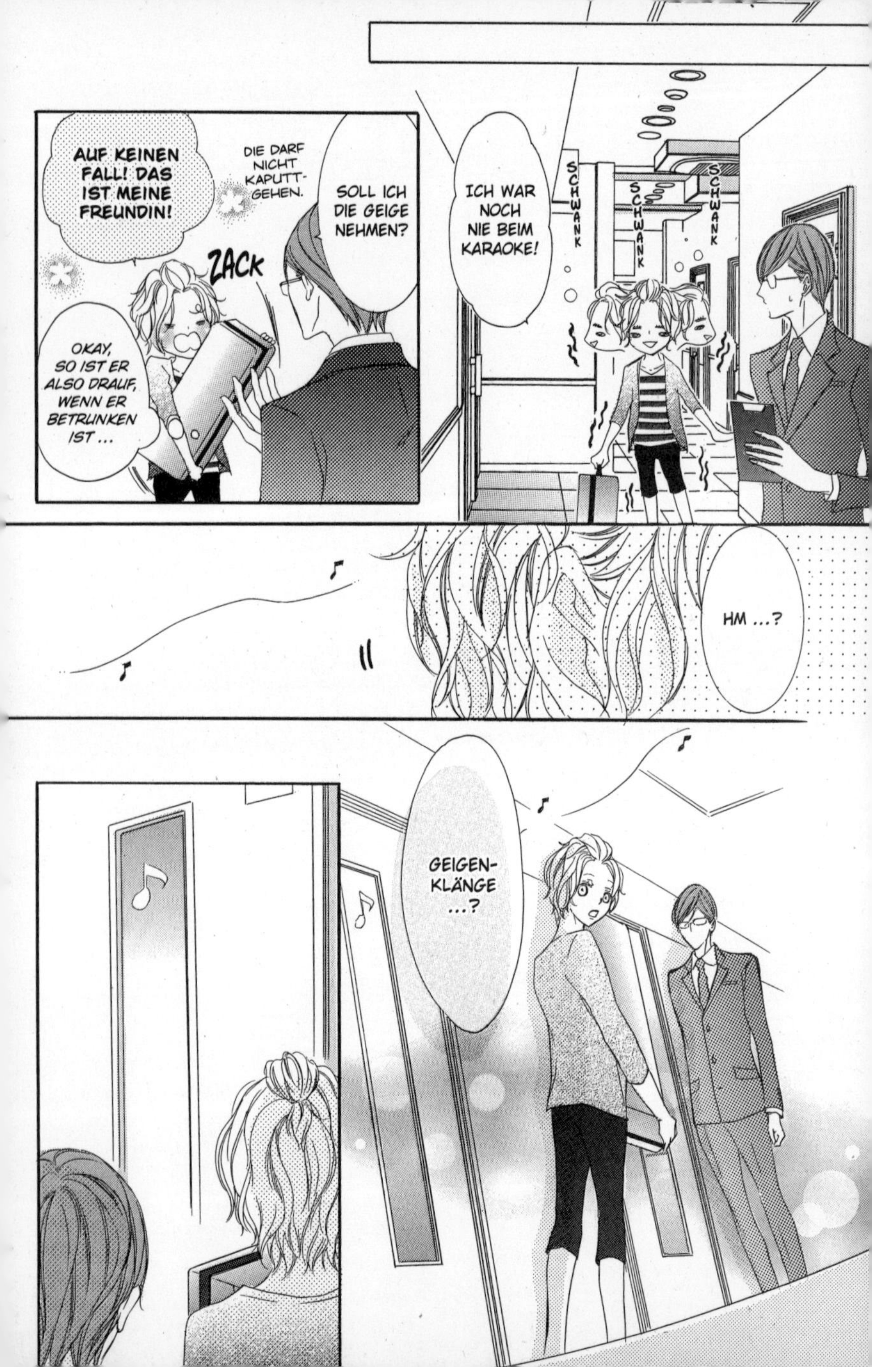
ICH WAR NOCH NIE BEIM KARAOKE!
SCHWANK
SCHWANK
SCHWANK
SOLL ICH DIE GEIGE NEHMEN?
DIE DARF NICHT KAPUTT-GEHEN.
AUF KEINEN FALL! DAS IST MEINE FREUNDIN!
ZACK
OKAY, SO IST ER ALSO DRAUF, WENN ER BETRUNKEN IST ...
HM ...?
GEIGEN-KLÄNGE ...?

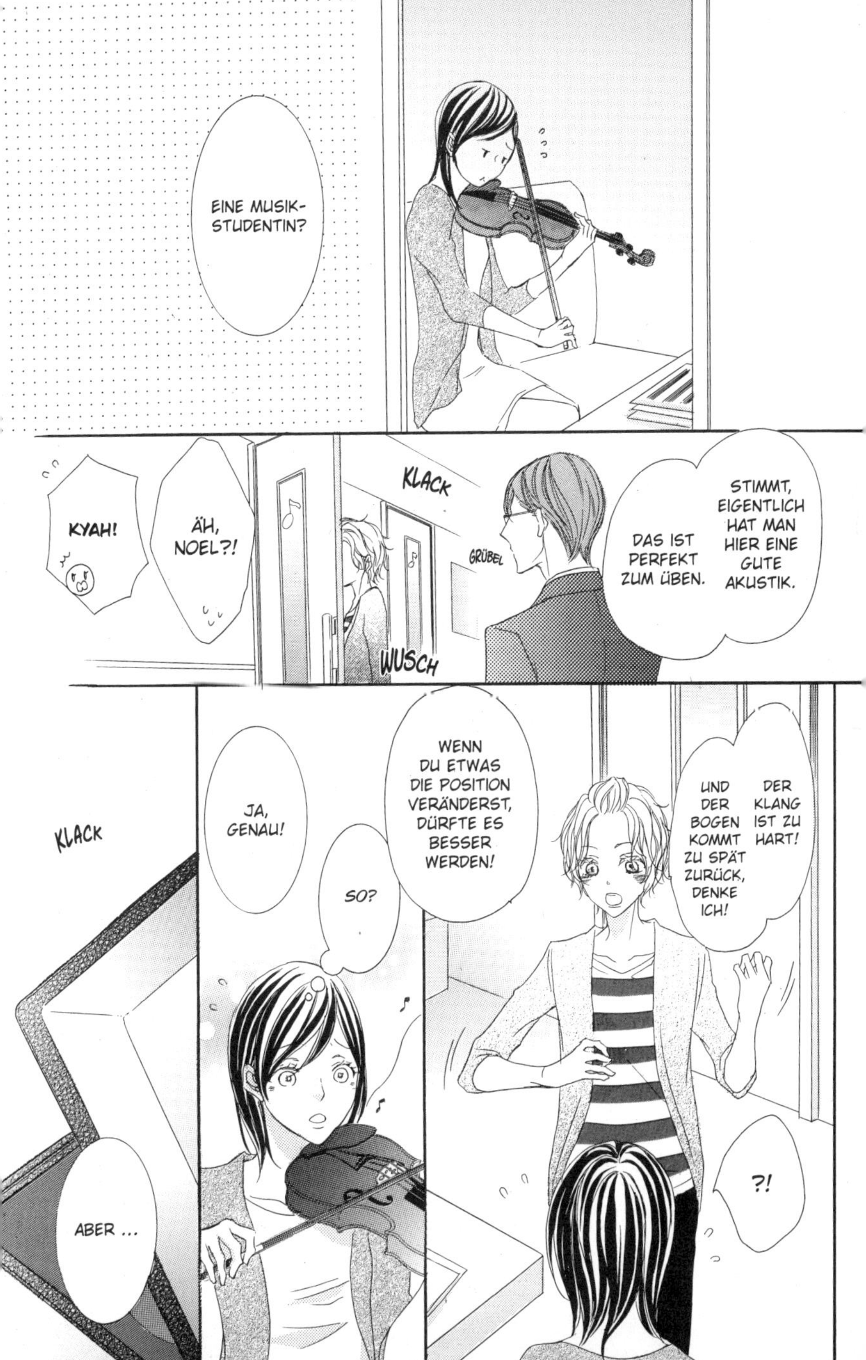
EINE MUSIK-STUDENTIN?
STIMMT, EIGENTLICH HAT MAN HIER EINE GUTE AKUSTIK.
DAS IST PERFEKT ZUM ÜBEN.
KLACK
GRÜBEL
WUSCH
ÄH, NOEL?!
KYAH!
DER KLANG IST ZU HART!
UND DER BOGEN KOMMT ZU SPÄT ZURÜCK, DENKE ICH!
?!
WENN DU ETWAS DIE POSITION VERÄNDERST, DÜRFTE ES BESSER WERDEN!
SO?
JA, GENAU!
KLACK
ABER ...

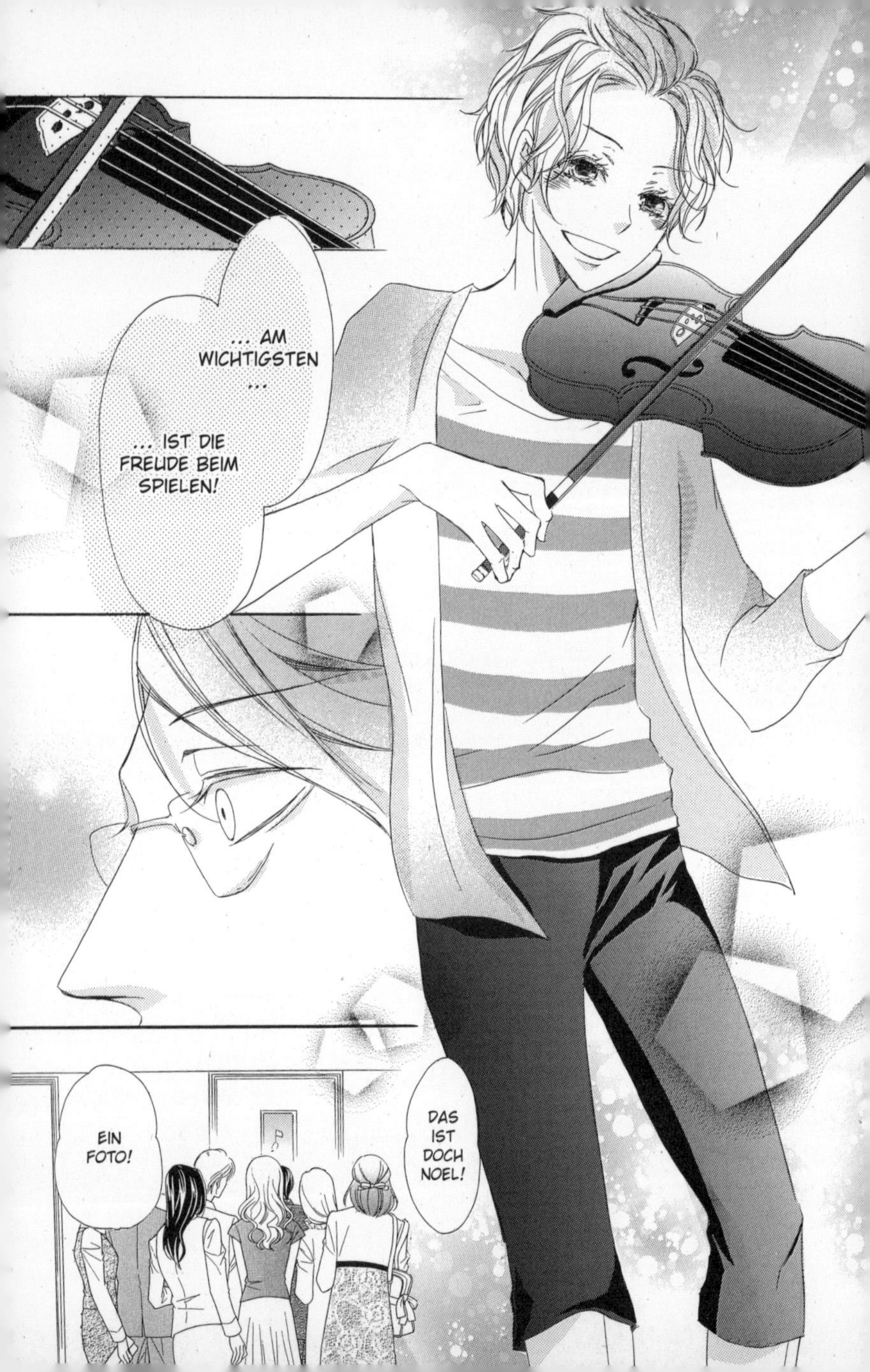
... AM WICHTIGSTEN ...
... IST DIE FREUDE BEIM SPIELEN!
DAS IST DOCH NOEL!
EIN FOTO!

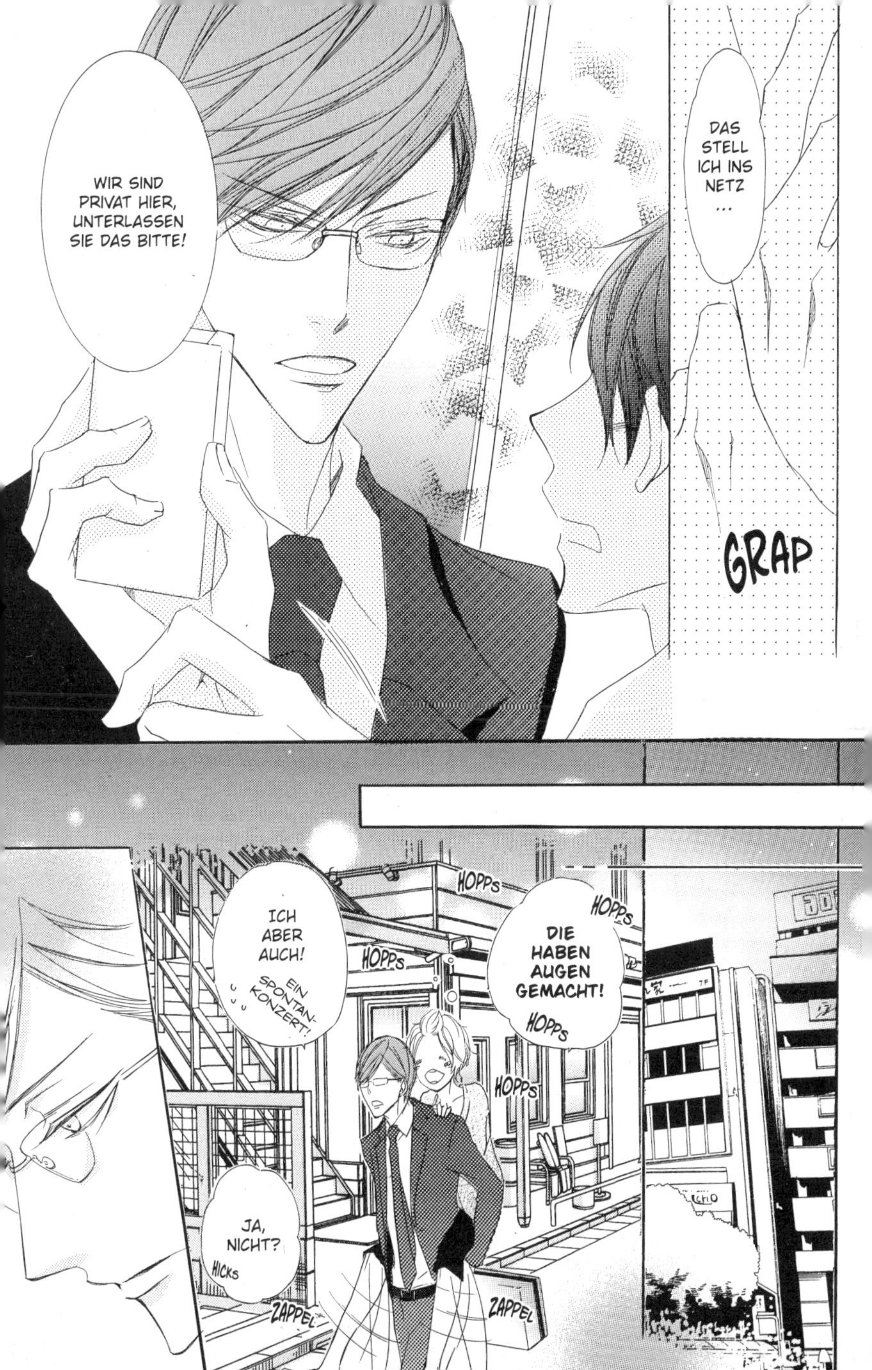
DAS STELL ICH INS NETZ …
WIR SIND PRIVAT HIER, UNTERLASSEN SIE DAS BITTE!
GRAP
HOPPS
HOPPS
DIE HABEN AUGEN GEMACHT!
HOPPS
HOPPS
ICH ABER AUCH!
EIN SPONTAN-KONZERT!
HOPPS
JA, NICHT?
HICKS
ZAPPEL
ZAPPEL

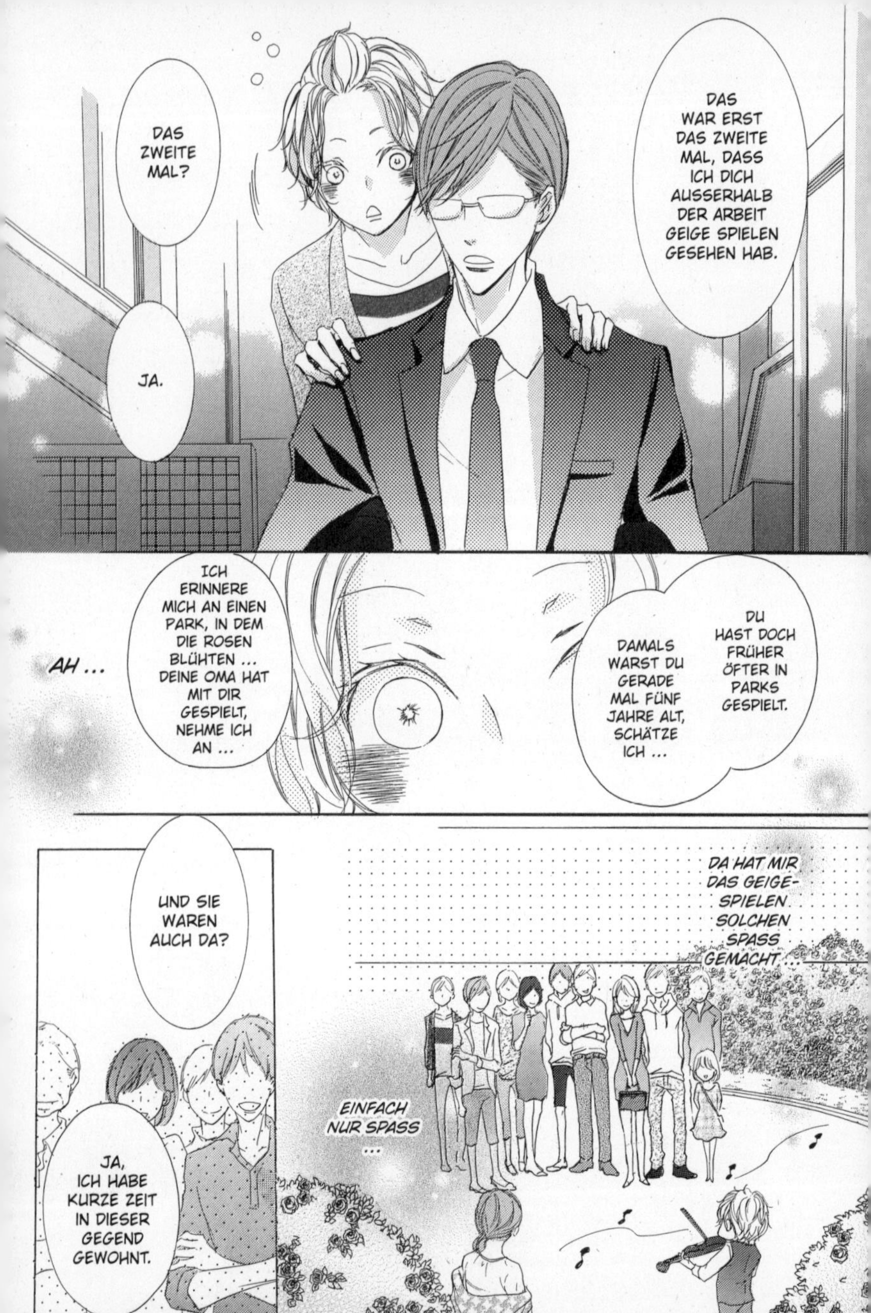
DAS WAR ERST DAS ZWEITE MAL, DASS ICH DICH AUSSERHALB DER ARBEIT GEIGE SPIELEN GESEHEN HAB.
DAS ZWEITE MAL?
JA.
DU HAST DOCH FRÜHER ÖFTER IN PARKS GESPIELT.
DAMALS WARST DU GERADE MAL FÜNF JAHRE ALT, SCHÄTZE ICH ...
ICH ERINNERE MICH AN EINEN PARK, IN DEM DIE ROSEN BLÜHTEN ... DEINE OMA HAT MIT DIR GESPIELT, NEHME ICH AN ...
AH ...
DA HAT MIR DAS GEIGE-SPIELEN SOLCHEN SPASS GEMACHT ...
EINFACH NUR SPASS ...
UND SIE WAREN AUCH DA?
JA, ICH HABE KURZE ZEIT IN DIESER GEGEND GEWOHNT.

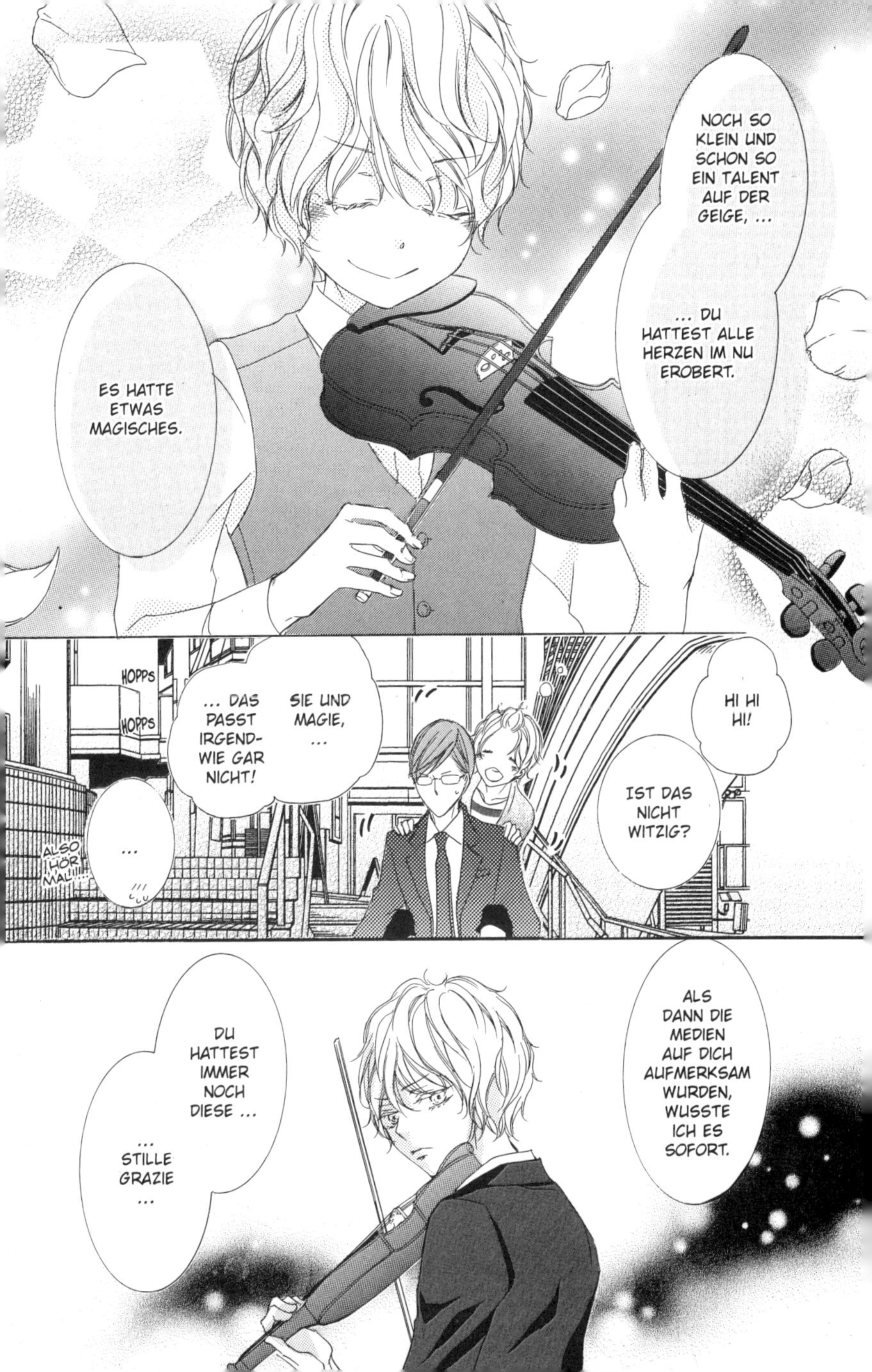

NOCH SO KLEIN UND SCHON SO EIN TALENT AUF DER GEIGE, …
… DU HATTEST ALLE HERZEN IM NU EROBERT.
ES HATTE ETWAS MAGISCHES.
HI HI HI!
IST DAS NICHT WITZIG?
SIE UND MAGIE, …
… DAS PASST IRGEND-WIE GAR NICHT!
HOPPS
HOPPS
…
ALSO HÖR MAL …
ALS DANN DIE MEDIEN AUF DICH AUFMERKSAM WURDEN, WUSSTE ICH ES SOFORT.
DU HATTEST IMMER NOCH DIESE …
… STILLE GRAZIE …

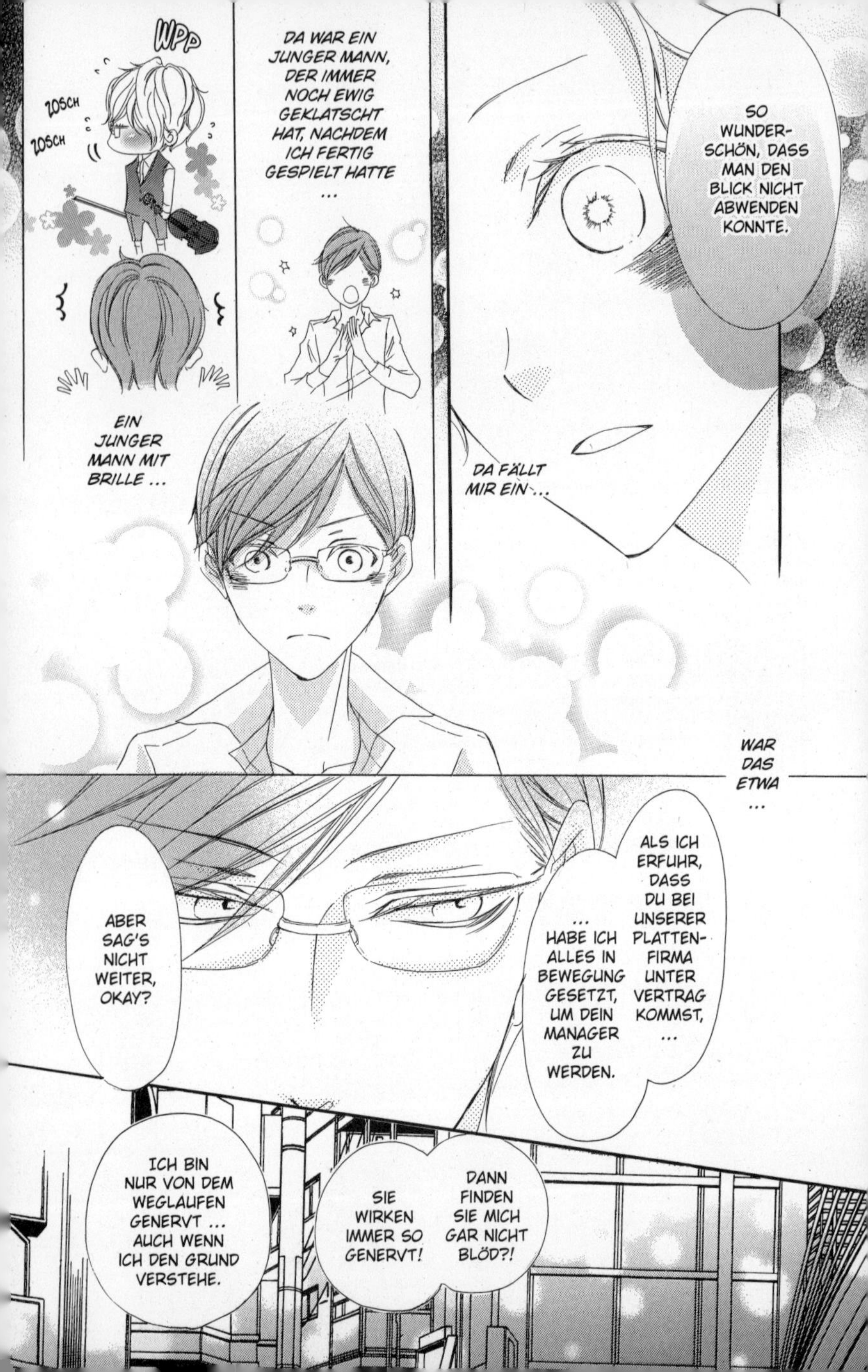
SO WUNDERSCHÖN, DASS MAN DEN BLICK NICHT ABWENDEN KONNTE.
DA FÄLLT MIR EIN ...
DA WAR EIN JUNGER MANN, DER IMMER NOCH EWIG GEKLATSCHT HAT, NACHDEM ICH FERTIG GESPIELT HATTE ...
WPP
ZOSCH
ZOSCH
EIN JUNGER MANN MIT BRILLE ...
WAR DAS ETWA ...
ALS ICH ERFUHR, DASS DU BEI UNSERER PLATTENFIRMA UNTER VERTRAG KOMMST, ...
... HABE ICH ALLES IN BEWEGUNG GESETZT, UM DEIN MANAGER ZU WERDEN.
ABER SAG'S NICHT WEITER, OKAY?
DANN FINDEN SIE MICH GAR NICHT BLÖD?!
SIE WIRKEN IMMER SO GENERVT!
ICH BIN NUR VON DEM WEGLAUFEN GENERVT ... AUCH WENN ICH DEN GRUND VERSTEHE.

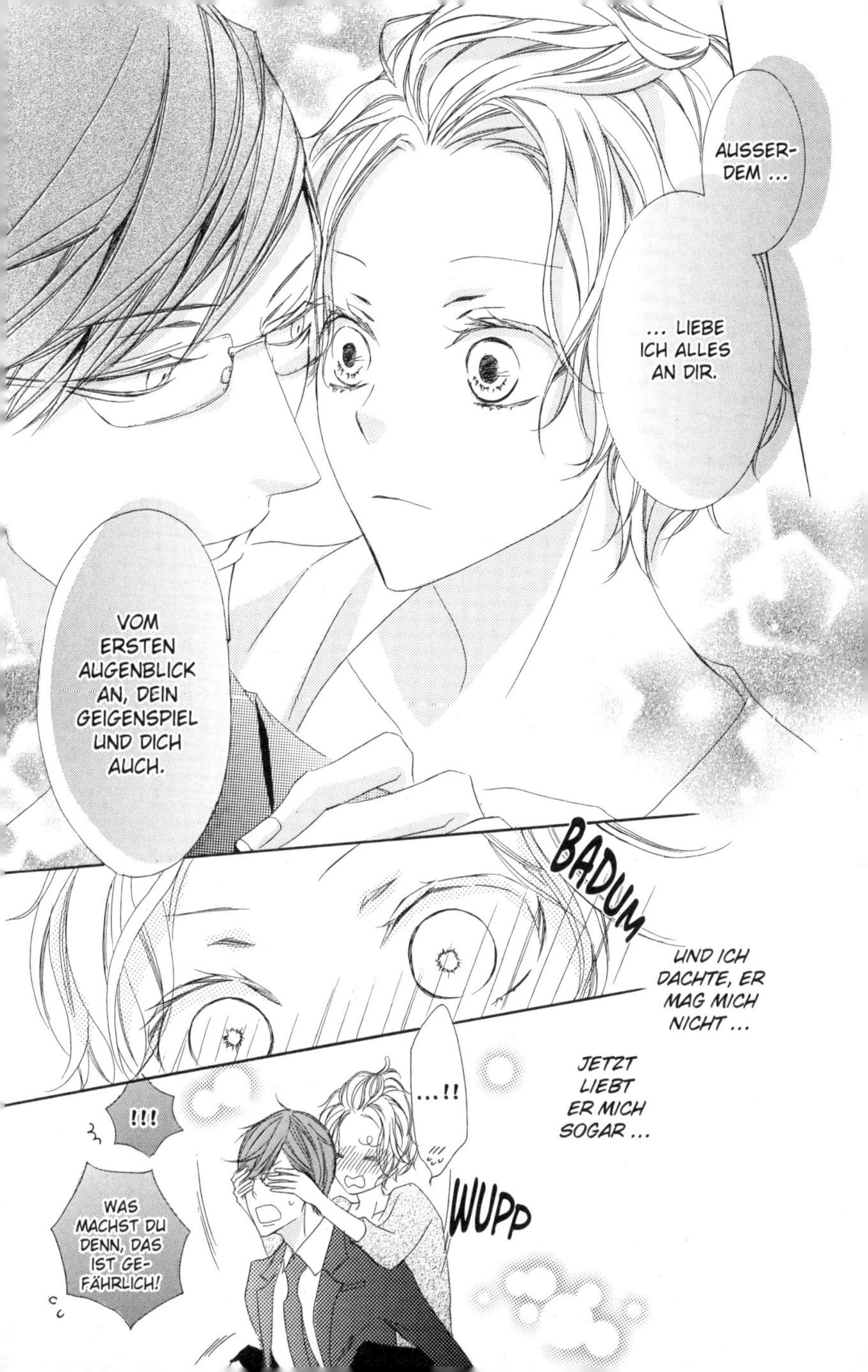
AUSSER-DEM …
… LIEBE ICH ALLES AN DIR.
VOM ERSTEN AUGENBLICK AN, DEIN GEIGENSPIEL UND DICH AUCH.
BADUM
UND ICH DACHTE, ER MAG MICH NICHT …
JETZT LIEBT ER MICH SOGAR …
…!!
WUPP
!!!
WAS MACHST DU DENN, DAS IST GE-FÄHRLICH!

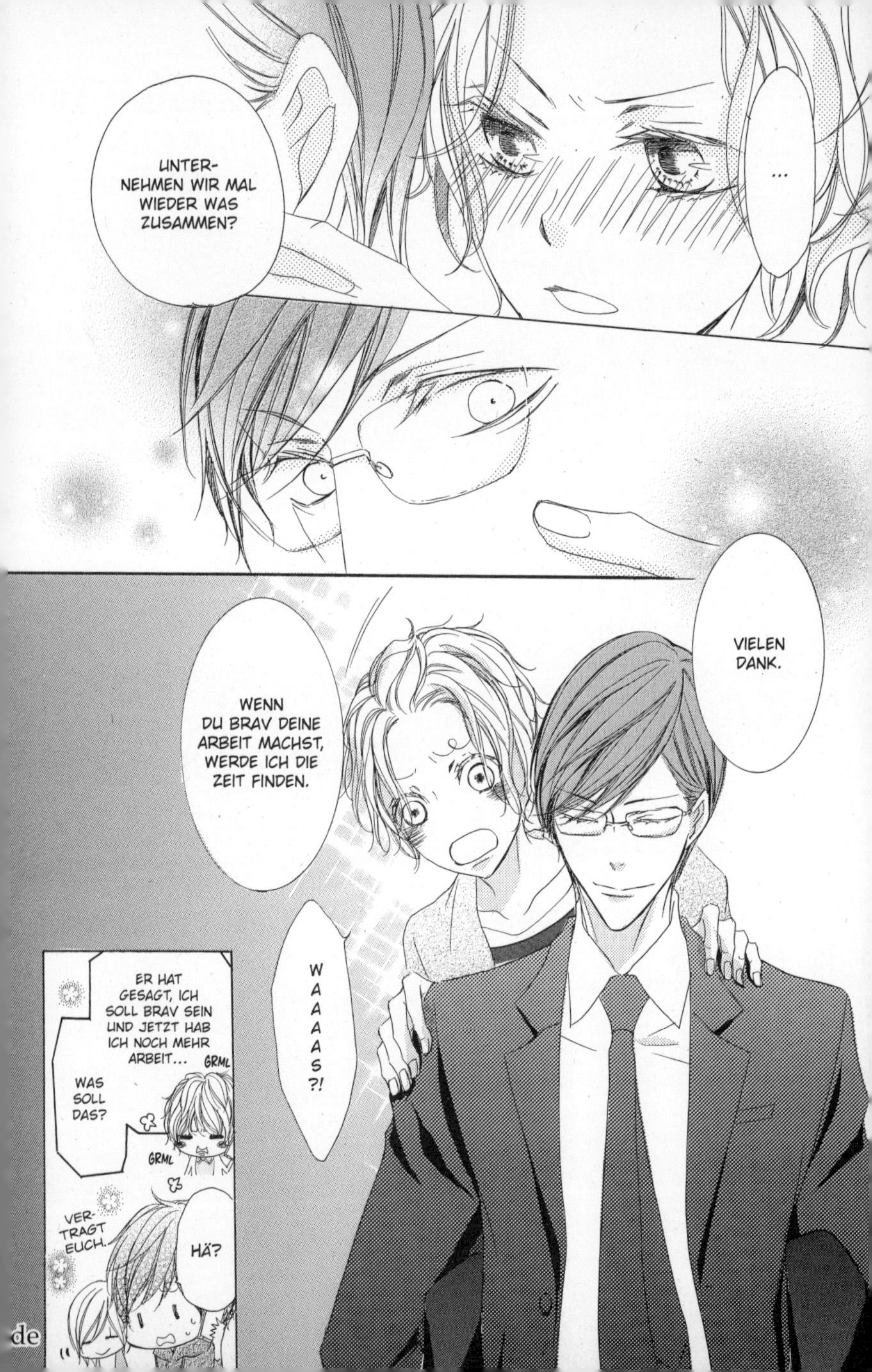
…
UNTER-NEHMEN WIR MAL WIEDER WAS ZUSAMMEN?
VIELEN DANK.
WENN DU BRAV DEINE ARBEIT MACHST, WERDE ICH DIE ZEIT FINDEN.
WAAAAAS?!
ER HAT GESAGT, ICH SOLL BRAV SEIN UND JETZT HAB ICH NOCH MEHR ARBEIT…
GRML
WAS SOLL DAS?
GRML
VER-TRAGT EUCH.
HÄ?

Nachwort

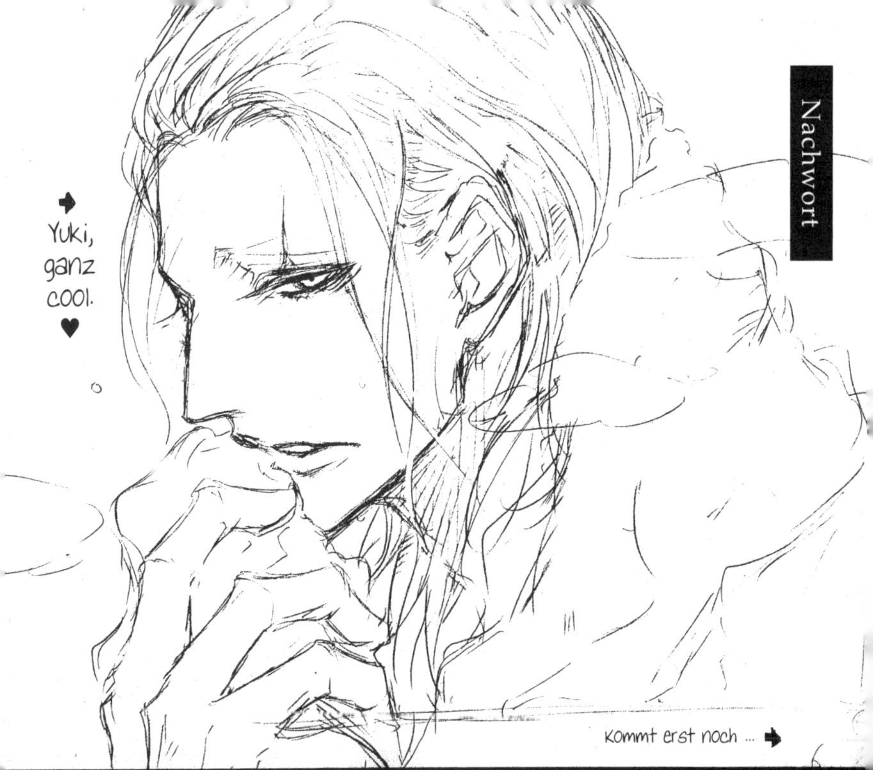

➔ Yuki, ganz cool. ♥

Kommt erst noch ... ➔

Hallo und guten Tag, ich bin Kemeko Tokoro. Vielen Dank, dass ihr Band 2 von „Der Klang meines Herzens" gekauft habt! Es ging so schnell mit Band 2, dafür bin ich echt dankbar!

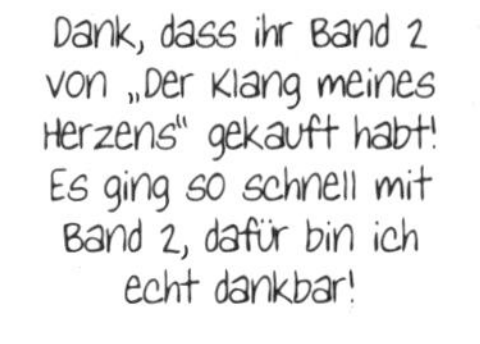

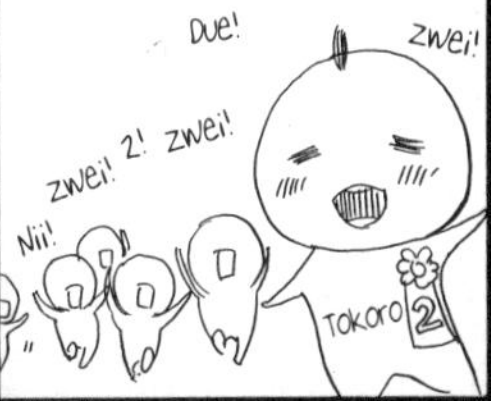

Im nächsten Band wird Yuki sich die Haare kurz schneiden lassen und es gibt noch eine andere offensichtliche Veränderung! Im Special gibt es eine Story um Yukis Geburtstag (16. Februar), aber nachdem ich sein Geburtshoroskop gelesen habe, wird das eine ziemlich ernste Sache! Takuma ist übrigens am 4. Oktober geboren! ♡

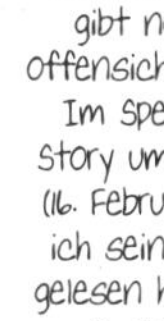

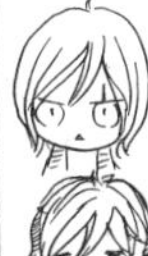

16. Februar: Nachdenklicher, introvertierter Mensch, vor anderen immer einen sanften Gesichtsausdruck zeigend ... usw. ...

Ich habe es der Unterstützung so vieler Menschen zu verdanken, dass ich „Der Klang meines Herzens" fortsetzen kann! Wie auch immer es weitergehen wird, ich bleibe unermüdlich dran! Vielen Dank euch allen! (Tausend Dank!) Ich würde mich freuen, wenn ihr Yuki und Takuma weiter treu bleibt! Und auch Noel und Herrn Donato!

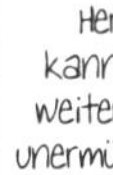

Twitter @tokorokemeko, Blog „chinchikoore": keme106blog106.fc2.com

Ein Cellist, ein Helfer, ein Horror-Abend Teil 1

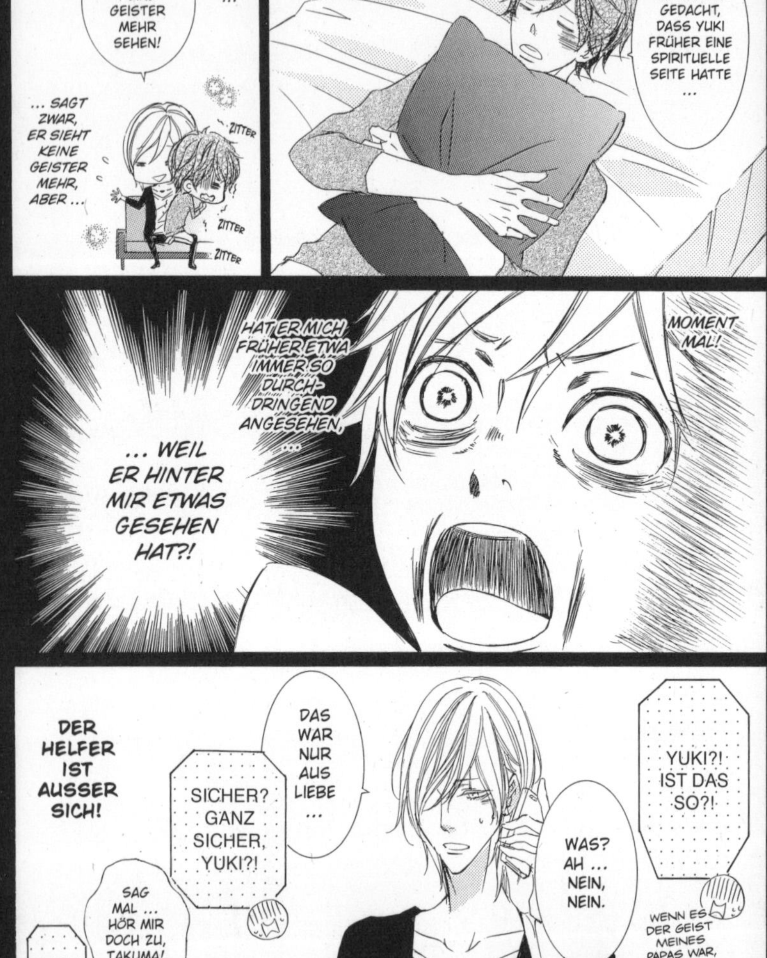

Ein Cellist, ein Helfer, ein Horror-Abend Teil 2

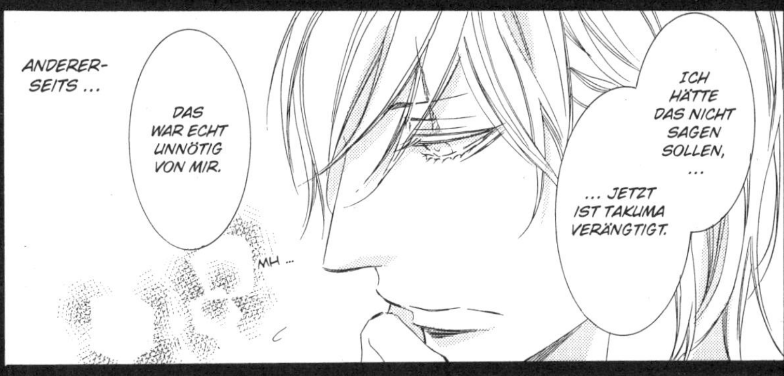

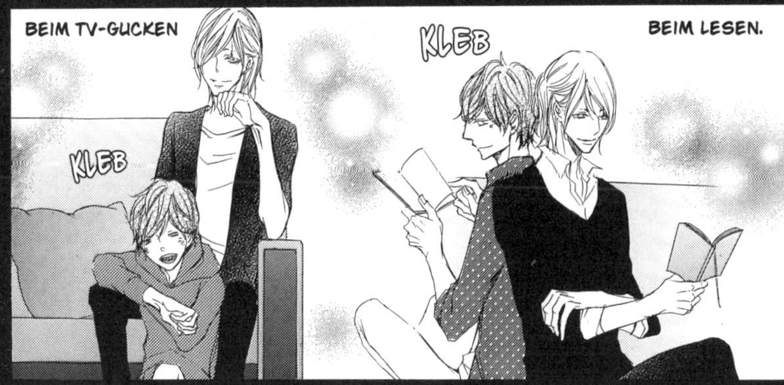

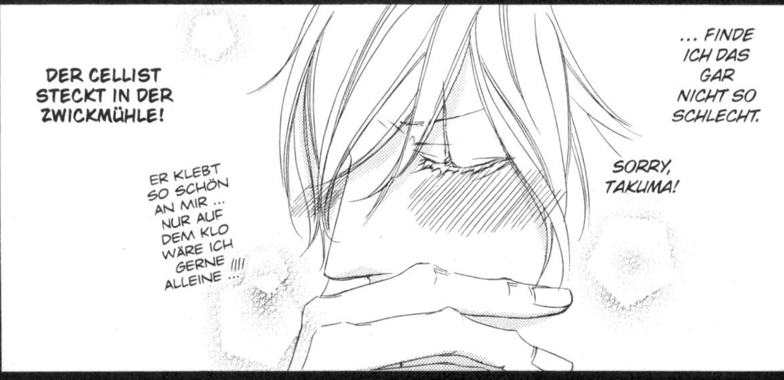

Der Klang meines Herzens
Vol. 2

Nibiiro Musica Vol. 2

First published in Japan in 2015 by KADOKAWA CORPORATION, Tokyo.

German translation rights arranged with KADOKAWA CORPORATION, Tokyo, through Tuttle-Mori Agency, Inc.

Deutschsprachige Ausgabe / German Edition

CH-1007 Lausanne
2. Auflage

Verlegt unter dem Label KAZÉ MANGA
durch Crunchyroll SA

Aus dem Japanischen von Dorothea Überall

Redaktion: Patrick Peltsch

Produktion: Dorothea Styra

Lettering: Datagrafix, Inc.

Druck und Bindung: GGP Media GmbH, Pößneck

ISBN 978-2-88951-047-4

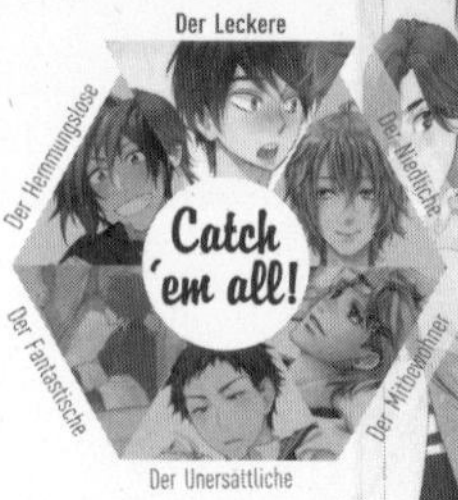

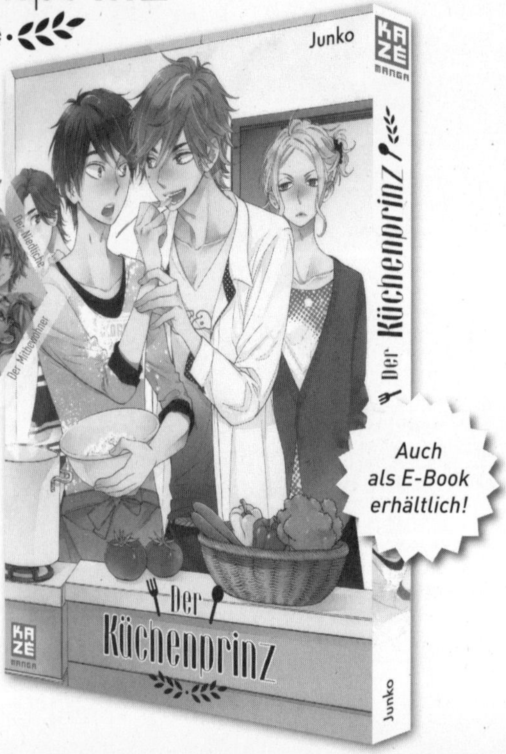

Von zart bis hart!

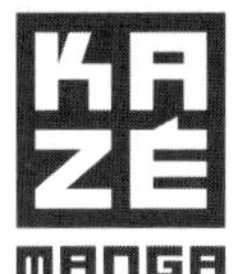

Konbini-Kun

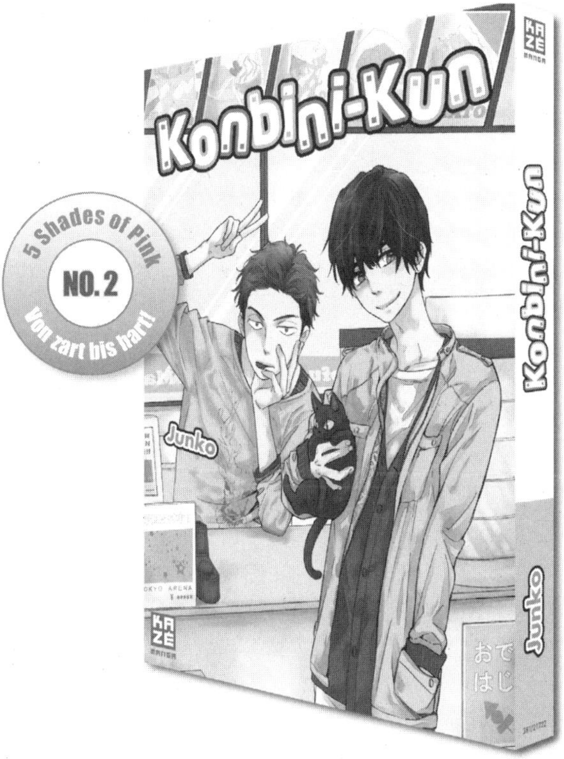

Junko

ISBN 978-2-88921-722-9

Nakaba ist nicht nur schüchtern, nein, wenn es um fremde Menschen geht, ist er geradezu panisch. Damit macht er sich bei seinem neuen Kollegen Kohei mehr als unbeliebt. Denn der ist von der Ängstlichkeit des Neulings einfach nur genervt! Doch als Nakaba bei der Arbeit von ehemaligen Mitschülern belästigt wird, schlägt Kohei sich plötzlich auf die Seite des Angsthasen. Kein Wunder, dass da in Nakaba romantische Gefühle für den ungehobelten Riesen aufkommen ...

 www.kaze-online.de  Kaze.Deutschland   KazeDeutschland

ISBN 978-2-88921-764-9

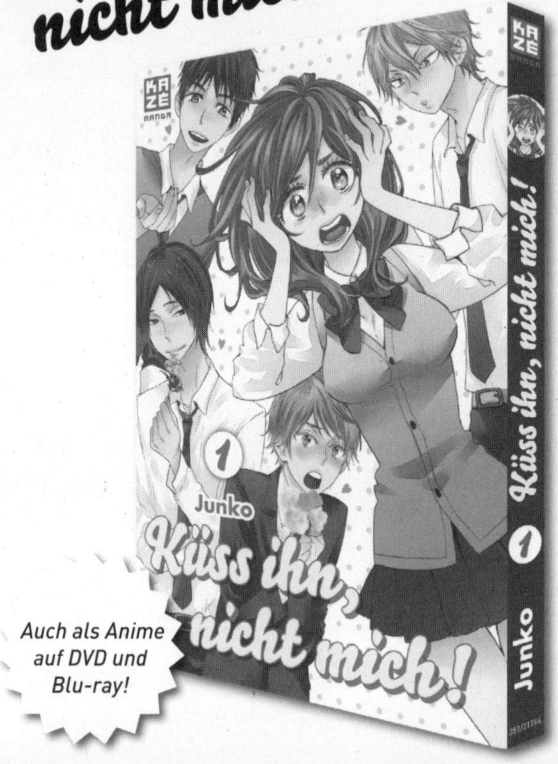